# APLASTE
## A LOS
# GIGANTES
## QUE HAY EN SU
# VIDA

Originalmente publicado en inglés con el título:
*Slaying the Giants in Your Life*
Copyright © 2001 by David Jeremiah
Publicado en Nashville, Tennessee, por W Publishing Group, un sello de Thomas Nelson.
Todos los derechos reservados.

Traducción: *Ricardo Acosta*
Edición: *Rojas & Rojas Editores, Inc.*
Diseño de cubierta por: *Roy, Wideyedesign,inc*

ISBN: 978-0-71808-436-3

# APLASTE A LOS GIGANTES

# GIGANTES

## QUE HAY EN SU

# VIDA

USTED PUEDE
GANAR LA BATALLA
Y VIVIR
EN VICTORIA

# DAVID
# JEREMIAH

GRUPO NELSON
*Desde 1798*

A Glenda Parker, quien se retira este año luego de veinte fieles años de ministerio como mi secretaria y asistente administrativa.

# Contenido

# Gigantes en la Tierra

Escuche... ¿puede oír como se acercan? Puede correr, pero no esconderse. Podría también salir y pelear.

Sí, los gigantes están en todas partes. Los hemos encontrado en Las Escrituras, donde se los conoció originalmente como los *anakim*. Desde las primeras páginas del Génesis han estado allí, gruñendo y amenazando: *"...gigantes en la tierra (...) los valientes"* (Génesis 6:4).

Extienden su larga sombra sobre todo lo que aspiramos hacer, cada nueva tierra que buscamos habitar, cada sueño que esperamos realizar. Hoy los llamaríamos abusos, pero son los mismos viejos gigantes, y nos tienen atemorizados de la misma manera que siempre. Luego de años de retroceder con temor, comenzamos a medirnos contra ellos: *"¿Quién se sostendrá delante de los hijos de Anac?"* (Deuteronomio 9:2). ¿Quién saldrá a pelear contra Goliat? ¿Quién subirá al cuadrilátero del *ring* con el campeón? ¿Quién irá a nuestro favor?

El pueblo de Dios pagó un gran precio para alcanzar la tierra de sus sueños, pero ¿qué encontró al llegar? ¡Gigantes! Naturalmente *ellos* estarán en la tierra de la leche y la miel; los gigantes siempre llegan primero y se llevan lo que quieren. Nuestro primer impulso es escuchar a la delegación que trae la recomendación de rendirse. Es un mundo grande; ¿por qué no vamos a otra tierra? Tal vez leche y miel sea una dieta demasiado rica, de todos modos. Quizá agua y pan viejo sea suficiente. Es posible acostumbrarse con menos.

Pero Dios no quiere que aceptemos esa recomendación. Él espera algo más:

> *"Oye, Israel: tú vas hoy a pasar el Jordán, para entrar a desposeer a naciones más numerosas y poderosas que tú, ciudades grandes y amuralladas hasta el cielo; un pueblo grande y alto, hijos de los anaceos, de los cuales tienes tú conocimiento y has oído decir: ¿Quién se sostendrá delante de los hijos de Anac? Entiende, pues, hoy, que es Jehová tu Dios el que pasa delante de ti como fuego consumidor, que los destruirá y humillará delante de ti; y tú los echarás, y los destruirás en seguida, como Jehová te ha dicho"* (Deuteronomio 9:1-3).

Por supuesto, los *anakim* no figuran en la guía telefónica. Los gigantes que enfrentamos tienen diferentes nombres: Temor. Desaliento. Preocupación. Culpa. Tentación. Enojo. Resentimiento. Duda. Postergación. Fracaso. Celos. Llámelos como quiera; después de todo son esos, gigantes, como Goliat. Él era una sombra de más de tres metros y quince centímetros de altura, pero lo único que produjo esa sombra fue una abolladura más grande en la tierra cuando cayó. Cuanto más grandes crecen, más fuerte caen.

¿Cuál gigante lo atribula? Tal vez el temor lo tiene cercado. Quizás la soledad lo ha encerrado. Cualquiera sea el gigante que se esté burlando de usted, el mensaje de este libro es que Dios es el más grande gigante de todos. Él va delante de nosotros como fuego consumidor. Queda claro al ver Las Escrituras que Dios es un Dios que *envía*. Constantemente envía a sus hijos a nuevas y maravillosas tierras; tierras de enriquecimiento del matrimonio, tierras del logro de carreras, tierras de rica abundancia espiritual. Probablemente usted sepa exactamente qué tipo de tierra es a la que Él lo ha dirigido y ahora usted está parado en los alrededores, y desea con todas sus fuerzas poner la punta del pie tentativamente en la frontera, si no fuera por las sombras de esos gigantes.

Pero ¿puede sentirlo? La mano del mismo Dios está sobre su hombro. Él le está susurrando –tal como hizo con los israelitas–, "entre y desposea a naciones más numerosas y poderosas que usted, ciudades grandes y amuralladas hasta el cielo".

No sé qué le pasa a usted, pero esas órdenes de marcha ponen mi corazón en carrera. Me transmiten electricidad por la columna vertebral y me dejan inquieto, con deseos de moverme. Quiero ver las maravillas que Dios ha preparado para mí. Quiero leche y miel, y no otro pedazo de pan húmedo. ¿Y, además, sabe qué? Quiero ver cuando esos gigantes reciban su merecido. Dios los destruirá y humillará delante de usted; y usted los echará, y los destruirá en seguida, como ha dicho Jehová. Ese será un día grandioso.

¿No le parece que ya es tiempo de que nos enderecemos y enfrentemos cara a cara a los gigantes de nuestras vidas? Este libro es nuestro manual de entrenamiento, pero no olvide que necesitamos una artillería aún más pesada para el campo de batalla:

la espada del Espíritu, que es la Palabra de Dios; el yelmo de la salvación: el escudo de la fe. Y por encima de todo, vamos con el mismo Dios, que siempre hace dos promesas antes de enviarnos a luchar cuerpo a cuerpo con los gigantes:

1. Que estará con nosotros.
2. Que nos dará poder.

Eso significa que usted jamás caminará solo, y nunca en debilidad. Dios tiene la fortaleza para darle la victoria sobre cualquier opresor. Puede preguntarle a Josué, a Moisés, a Abraham, a Daniel, a Isaías, a David o a cualquiera de los apóstoles. Aplastadores de gigantes, y finalmente gigantes ellos mismos.

Tal vez a usted le suceda lo mismo. Siga leyendo, y prepárese para presentar batalla en la tierra de los gigantes.

# LA LUCHA CONTRA EL TEMOR 1

## Puede ganar la batalla y vivir victorioso

Aarón Swavely estaba en un torneo de béisbol cuando recibió las noticias. Un espléndido día de abril, el disfrute sencillo del béisbol, y de pronto la más negra de las pesadillas que pudiera imaginarse.

Aarón se enteró de que su pequeña familia estaba distribuida en tres hospitales. Habían rescatado a su amada esposa, su hijo de nueve años y su hija de siete de un choque de frente. Parado en el campo de juego dentro de la cancha de béisbol, se sentía incapaz de moverse o hacer nada más que pensar que esa mañana al despedirse de su esposa no le había dado un beso.

Un pensamiento y un clamor comenzaron a tomar forma en su interior; el pensamiento de que podía perder a su familia entera; y el clamor hacia Dios para que hiciera desaparecer los últimos terribles cinco minutos.

Diana Teters estaba dormida, soñaba con los nietos. Su hija, que estaba a punto de tener un bebé en los próximos días, la visitaba por el fin de semana con sus otros hijos. Un fuerte golpe en la cabeza la despertó abruptamente, entonces se escuchó a su hija que pedía ayuda: "¡Estoy perdiendo sangre y no puedo salir de mi cama!"

Sin embargo, una voz extraña le advirtió a Diana que no se moviera, que en un minuto iba a poder ir a ver a su hija. Pero ese minuto se transformó en seis horas. El intruso, el hombre que había despertado a Diana con un golpe en la cabeza, la forzó a vendar los ojos a su esposo. Dos de sus pequeñas nietas, de cinco y tres años y medio, se quedaron inmóviles en el cuarto.

Se encogieron contra la pared sin saber qué ocurría. Le vendaron los ojos a Diana. Su hijo llegó a la casa, pero el intruso lo interceptó a punta de revolver.

En tanto Diana, lo único que podía pensar era en su hija embarazada, indefensa y sangrando. Y sintió mucho temor. Todo lo que supo hacer fue orar silenciosamente y en forma repetida. "Mantenlo en calma, Señor, que el hombre se mantenga calmo para que no nos dañe más...".


Ivory Wilderman supo la verdad cuando vio los ojos de su doctor y escuchó su saludo solemne: "¿Vino sola?" El mensaje de su rostro decía "biopsia para Ivory". Minutos después, fue confirmado: los doctores habían encontrado cáncer de mamas.

Tan solo unos minutos antes, la vida de Ivory nunca había sido más prometedora. A los cuarenta y seis años sentía que las mejores cosas la esperaban. Había un nuevo trabajo, un nuevo departamento, un nuevo auto y –lo mejor de todo– una nueva relación que podía llevarla al matrimonio. La vida era buena; Dios la bendecía. "Quería apretar el botón de 'pausa' y simplemente disfrutar del momento en que estaba", dice hoy, cuando mira hacia atrás. Pero la vida no tiene botón para hacer pausa. Repentinamente el mundo de Ivory comenzó a adelantarse rápidamente fuera de control. Los especialistas no le dieron más que veinte por ciento de posibilidades de sobrevivir. Por primera vez comenzó a preguntarse cómo sería la experiencia de la muerte. Mientras permanecía despierta por la noche, sintió como si el miedo la sofocara. "Parecía que me habían aplicado una bolsa de plástico alrededor de la cabeza", explica.

"No había nada que hacer –dice–, solamente clamar al nombre de Jesús."

## EL ENEMIGO MÁXIMO

No hay sensación que se parezca al helado apretón del miedo. Y viene de muchas maneras diferentes.

He estado en ese lugar; tal como usted. Recién incluí tres ejemplos de historias de amigos de nuestro ministerio. Fueron tan amables al escribirnos y contarnos sus puntos de crisis (y no se preocupen; si tienen la suficiente paciencia de terminar el capítulo, les contaré cómo cada uno de ellos salió adelante).

Las cartas llegaron luego de que prediqué una serie sobre el libro *A Bend in the Road* (*Una curva en el camino*), inspirado en mi propia lucha contra el cáncer. Nuestras oficinas de *Turning Point* fueron inundadas con increíbles relatos de momentos cruciales y horas de definición.

Esperábamos recibir tal vez de ochenta personas de nuestra audiencia, y creo que en total fueron ochocientas. Y una tras otras las cartas hablaban del más mortal de todos los enemigos: *el temor*.

Eso es lo más terrible de las curvas del camino, ¿no es así? Es el lugar desde donde no podemos ver lo que acecha a la vuelta de la esquina. Ann Landers, la periodista de la columna de Consejería en cierto momento recibía diez mil cartas al mes de personas con todo tipo de problemas. Alguien le preguntó si había un común denominador entre todos los que enviaban correspondencia. Ella dijo que el tema dominante de todas las cartas que leía era el temor, temor a todo lo imaginable, hasta que el problema se transformaba, para los incontables lectores, en temor a la vida misma.

Aunque el temor es simplemente una parte de la trama de la vida, Dios nos ha equipado así para que seamos lo suficientemente sabios para protegernos de lo inesperado. El temor nos provee de repentinos estallidos de fuerza y velocidad, justo cuando son necesarios. Es un instinto básico de supervivencia, una cosa buena, mientras se mantenga dentro de lo racional. Pero también existe un tipo de temor conocido como *fobia*. Una fobia es lo que resulta cuando el temor y la razón no están en contacto. Una mujer llamada Marjorie Goff, por ejemplo, cerró la puerta de su departamento en 1949. Luego, durante los siguientes treinta años, solamente salió tres veces: una para ser operada, otra para visitar a su familia y otra vez para comprar helado para una amiga agonizante.

Marjorie sufría de agorafobia, temor a los lugares abiertos, y lo más terrible que podía imaginarse era algo que a usted y a mí nos traería placer: una caminata al aire libre.

También leí sobre un joven camionero que atraviesa a diario la ruta del puente de la Bahía Chesapeake. De pronto le vino un pensamiento a la mente de que simplemente podría sentirse impulsado a detener el camión, bajarse y saltar desde el puente para morir. No existía ninguna razón racional para sostener esa creencia, pero ese temor lo atrapó completamente. Finalmente le pidió a su esposa que lo esposara al volante para poder estar completamente seguro de que su temor más profundo no se fuera a hacer realidad.[1]

Exactamente eso es lo que hace el temor cuando edifica su poder sobre nosotros: encadena nuestras manos y nos impide hacer las cosas comunes de la vida, trabajar, jugar, vivir y servir a Dios. Nos entregamos a la esclavitud del terror.

Uno de cada diez de los que leerán este libro sufrirá de alguna fobia específica de algún tipo. Los otros nueve serán más parecidos a mí: no están controlados por ningún tipo irracional de temor pero, aún así luchan con el variado jardín del terror, esos horribles momentos cuando la vida parece arruinarse. Cualquier pastor puede relatarle historias como las del comienzo de este capítulo. Nos sentamos en los hospitales junto a los miembros aterrorizados de una familia. Sostenemos las manos temblorosas de aquellos que enfrentan futuros inciertos. Con frecuencia estamos presentes en las salas de espera cuando el doctor trae el mensaje que hace añicos las esperanzas, o cuando el teniente de la policía nos dice que no tienen la menor pista del niño que se ha fugado.

¿Y qué hay de la vida después del divorcio?, ¿de la muerte de un cónyuge?, ¿de la pérdida del medio de subsistencia?

He tenido mis propios momentos de temor abrumador. Me he puesto delante de enormes multitudes, con temor a hablar. Me he sentado en estadios de fútbol y observado a dos de mis hijos recibir terribles golpes cerca del cuello, y permanecer inmóviles sobre el césped durante minutos que parecían horas. Me he sentado en el hospital con mi hija Jennifer luego de que sufriera un severo golpe en un partido. Dudo que existan temores más terribles que aquellos que tienen como protagonistas a los hijos. También he conocido el temor de mi propia muerte pendiente, cuando el doctor trajo las noticias de una seria enfermedad.

Se ha descripto al temor como un pequeño chorro de duda que fluye a través de la mente hasta que produce un canal tan grande, que todos sus pensamientos se escurren por allí. Los pequeños temores, casi imperceptibles, pueden crecer día a día hasta que nos encontramos paralizados e incapaces de funcionar. ¡Y existen tantas variedades! Craig Massey detalla seis categorías generales que la mayoría de nosotros enfrentamos: pobreza, crítica, pérdida del amor, enfermedad, vejez y muerte.[2]

## DONDE EL TEMOR Y LA FE SE CRUZAN

¿Y los cristianos? Uno podría pensar que el temor es equipaje sobrante para aquellos que viven en la presencia de un Dios Todopoderoso. *Debería* serlo, pero habitualmente no funciona así.

La Biblia, de hecho, no pinta un cuadro de una vida libre de temores. A juzgar por Las Escrituras, el pueblo de Dios parece estar atormentado por los mismos temores que el resto.

Los discípulos, que tenían a Jesús a su lado, aparecían temerosos constantemente –de las tormentas, de las multitudes, de la pobreza, de los ejércitos, de la pérdida de su líder–. Pensamos inmediatamente en el día cuando Jesús les dijo que cruzaran al otro lado del Mar de Galilea. La noche se cerró como un manto, una tormenta apareció desde algún lugar, y los discípulos se encontraron luchando por sus vidas mientras el barco se sacudía sobre las olas.

Aún cuando vieron que Jesús se aproximaba sobre las aguas, estaban aterrorizados. Pensaron: ¡es un fantasma! (vea Mateo 14:22-33). Permitieron que el temor se apropiara de lo mejor de ellos.

El orgulloso ejército israelita vivía atemorizado por un hombre. Por supuesto, la cinta para medir al hombre decía: tres metros quince centímetros. Goliat jugaba sin piedad con el temor de ellos, los ridiculizaba con desafíos, sabía que no se iban a animar a aceptar. El rey Saúl estaba gobernado por el temor, primero del gigante, y luego del muchachito que mató al gigante. David mismo no estuvo libre de temor antes de la gran batalla. Pero tomó su honda y sus cinco piedras y se mantuvo en pie de todas maneras. Tal como Mark Twain lo dijo una vez, el coraje no es la ausencia de temor, sino *cómo lo manejamos;* es el lugar en el que el temor y la fe se cruzan. David nos muestra una historia del poder del coraje.

Pero también tenemos historias del poder del temor. Tal vez la más notable de todas es la referida a la delegación de espías que fueron enviados a Canaán. Fueron comisionados a ir a una expedición para descubrir la verdad sobre el territorio desconocido que tenían por delante. Esta era la Tierra Prometida, el hogar final, luego de generaciones de esclavitud en Egipto. Era la tierra de Abraham, el suelo patrio de sus sueños. Pero habían pasado muchas generaciones lejos. La tierra tenía en sí tanto misterio como promesa. Sin ninguna duda, Canaán era la curva en el camino del éxodo, y los israelitas no podían ver lo que asomaba a la vuelta de la curva. Por lo tanto se reunieron en asamblea en Cades-barnea y decidieron enviar a los que harían el reconocimiento.

La experiencia de estos hombres tuvo un impacto sobre Israel que duró cuarenta años. Les costó años de penas y tragedias. ¿Tendrían que haber entrado directa y rápidamente, sin mediar el acto tentativo de enviar espías? No podemos decir eso porque Dios permitió y alentó la misión de reconocimiento. Podríamos decir que los hombres deberían haber tomado una decisión diferente. La mayoría falló al no ver la tierra con la perspectiva que Dios quería que tuvieran. Dios no había establecido al espíritu de temor que trajo el comité de recomendación.

Al estudiar cuidadosamente esta narración encontramos principios claves sobre la tiranía del temor y la libertad de la fe.

## 1. El temor ignora el Plan de Dios

*"Y salidos de Horeb, anduvimos todo aquel grande y terrible desierto que habéis visto, por el camino del monte del amorreo, como Jehová nuestro Dios nos lo mandó; y llegamos hasta Cades-barnea. Entonces os dije: Habéis llegado al monte del amorreo, el cual Jehová nuestro Dios nos da. Mira, Jehová tu Dios te ha entregado la tierra; sube y toma posesión de ella, como Jehová el Dios de tus padres te ha dicho; no temas ni desmayes"* (Deuteronomio 1:19-21).

El mandato de Dios era claro: "Aquí está su tierra. Este es mi regalo para ustedes. Ahora ¡vayan y tómenla!"

Con sus más grandes esperanzas y sueños puestos por delante, como presentes con hermosos envoltorios bajo el árbol de Navidad, deberían haber tomado impulso e ir hacia delante gozosamente. Deberían haber reclamado toda la abundancia y realización que Dios deseaba que tuvieran. A pesar de que habían llegado tan lejos, atravesado el desierto con su desesperación polvorienta, hambrunas y sed, no podían cruzar la línea final. Habían prevalecido sobre el ejército del Faraón, atravesado las altas olas del Mar Rojo, superado el desafío del viaje, pero no podían tomar una posición contra este obstáculo final: *el temor.*

Usted puede estar en el umbral de la más grandiosa promesa que Dios tiene para darle, pero nunca reclamará sus bendiciones si deja que el temor domine su vida. Él le desea tantas riquezas en su plan perfecto que únicamente la miopía de su temor puede impedirlas. Escuche con atención las palabras de Pablo sobre este tema: *"Porque no nos ha dado Dios espíritu de cobardía, sino de poder, de amor y de dominio propio"* (1 Timoteo 1:7).

El poder no se acobarda ante la incertidumbre; el amor nunca es vencido y el dominio propio no se relaciona con la especulación irracional. Dios tiene un territorio rico, una tierra prometida a nombre suyo, y desea que vaya a la carga con un grito de victoria y no con un lloriqueo de temor.

En La Biblia hasta le dice cómo debe ser el sonido de ese grito de victoria: *"Pues no habéis recibido el espíritu de esclavitud para estar otra vez en temor, sino que habéis recibido el espíritu de adopción, por el cual clamamos: ¡Abba, Padre!"* (Romanos 8:15). Clama al nombre del Señor.

Este versículo nos asegura que podemos recurrir a la intimidad con la que un niño reclama a su papá. Él nos ha adoptado como propios, y todos tenemos los derechos de los hijos del Rey. No tenemos por qué enfrentar solos ninguna situación.

La verdad es que Él tiene un plan y que podemos reclamarlo con gozosa seguridad. El temor ignora ese plan. ¿Alguna vez ha visto un príncipe tímido y acobardado? Deje de vivir como un indefenso huérfano callejero, porque tiene en sus manos las credenciales del palacio real.

## 2. El temor distorsiona los propósitos de Dios

El temor hace algo predecible: nos distorsiona la visión. El temor nos roba la perspectiva. Escuche cómo Moisés resume las actitudes de su pueblo:

> *"Y murmurasteis en vuestras tiendas, diciendo: Porque Jehová nos aborrece, nos ha sacado de tierra de Egipto, para entregarnos en manos del amorreo para destruirnos. ¿A dónde subiremos? Nuestros hermanos han atemorizado nuestro corazón, diciendo: Este pueblo es mayor y más alto que nosotros, las ciudades grandes y amuralladas hasta el cielo; y también vimos allí a los hijos de Anac"* (Deuteronomio 1:27-28).

El temor saca lo peor de nosotros. Nos lleva a la queja, a la desconfianza, a la acusación y a la desesperación. Todo podemos verlo en estos versículos. Dios había provisto la victoria sobre los opresores egipcios. Los liberó a través del desierto. Les ofreció un nuevo plan para vivir a través de los mandamientos del Monte Sinaí. Y ahora les ofrecía inmuebles, el don de una nueva tierra para edificar una nación. Pero, atemorizado, el pueblo permanecía acobardado en sus tiendas, acongojados por las intenciones de Dios: "Dios nos trajo hasta acá para entregarnos en manos del amorreo".

¿No es cierto que el temor nos hace esto? Cuando usted habla con un aterrorizado amigo o familiar, quisiera decirle: "¡Pero eso es absurdo!" Porque para nosotros es fácil ver la irracionalidad y ausencia de perspectiva de otras personas gobernadas por el temor. Los espías trajeron un cuadro distorsionado e infectaron a la nación entera. "¡Hay gigantes en la tierra! ¡*Anakim*!" Esa palabra llevaba el terror para los israelitas. Era sinónimo de gigantes monstruosos y merodeadores. Pero, por supuesto, mientras que veían un gigante o dos, el único formidable gigante era el que estaba dentro de sus cabezas, y ese era el *temor*.

Vale la pena leer el relato paralelo en Números 13:32-33, donde vemos los temores de los espías pintados aún en tonos más oscuros. La tierra "devora a su habitantes", dijeron. "Éramos como langostas ante nuestros ojos".

El temor es un ejército de gigantes, porque se multiplica, uno se transforma en muchos. Al mismo tiempo que hace eso, también nos transforma en langostas ante nuestros ojos. Perdemos de vista la promesa de que podemos hacer todas las cosas a través de Aquel que nos fortalece. Perdemos la habilidad de ver todas las cosas en su verdadera perspectiva. El temor, no el objeto del temor, devora a sus habitantes

En la imaginación de los espías había cantidad de ciudades fortificadas, atestadas de gigantes. Sus perspectivas estaban tan distorsionadas que aún transformaron a Dios en un gigante malvado. "Nos ha traído todo este camino para que seamos la comida de los impíos", decían. Desafío a cualquier persona para que encuentre algún tipo de lógica detrás de esta conclusión. Pero, ¿todos no hemos dicho cosas como estas? "¡Dios quiere atraparme! ¡Me trajo todos este camino para hacer de mí un miserable!" Cuanto más grande es el temor, más débil el razonamiento.

El temor distorsiona nuestra percepción de los propósitos de Dios, nos muestra la vida a través de espejos curvados, como los de los parques de entretenimientos, pero sin la diversión.

## 3. El temor desalienta al pueblo de Dios

El tercer efecto del temor es que extiende sus tentáculos a todos los que nos rodean. El desaliento es contagioso. Al dar lugar a sus temores, hace del mundo que lo rodea un ambiente de desaliento. Esa palabra, *desaliento*, significa retirar el coraje. El temor hace que agotemos la vitalidad de las personas que nos importan.

Este es un principio devastador ¿no es cierto? El temor atrapa; con el tiempo produce histeria. Diez de los doce hombres regresaron con lo que La Biblia llama "informe negativo", y aquellos diez infectaron a toda la nación, no solamente durante una semana o un mes, sino toda una generación. Las esperanzas y sueños dorados de los israelitas, de tierra, seguridad, un nuevo comienzo, fueron arruinados durante cuarenta años por causa del temor de diez hombres. Cuando los espías regresaron de su viaje trajeron a un gigante con ellos, uno mucho más terrible que los meros hombres que habían visto. Este gigante de temor acechó por todo el campamento y devoró la fe y coraje de una nación.

Si usted piensa que el temor no es contagioso, párese a la salida de su trabajo y grite una sola palabra: "¡Fuego!" Tendrá éxito en cambiarle el estado de ánimo a cientos de personas en un instante. Además de poner en peligro a todos los que lo rodean. El temor es más infeccioso que cualquier enfermedad que pueda nombrar. Merodea por el paisaje y desalienta al pueblo de Dios.

## 4. El temor no cree en las promesas de Dios

*"Entonces os dije: No temáis, ni tengáis miedo de ellos. Jehová vuestro Dios, el cual va delante de vosotros, él peleará por vosotros, conforme a todas las cosas que hizo por vosotros en Egipto delante de vuestros ojos. Y en el desierto has visto que Jehová tu Dios te ha traído, como trae el hombre a su hijo, por todo el camino que habéis andado, hasta llegar a este lugar. Y aún con esto no creísteis a Jehová vuestro Dios, quien iba delante de vosotros por el camino para reconoceros el lugar donde habíais de acampar, con fuego de noche para mostraros el camino por donde anduvieseis, y con nube de día"* (Deuteronomio 1:29-33).

El desafío delante de los israelitas no era algo que no se sabía de donde salía, y demandaba que ellos confiaran en algún tipo de providencia misteriosa e incierta. Esta era la invitación del Dios que los había acompañado durante todo el viaje. Era el Padre amante que se había mantenido siempre apegado a su lado, y que había provisto para cada necesidad. Este era Aquel en quien podía depositarse confianza, tal como un niño pequeño la pondría en sus padres amorosos, y mucho más confiable todavía.

Sin duda, Dios los llamó los *hijos* de Israel, y La Biblia nos dice que los llevó tal como hubiera llevado a un infante. Los había cuidado como se cuida a un recién nacido. Dirigió sus pasos, proveyó comida, buscó protegerlos e hizo todo lo posible para nutrir una relación amorosa y completamente confiable. El momento de la experiencia del desierto fue para que el pueblo hiciera lazos con su Padre. Luego de generaciones de esclavitud bajo tiránicos amos en Egipto, Dios quiso que sus hijos aprendieran algo de lo maravilloso que es cuando lo seguimos.

Pero el aprendizaje siempre incluye los exámenes. Y eso es lo que sucedió cuando los espías fueron convocados, se le tomó un examen al pueblo para revelar si realmente confiaban en Dios o no.

Los hijos de Israel tenían todo lo que necesitaban para pasar el examen. Pero creo que experimentaron un principio que parece más cierto y claro para mí con cada día que pasa.

Me parece que cada momento de definición de la fe es como comenzar todo de nuevo. Sí, tenemos todo el pasado sobre el cual edificar; tal como los israelitas, *deberíamos* poder mirar atrás y decir: "Si Dios nos ha traído hasta aquí; Él nos llevará de regreso a nuestro hogar". La memoria y la experiencia deberían llenarnos de poder. Pero luchamos justamente para hacer eso; en el momento de la crisis pareciera que esta se magnifica. El espejo retrovisor debería darnos perspectiva, pero no miramos al espejo para nada; nuestros ojos están congelados por lo que alumbran los faros delanteros.

Los israelitas son un verdadero testimonio de esto. Había gigantes frente a los faros delanteros. Y esos gigantes parecían tan fantásticamente macizos que aplastaban lo que Dios había hecho en el pasado, lo que estaba haciendo en el presente, y su Palabra para el futuro.

El temor no cree en las promesas de Dios.

## 5. El temor desobedece los principios de Dios

Deuteronomio 1:26 dice: *"Sin embargo, no quisisteis subir, antes fuisteis rebeldes al mandato de Jehová vuestro Dios"*. Es una verdad dura pero persistente: el temor es lisa y llanamente desobediencia. ¿Qué otra cosa puede ser el temor sino desobediencia a Dios, cuando Él nos ha dado todo lo necesario para caminar en fe?

Hay una pequeña frase en La Biblia, tan simple, y que Dios ve adecuada para repetir con mucha frecuencia, a través de todas Las Escrituras. Dice así: *no temáis*. Esa frase, si la observan, está expresada en el tiempo imperativo, lo que simplemente implica que es una orden. ¿Cuántas veces Dios tiene que ordenarnos que no temamos? *"Y al que sabe hacer lo bueno, y no lo hace, le es pecado"* (Santiago 4:17). La próxima vez que se encuentre abrumado por el temor, recuerde –junto con todas las otras promesas y afirmaciones de Dios– que vivir en temor es vivir en pecado.

Pero ¿no parece eso algo un poco estricto e inflexible? Su primera respuesta podría ser, "¡Pero, no puedo evitarlo! No quiero ser temeroso, pero está fuera de mi control". Y si es así cómo se siente, es porque ha olvidado que Dios nos ha dado todo lo que necesitamos para enfrentar el temor. Nos ha provisto con principios de fe que nos ayudan a vivir con valentía.

Y cuando todo ha sido dicho y hecho, cualquier alternativa a su camino es simple desobediencia, algo que siempre resulta costoso. Para la nación de Israel significó una generación perdida. Al grupo adulto de ese tiempo le impidió encontrar el fin para su viaje durante cuarenta años. Fueron sentenciados a una vida sin reposo, nómades, de vagar sin hogar en el desierto, esperando que el último de ese grupo abandonado finalmente muriera. Solamente a dos de ellos se les permitió entrar a Canaán: a Josué y Caleb, que habían permanecidos firmes en su fe. El coraje les ganó su hogar, pero a pesar de todo, también anduvieron vagando más allá de las fronteras durante aquellos cuarenta años, asistiendo a los funerales de sus amigos.

Cuando el último cuerpo fue puesto en reposo, la nación finalmente pudo reclamar su verdadero hogar.

## ENFRENTEMOS AL GIGANTE DEL TEMOR

Dios ansía que usted y yo simplemente aceptemos los regalos de su mano. Tiene el hogar más maravilloso y adecuado para alguien, un compañero para toda la vida, nuevas y emocionantes oportunidades para el ministerio y orientación en la carrera. Pero el temor nos impide aceptar estos premios. Con frecuencia aconsejo a mis amigos que sienten el tironeo de Dios en sus corazones. Él tiene algo especial para que hagan, y pueden esperar abundantes bendiciones, si solamente son obedientes y confían.

Quieren aceptar el llamado, pero el temor los detiene, siempre hay un nuevo temor. *¿Qué pasa si tomo la decisión equivocada? ¿Y si no es el compañero indicado para mí? ¿Qué pasa si fracaso en esta aventura de negocios? ¿Y si extraño cuando estoy en la obra misionera? ¿Qué pasa sí, qué pasa sí...?* Simplemente les resulta imposible aceptar la sencilla verdad de la naturaleza confiable y amante de Dios. Parece que no registran que Él jamás llama a sus hijos para dejarlos solos después. (*¿Nos habría traído tan lejos para dejarnos en manos de los amonitas?*)

Y he visto a dónde lleva esta falta de confianza: directamente al umbral de la angustia. Los que se niegan a aceptar el don de Dios se condenan a una vida de vagabundear sin destino por el desierto de sus trabajos y comunidades, y de sus sueños rotos. Campos de leche y miel esperaban, pero se conformaron con menos.

La pregunta que quiero hacerle es: ¿no resulta ese tipo de desilusión en la vida algo para temer mucho más que el riesgo de creer lo que Dios dice? Por supuesto que lo es. La pregunta, entonces es, ¿qué hacer? ¿Cómo enfrentar nuestros temores?

## 1. Enfrente su temor con honestidad

Puede ser que desee que los temores se desvanezcan o se desgasten, pero no se irán a ninguna parte, no lo harán por sí solo. Si quiere derrotarlos, debe ser como David: ¡junte sus piedras y avance con coraje!

Primero trate de entender qué hay en la raíz de sus temores. Con frecuencia las personas se me acercan y dicen: "No sé de qué tengo miedo; simplemente tengo un espíritu de temor".

¿Es esa su experiencia? Mire un poco más detenidamente y lea más específicamente qué es lo que le causa esos sentimientos. Pídale a Dios que examine su corazón. Él sabe en dónde reside el problema, pero usted necesita dejar que Él se lo muestre. De lo contrario huirá corriendo y, como Jonás, descubrirá que puede correr, pero no esconderse.

Leí una increíble historia de una familia de Canadá. Estas personas estaban convencidas que había amenazas de una guerra mundial, y estaban aterrorizadas. Decidieron huir, esperaban encontrar algún rincón del planeta donde estar a salvo y libres de la pelea. En la primavera de 1982 se mudaron a un pacífico lugar de las Islas Malvinas, un aislado archipiélago en disputa entre la Argentina y Gran Bretaña. La familia se relajó y disfrutó de cinco días de tranquilidad antes de que los argentinos invadieran su patio trasero y se iniciara la famosa Guerra de las Malvinas.[3]

No hay lugar a dónde huir. Mejor detenerse y enfrentar la verdad del temor. ¿Qué es lo que realmente le preocupa? ¿Por qué?

## 2. Confiese su temor como pecado

Hemos visto ya que el temor se convierte en desobediencia. Dios dice: *"No temáis"*. Pero tememos; por lo tanto, estamos en pecado. La única cosa que nos resta hacer es venir ante Dios para una confesión honesta.

Nuevamente, esta puede parecer una instancia dura o irreal. Después de todo, no podemos evitar lo que sentimos, ¿no es cierto? Hasta cierto punto eso es verdad. Las emociones nos vienen por sí solas. Pero también es verdad que tenemos el poder de *influenciar* nuestros sentimientos. Podemos elegir voluntariamente obedecer la voz de Dios. Podemos hacer la decisión diaria y seria de llenar nuestras vidas, pensamientos y planes con su Palabra y su verdad. *"Busqué a Jehová, y él me oyó, y me libró de todos mis temores"* (Salmo 34:4). Caminar con Dios es caminar libre de temores.

Así que, identificamos el temor y lo confesamos. Al traer nuestros temores delante de Dios y confesarlos con sinceridad, hacemos otra cosa: nos arrepentimos. Eso significa que repudiamos completamente el pecado, nos damos vuelta y caminamos hacia la otra dirección. Luego podemos continuar los pasos que nos llevarán a la victoria sobre nuestros temores.

## 3. Reclame las promesas de protección de Dios

El siguiente paso es tratar de aprovechar los recursos maravillosos, encubiertos. La mayoría de las personas simplemente no se dan cuenta del tesoro que tienen en las puntas de los dedos. La Biblia está llena de promesas prácticas. Cualquiera de ellas, si elegimos aferrarnos, nos lleva a la liberación de algún problema dificultoso en nuestra vida.

Si yo fuera una persona de espíritu temeroso, iría a un negocio y compraría fichas, luego buscaría ciertos versículos de La Biblia y los copiaría. Pondría uno en el espejo de mi coche. Los pegaría en las paredes de mi baño. Otro lo deslizaría debajo del vidrio del escritorio. Otro encontraría lugar en mi billetera, ¡hasta podría llegar a pegar uno en el control remoto de la televisión! Lo grabaría con letras coloridas en la pantalla de mi computadora para verla cuando paso por la sala. Entonces estaría bien preparado ante la primera señal de opresión de un espíritu de temor. Podría tomar ese versículo de La Biblia, leerlo en voz alta, repetirlo nuevamente y pedir a Dios que demuestra su verdad en el campo de batalla de mi corazón y espíritu.

¿Está interesado en conectarse con esas riquezas de promesas? Le daré varias, y le sugiero que las lea en voz alta y reflexione en el significado vital que tienen para usted.

- Deuteronomio 31:6: *"Esforzaos y cobrad ánimo; no temáis, ni tengáis miedo de ellos, porque Jehová tu Dios es el que va contigo; no te dejará, ni te desamparará".*
- Salmo 27:1: *"Jehová es mi luz y mi salvación; ¿de quién temeré? Jehová es la fortaleza de mi vida; ¿de quién he de atemorizarme?"*
- Salmo 118:6: *"Jehová está conmigo; no temeré lo que me pueda hacer el hombre".*
- Proverbios 3:25-26: *"No tendrás temor de pavor repentino, ni de la ruina de los impíos cuando viniere, porque Jehová será tu confianza, y él preservará tu pie de quedar preso".*

• Proverbios 29:25: *"El temor de Jehová pondrá lazo; más el que confía en Jehová será exaltado".*

El siguiente es uno personalmente favorito. Sugiero que le ponga una estrella grande al lado.

• Isaías 41:10: *"No temas, porque yo estoy contigo; no desmayes, porque yo soy tu Dios que te esfuerzo; siempre te ayudaré, siempre te sustentaré con la diestra de mi justicia".*

Esos versículos son el mejor seguro contra temores en el que puede invertir. Memorícelos, escríbalos o imprímalos en tarjetas, y ubíquelos en sitios donde pueda visualizarlos. Permita que la Palabra de Dios fortalezca su espíritu.

Y, por supuesto, esos versículos son solamente el comienzo. Lea en la Palabra de Dios y encontrará muchas más afirmaciones para épocas de temor. Los escritores inspirados sabían cómo era estar atemorizado en el mundo antiguo; tenían temores de los cuales nosotros ni podemos imaginarnos. Pedro y Pablo tuvieron que enfrentar el temor. Jesús oró en Getsemaní, sabía exactamente lo que le esperaba en las horas siguientes. Todos ellos encontraron su fortaleza en Dios, y usted puede beneficiarse ricamente de la sabiduría espiritual de ellos. Busque la palabra *temor* en la concordancia de su Biblia, y luego *atemorizado*.

Aprópiese de esos pasajes, sumérjase en el poder que tienen, y la próxima vez que el diablo venga a buscar respuestas suyas, estará listo. Tome cinco versículos de las aguas de la vida, tal como David tomó las cinco piedras para su honda, y ¡déjelas que vuelen! No se preocupe por ese temible gigante; cuanto más grande se haga, más fuerte será la caída.

El próximo paso puede sonar tan simple, tan básico; que hasta podría ignorarlo. ¡Espero que no lo haga!

## 4. Cultive una relación más íntima con Dios

Sí, puede enfrentar sus temores acercándose a Dios. Piense nuevamente en esos espías que entraron en Canaán.

Hasta ahora no hemos mencionado que había dos que disentían en el grupo. Fueron en el mismo viaje, vieron las mismas ciudades fortificadas y los mismos gigantes, y regresaron con una opinión minoritaria.

Josué y Caleb escucharon pacientemente todos los peores relatos y con calma dijeron: "Podemos hacer esto."

A medida que he leído esta narración al pasar los años, siempre he sentido que la diferencia entre los diez y los dos fue porque utilizaron distintos centímetros. Los del grupo negativo midieron los gigantes con sus propias estaturas, mientras Josué y Caleb la midieron por la estatura de Dios. Estos dos fueron los únicos que finalmente estuvieron a la altura para entrar en la Tierra Prometida. Los otros quedaron escasos.

¿Cuál fue la diferencia con Josué y Caleb? Las Escrituras lo dicen con claridad.

En Números 32:12 podemos leer que ellos *"fueron perfectos en pos de Jehová."*

Encontrará el mismo mensaje en Deuteronomio 1:36 y Josué 14:9. Josué y Caleb fueron simplemente diferentes criaturas que los demás. La Biblia dice claramente que estaban absolutamente llenos del Espíritu de Dios, y andaban con Él en todos sus caminos. Esto los hizo pensar diferente, actuar diferente, decidir diferente.

Y cuando llegó el tiempo de la crisis –tiempo en que descubrimos de qué están hechas las personas– Josué y Caleb fueron la prueba viviente de lo que significa tener coraje divino. Estos dos miraron la tierra que "devoraba a sus pobladores" y dijeron: "Esta es la voluntad de Dios, ¡hagámosla!"

Su nivel de temor finalmente es una señal de lo cercana que es su amistad con Dios. Es un centímetro espiritual. ¿Ve las cosas en las dimensiones humanas o divinas? Luego de pasar tiempo con su Creador, simplemente es incapaz de retroceder en temor ante la aparición de cada una de las ansiedades humanas. Ha visto su poder. Su amor y fidelidad. Ha visto que sus propósitos son los mejores para usted. Si tiene "temor de Dios", como acostumbramos decir, no temerá a la cosas de este mundo. Si no tiene el "temor de Dios", entonces todo lo demás debe ser temido.

Hay un versículo que a mi juicio es esencial en el Nuevo Testamento sobre este tema. Piénselo con atención; le sugiero que lo memorice: *"En el amor no hay temor, sino que el perfecto amor echa fuera el temor; porque el temor lleva en sí castigo. De donde el que teme, no ha sido perfeccionado en el amor"* (1 Juan 4:18).

Lo opuesto al temor, como ve, no es el coraje. No es la confianza. Lo opuesto al temor es el *amor*. Este versículo capta esa hermosa y poderosa verdad. Tal como vimos al comienzo de este capítulo: *"Porque no nos ha dado Dios espíritu de cobardía, sino de poder, de amor y de domino propio"* (2 Timoteo 1:7). Aquí vemos nuevamente temor versus amor.

Pienso que los padres entienden este principio, porque saben que los niños pequeños con frecuencia se despiertan en la oscuridad de la noche. Y están atemorizados por ella. He vuelto a experimentar esto hace poco tiempo con uno de nuestros nietos, el pequeño David Todd, que vino a visitarnos. Cuando estaba en nuestra casa, se despertó en una habitación desconocida en medio de la noche y comenzó a llorar. No es cualquier tipo de llanto, sino uno que dice "tengo miedo". Ustedes padres, entienden esto.

¿Entonces, qué hacemos? Dudo que alguno de nosotros entre en la habitación y diga "¡Vamos, David, sé valiente!" No, usted y yo somos mucho más tiernos. Levantamos al pequeño en nuestros brazos, lo apretamos fuerte contra nosotros y le hablamos suavemente palabras de seguridad. Le decimos que lo amamos. Que todo está bien. Lo ayudamos a darse cuenta de que está en lugar seguro, y que estamos cerca mientras él duerme, aún si está oscuro; siempre lo protegeremos. Y derramamos todo el amor que podemos hasta que el temor se va, y nuestro pequeño duerme en paz. Eso es lo que Dios hace cuando nosotros clamamos.

Harry Ironside, un gran predicador de hace algunos años, contó que jugaba con su hijo menor a "los osos". El adulto era el oso, y perseguía al muchacho por toda la casa. Pero un día el juego se volvió demasiado intenso. El muchacho estaba arrinconado por el "oso" y de pronto se sintió verdaderamente asustado, había dejado de ser un juego. Escondió su rostro, temblando, se dio vuelta rápidamente y se tiró en los brazos de su padre con las palabras, "¡No tengo miedo de ti! ¡Tú eres mi papito!"

Nuestro Padre desea que saltemos así a sus brazos cuando estamos asustados. Desea que nos demos cuenta de quién es realmente, y que no tenemos que temer. Experimentar completamente el amor de Dios es sentir la más profunda seguridad en el corazón, alma, mente y fuerza. Es entender, en lo profundo de nuestro ser, que Dios nos ama tanto que siempre nos apretará entre sus brazos; que siempre estará cerca, aún cuando esté oscuro; que es nuestro "Papito" y que no necesitamos estar atemorizados. Y nos damos cuenta de esto a medida de que su incomprensible amor nos limpia y lava de temor, enojo y egoísmo. Solo y únicamente entonces somos capaces de devolver el amor, porque recuerde, *"Nosotros le amamos a él, porque él nos amó primero"* (1 Juan 4:19).

Y es en ese momento cuando sucede: el amor comienza a desplazar al temor. Sí, los temores nos visitarán nuevamente, porque son parte de la vida. Pero nunca más nos atraparán. Serán temores razonables de no tocar la cafetera caliente ni cruzar la calle con mucho tránsito. Los temores irracionales, controladores, no podrán dominar el corazón, porque ahora el corazón es el hogar del Espíritu Santo. Él no lo permitirá. De hecho, no tendremos tiempo de nutrir ningún temor profundo y acrecentarlo hasta transformarlo en gigante, porque el Espíritu se ocupará de que estemos activos en el ministerio. Es un principio asombroso.

Cuanto más se acerca a otras personas con necesidades, más pequeños se transforman sus temores. Nuevamente, esto es el amor que echa fuera el temor. Es otra buena razón para estar activos en el ministerio. Sea alguien dispuesto a alentar. Un embajador del amor de Dios. No conozco mejor receta de ninguna especie contra la desdicha. Como puede ver, no existe nada trivial en aconsejarle que cultive una relación más íntima con Dios. Es la máxima estrategia contra el temor. Los niños que tienen miedo llaman a sus padres. No existe diferencia para los adultos que están atemorizados, pero el Padre cuyo nombre invocamos es mucho más poderoso, mucho más amoroso, mucho más atento.

Si su vida está llena de ansiedad y temores irracionales, acérquese a Dios, comience hoy. Aumente el tiempo que pasa con su Palabra. Dedique más tiempo a orar, y mantenga un diario de oración para ver de qué manera Él lo consuela en tiempos de temor.

Mi punto final es una invitación para que se asegure de que puede acercarse a Él.

## 5. Entregue su vida a Jesucristo

Existe un temor extremo que todo ser humano debe enfrentar, un temor que está más arriba que los demás. El máximo gigante es la muerte misma.

El temor a la muerte hace que las personas realicen cosas extrañas. Conocí cierta vez a un hombre que tenía tubos de oxigeno en cada cuarto de su hogar. Sus coches tenían esos pequeños tanques. Los baños, el dormitorio, la cocina, el garaje –en todos estos lugares había tubos con oxígeno–. Un día, cuando lo visitaba, le pregunté el significado de esta obsesión. Me explicó: "Tengo un poco de problemas con el corazón. Temo que uno de estos día pueda tener un ataque, y que no pueda conseguir el oxígeno que necesito, entonces, moriría". Concluyó: "Hago todo lo que está a mi alcance para cubrirme". Y así, para cubrir su vida de seguridad, la transformó en una vida que tenía como centro a los tubos de oxígeno.

La precaución es una cosa buena; las fobias son enfermizas. Cuando llegue el día establecido para que Dios lo llame al hogar, todos los tubos de oxigeno del mundo no podrán comprarle un solo segundo más de vida. La verdadera pregunta es: ¿está desesperado por tener un segundo más, otra hora, otro día? Si es así, ¿por qué la muerte lo aterroriza tanto? ¿Está tan dispuesto a evitar las hermosas puertas del cielo y los brazos abiertos de Dios?

Ahora sé que no estoy atemorizado por la muerte. Puedo decir esto porque he estado en el mismo filo de la muerte, le miré el rostro y descubrí que no estoy atemorizado. Estoy dispuesto a mudarme a mi nuevo destino, aunque no esté deseoso de tener esa ventaja. Sucede que amo la vida. Estoy dedicado al ministerio y a mi familia, y no tengo deseos de morirme. Pero es maravilloso llegar a sentir paz acerca de la finalización de esta vida. Es bueno poder decir: "No tengo temor a morir".

Pablo entendió que es una situación doblemente ganadora para el pueblo de Dios. Escribió: *"Porque para mí el vivir es Cristo, y el morir es ganancia"* (Filipenses 1:21). Podemos quedarnos en la Tierra y experimentar el gozo de Cristo, o podemos pasar a la otra vida y ocupar esas mansiones que Él ha ido a preparar. De cualquiera de las dos maneras, ya está resuelto. ¿Por qué temer por las cosas de esta vida? ¿Por qué temer al umbral que nos lleva a la próxima estancia?

Con todo usted y yo conocemos personas que se mueven por esta vida arrastrando los grillos del temor a la muerte. Las cadenas les impiden cualquier disfrute o realización en la vida. Pero hay un pasaje interesante en Hebreos, que nos dice cómo debemos pensar acerca de la muerte:

> *"Así que, por cuanto los hijos participaron en carne y sangre, él también participó de lo mismo, para destruir por medio de la muerte al que tenía el imperio de la muerte, esto es, al diablo, y librar a todos los que por el temor de la muerte estaban durante toda la vida sujetos a servidumbre"* (2:14-15).

He allí –encerrada en una cáscara de nuez– la más importante verdad de la historia. La muerte tenía dominio sobre este mundo. Toda la gente tenía que vivir en su tiranía, y la vida estaba dominada por la muerte. Entonces Dios vino al mundo con la vestimenta de carne humana, para poder compartir todo lo que experimentamos. Extendió sus brazos en aquella cruz grande de madera, y se entregó a sí mismo. Mientras el cielo se oscurecía, la Tierra temblaba y la historia se daba vueltas totalmente: Jesús colgaba entre el cielo y la Tierra, cubriendo la máxima grieta que no podía ser cerrada de ninguna otra manera.

Eso cambió todo. Trajo nuevamente la eternidad para usted y para mí, y nos trajo de regreso al hogar, a Dios. El poder de la muerte está totalmente quebrado. No tenía poder en absoluto fuera de las mentiras y distorsiones del engañador. El diablo desea que usted crea que la muerte aún es un gigante. Quiere que crea que sus pecados aún le otorgan a la muerte la última palabra, y que por lo tanto debe vivir en terror. Pero la verdad es que Jesús pagó la deuda. Sus pecados no irán en su contra si acepta el regalo que Jesús compró con su vida. Podemos descansar en esta seguridad y encontrar liberación del temor. Podemos confiar en Dios como Aarón Swavely lo hizo. Estaba en un partido de béisbol, ¿lo recuerda? Cuando escuchó que su esposa e hijos habían tenido un accidente automovilístico serio. Su hija, Alisha, era la que estaba más grave: se hallaba en coma. Los médicos le dieron pocas esperanzas. Aarón simplemente se la presentó a Jesús. Intentó en su corazón ser como Abraham, confiar a Dios su preciosa hija.

Sí, Alisha, de siete años, entró en el cielo. La familia se afligió profundamente y atravesó el dolor. Pero hicieron algo: permitieron que Alisha fuera una donante de órganos. Y cuando piensan en ella hoy, saben que un jovencito de dieciséis años está vivo por su hígado. Otros dos tienen vista. La vida es lo más difícil de todo cuando lo impensable sucede y perdemos a un hijo. Pero Aarón y su familia llegaron a conocer a Dios aún más profundamente a través de la crisis. Aprendieron que Él usa todo y a todos. Prácticamente pueden enfrentarlo todo luego de recibir la ayuda de Dios para atravesar aquel tiempo.

Diana Teters vivió gracias a un milagro. Cuando el intruso entró en su casa y los atacó, este tenía la intención de matarlos a todos. Pero algo lo detuvo; tal vez la oraciones de Diana en el lugar. Su esposo trabajaba para el banco y esa fue la razón por la que el hombre había entrado. Luego de llevar a su esposo y nietas allí y sacar el dinero, dejó a todos sin hacerles daño, excepto por algunas gasas y vendajes. Todos salieron ilesos, y el programa *Inside Edition* contó la historia de los Teters. La policía lo consideró un milagro que nadie muriera. Diana no se sorprendió para nada. Actualmente ora para poder ir a visitar al intruso en la prisión. Dios quiere que ella lo alcance.

En cuanto a Ivory Wilderman, pasó la cirugía, quimioterapia y radiaciones. No importa lo que suceda, se dijo a sí misma, Dios estará allí. Durante las largas noches de incertidumbre clamó al nombre de Dios, lo buscó en Las Escrituras y se aferró a su fe con desesperación. Dios se acercó. "Vino la victoria –dijo– cuando llevé mis pensamientos a la cautividad, oré, leí La Biblia, recordé versículos que había memorizado y canté poderosas canciones de alabanza. Con cada conquista los pensamientos de temor se hicieron más débiles." Actualmente está casada, es madre –milagrosamente, luego de los tratamientos– y la fundadora de un grupo de ayuda, exitoso para las víctimas de cáncer. "¡Dios es victorioso!", dice con gozo.

Sí, Dios es victorioso. Y así somos nosotros, cuando nos apropiamos de estos consejos sabios de estos sabios amigos. ¡No teman! Hay gigantes en la Tierra, pero al lado de nuestro Señor son poco más que langostas.

# DESTRUYA SU DESALIENTO

## Puede ganar la batalla y vivir victorioso

Las manos. Qué simple y asombroso regalo son y damos completamente por descontado que estarán.

Carolina sabía lo que era sentarse ante el piano y dejar que sus dedos se deslizaran hacia arriba y abajo por el teclado. La casa se llenaba con la música *"gospel"* que sobrevolaba. Ella también podía escribir con máquina ochenta y cinco palabras por minuto. Bordaba, cocinaba, aún cosas tan simples como atar un moño en un paquete; todo esto fluía a través de sus manos, y las daba por sentado, ahora lo sabe.

Pero sus manos fueron solamente el principio de lo que perdió Carolina. Cuando sufrió un ataque en 1991, hasta fue milagroso que siguiera viviendo; los médicos no creían que llegaría a la mañana siguiente. Aunque sí sobrevivió, tuvo que comenzar de nuevo en casi todas las cosas. Aprender a leer, a escribir, aún a hablar, como si fuera una niñita. ¿Cómo podían desaparecer tantas pequeñas cosas tan rápidamente?

El ataque le vino como ladrón en la noche y le robó a Carolina casi todas sus habilidades, a excepción de la posibilidad de llorar. Y lo hizo mucho más de lo que jamás lo había hecho.

Doretha sabía claramente que su esposo bebía demasiado. Pero, ¿qué podía hacer? Cada vez que ella lo confrontaba con su problema, él entraba en ira, y lo único que hacía era beber más. Por lo tanto, no parecía haber ninguna opción viable. Doreta simplemente trataba de ignorar el problema y concentrarse en la crianza de su hijo. Enfocó todo en su maternidad. Pronto esto también dejó de ser una opción.

Una tarde de otoño de 1995, el esposo de Doretha estaba jugueteando neciamente con su revolver mientras se hallaba bajo la influencia del alcohol. Se le resbaló de la mano y la bala que salió le quitó la vida a su hijo.

Con su esposo en la cárcel, Doretha quedó en el silencio y desesperación de una casa vacía. Ya no le quedaba más deseo de seguir viviendo, pero también tenía temor de morir. Hacía mucho tiempo, a los trece años, se había unido a una iglesia, pero los temas de la vida, la muerte y la eternidad ahora eran todos misterios por igual.

Doreta recuerda cuando subía a su auto, tarde por la noche, y manejaba durante horas con la esperanza de que tal vez le tomara el sueño a la deriva y rápidamente quedaría libre de su pesadilla de la vigilia. Pero algo la protegía cada vez. Durante el día comenzó a visitar iglesias. Fue una buena medicina, pero los efectos pasaban apenas dejaba el santuario y volvía al rugiente silencio de su casa.

¿Cuáles son exactamente los límites de la tolerancia humana? ¿Cuáles son las unidades de medida del dolor y el desaliento, y cómo difieren los umbrales del desaliento para usted y para mí?

No estoy seguro de las respuestas a esas preguntas, pero el espíritu humano puede ser algo asombroso. Tomemos el caso de Lawrence Hanratty, que fue nombrado "el hombre más desafortunado de la ciudad de Nueva York". Este pobre hombre, cuyo perfil apareció en el *Los Angeles Times*, casi fue electrocutado a muerte en un accidente en una obra en construcción en 1984. Durante semanas estuvo en coma, mientras sus abogados luchaban por sus reclamos sobre deudas, hasta que uno de ellos fue excluido del foro y dos murieron. La esposa de Hanratty huyó con su abogado.

Hanratty perdió su auto en un terrible choque. Luego de que la policía dejó el sitio del accidente, se acercaron criminales y lo robaron. Después una compañía de seguros lo enfrentó para quitarles a sus obreros beneficios de compensación; el dueño de la propiedad intentó desalojarlo. Sufrió depresión y agorafobia. Necesitaba un tubo de oxígeno para respirar y tomaba cuarenta y dos píldoras por día para sus problemas de corazón e hígado.

Pero un consejero de la ciudad tomó su causa. Los vecinos comenzaron a reunirse a su alrededor. Increíblemente, Lawrence Hanratty resume su vida así: "Siempre hay esperanza".[1]

## DESMAYAR

¿Podría hablar de esperanza luego de una seguidilla de impensables calamidades? ¿Acentuó usted lo positivo y eliminó lo negativo durante los momentos críticos de su vida?

Sabemos que esas palabras son verdaderas: "Siempre hay esperanza", pero algunas veces es difícil creerlas. Todos sufrimos períodos de desaliento. El diccionario define al desaliento como "privar de coraje, desanimar, desmayar, impedir". La mayoría de esas palabras empiezan con "d", y podríamos agregar, desastre, depresión, derrota, desesperación. La mente se detiene en ellas cuando la vida nos obligado a hacerlo.

El Nuevo Testamento utiliza tres palabras griegas para dar la idea de estar desmayado, debilitado o desalentado. Siempre las traducimos como "desmayar" o "fatigarse".

Por ejemplo, Pablo nos advierte que cuidemos especialmente de no transformarnos en fuente de desaliento para nuestros hijos: *"Padres, no exasperéis a vuestros hijos, para que no se desalienten"* (Colosenses 3:21). Luego en 2 Corintios 4:1 habla de los que se debilitan en el ministerio: *"Por lo cual, teniendo nosotros este ministerio según la misericordia que hemos recibido, no desmayamos"*. Más adelante en ese capítulo, nos anima a no desalentarnos mientras el "hombre exterior" se deteriora, porque lo que está en nuestro interior se renueva diariamente (v. 16).

Y no deberíamos estar desalentados por las dificultades de nuestros seres amados, porque en Efesios 3:13 Pablo escribe: *"No desmayéis a causa de mis tribulaciones por vosotros"*.

Jesús se refiere al tema en el contexto de la oración: *"También les refirió Jesús una parábola"*. Lucas 18:1 nos dice: *"Sobre la necesidad de orar siempre, y no desmayar"*. Hay mucha verdad en ese versículo. Debemos vivir, respirar y habitar en la oración, o seguramente vamos a desmayar, fatigarnos, perder aliento. Necesitamos una fe diligente para vivir por encima del desaliento.

No piense que este es un tema puramente personal; recuerde que naciones enteras pueden perder la esperanza. Sucedió durante los más oscuros días de Israel y Judá, cuando los invasores atacaron. Los babilonios destruyeron la ciudad santa de Jerusalén, saquearon sus glorias y se llevaron a su pueblo a la esclavitud en una tierra distante. Parecía que el pueblo elegido de Dios lo habían perdido todo: tierra, orgullo, su misma identidad como nación apartada para un destino especial, porque ahora los hijos de Dios estaban dispersos por todas las naciones. Estos fueron los tiempos más oscuros, días de lamentación, llanto y silencio.

Pero, tal como dijo Lawrence Hanratty, siempre hay esperanza. Un gobernador llamado Ciro el Persa llegó al poder, y le dio permiso a los exiliados judíos para comenzar su regreso a casa. En el tiempo del primer regreso y reedificación del Templo, pensamos en dos héroes bíblicos: un sacerdote llamado Esdras y un administrador llamado Nehemías. Cada uno tiene un libro propio en nuestra Biblia, pero hubo un tiempo en que sus dos relatos estaban combinados en un solo libro más extenso.

Esdras era el sacerdote para los corazones quebrantados, y Nehemías el reedificador de los sueños rotos. El segundo tiene una lección de liberación para nosotros acerca de la renovación de la esperanza desde los escombros del desaliento.

## LADRILLOS

El cuarto capítulo del libro de Nehemías nos ubica en medio de tiempos apasionantes. Nehemías, el dotado organizador, había llegado en medio de una situación caótica, pero unió a una comunidad y se entregó a la operación de la reedificación. Con las paredes en ruinas, el pueblo de Israel no había tenido el lujo de un sueño tranquilo. Atacantes de las provincias circundantes habían podido invadir durante la noche y mantener a los colonizadores israelitas desalentados y atemorizados. Esto había sido hecho deliberadamente.

La amenaza de un avivamiento no fue bienvenida por los vecinos; todo este rumor de la reedificación tenía que ser apagado. Por lo tanto, los israelitas estaban bajo constante ataque de todos lados: Sanbalat y los samaritanos desde el norte, Tobías y los amonitas desde el este, Gesem y los árabes desde el sur y los asdoditas desde el oeste. Nehemías 4:8 dice que formaron una especie de alianza oscura para presionar a los obreros de la construcción. Y las armas más grandiosas del arsenal son el temor y el desaliento.

Pero Dios tiene ideas diferentes. Había habilitado con poder a su siervo visionario, Nehemías, en una manera poderosa, y día tras día la obra continuó. Ladrillo a ladrillo las paredes volvieron a levantarse. Aquí en el cuarto capítulo de Nehemías, si seguimos la historia, la obra estaba terminada por la mitad. El pueblo podía oler la victoria. Y, sin embargo, la sabiduría de la experiencia nos dice que el punto medio es un lugar precario para estar. Poco menos de la mitad, o un poco más, no es malo; pero exactamente en el medio es un lugar peligroso para estar. La vieja canción de Johnny Mercer: "*Acentúe lo positivo*" dice: "Cuidado con el señor en-el-medio". Esto es bastante profundo.

La Biblia nos dice que justo en el medio, en el punto de la mitad, una nueva ola de desaliento estalló a través de rumores de merodeadores y sembradores de confusión. Nehemías se dio cuenta que debe tratar con los corazones débiles de su pueblo.

Pienso que usted reconoce que los principios que utilizó no han cambiado. Nehemías tuvo que enfrentarse con el desaliento, del mismo modo que nosotros. Al revisar estos principios, es probable que diga: "Sí. Me pasó eso; hice eso".

Vamos a descubrir cómo Nehemías manejó el problema.

## I. Reconocer el desaliento

*Factor número uno: fatiga*. Vince Lombard observó que "la fatiga nos vuelve a todos cobardes". Los constructores de las paredes descubrieron esa verdad: *"Las fuerzas de los acarreadores se han debilitado, y el escombro es mucho, y no podemos edificar el muro"* (Nehemías 4:10).

El proyecto de construcción requería cincuenta y dos días de labor capaz de romper las espaldas. Cuando estaban por la mitad, los obreros habían estado ya un mes. La fatiga los atrapaba, y cuando la energía se va acabando, lo mismo pasa con el coraje. ¿No ha descubierto que esto es verdad? Trabaja doce horas diarias para terminar el informe anual. Trabaja los fines de semana. O realiza el trabajo de limpieza del hogar todo el día, y luego ayuda a los niños con los deberes de álgebra por la noche. Durante un tiempo lo va llevando, haciendo lo que siente que debe hacer. Pero tarde o temprano sus límites personales lo alcanzarán. Cada cuerpo humano está gobernado por su propia fórmula matemática que involucra tiempo, presión y esfuerzo.

Si uno excede los límites de esa ecuación, comienzan a parecer las resquebrajaduras. Empieza a estar tenso, irritable y triste. Esos son los momentos cuando su enemigo, el diablo, hace un círculo alrededor de su nombre en la agenda.

Como estoy más grande, espero haber crecido también en sabiduría. Y una pequeña porción de sabiduría que he grabado es que no puedo empujarme a mí mismo como sabía hacer antes. Soy el menos indicado para darle conferencias a usted sobre este tema, porque siempre he sido el tipo "A" de personalidad. Dudo que cambie. Pero en estos días veo la importancia de tener un ritmo. Necesito darle un margen un poco más grande a mi vida, necesito proteger esos márgenes; de otro modo si presiono demasiado por demasiado tiempo, hago disminuir los logros del tiempo y talento que invierto, y luego me inunda el desaliento.

Eso fue verdaderamente lo que sucedió en Jerusalén. El pueblo estaba agotado, desalentado y, además, frustrado.

*Factor número dos: frustración*. Vimos recién la queja de Judá en la primera parte del versículo 10, cuando la fuerza de los obreros está decayendo. Continúa: *"Hay muchos escombros y no podemos edificar el muro"*.

¿Alguna vez trabajó durante días y semanas en detalles mundanos y luego dando dos pasos atrás se preguntó si sus esfuerzos tenían algún significado? Cansados como estaban, los israelitas ya no veían los poderosos y resplandecientes muros de sus sueños. Las visiones de gloria aparecían como espejismos en el desierto. No quedaba otra cosa que ladrillos rotos, barro y escombros. El versículo diez registra que repentinamente se sintieron frustrados con esa basura y los pesados cascotes de la gran construcción que siempre estaban allí. ¿Se dieron cuenta qué lugar horrible puede ser un sitio en construcción? Habrá un letrero con una torre de cristal, brillando en el sol –y detrás del letrero un horrible agujero en el barro–. En Jerusalén los viejos muros estaban iluminados por antorchas. Ahora eran grandes pilas de escombro sin valor y desparramados por todas partes.

La frustración de esas interminables montañas de cascote apesadumbraban a la gente de Nehemías. Casi estaban a punto de colapsar por el cansancio a medida que el Sol descendía. Entonces, tener que regresar a la mañana siguiente a trabajar, les hacía sentir como si no hubieran logrado nada. Parecía como si los escombros tuvieran vida propia y se multiplicaban. Estaban *exhaustos*.

Es una palabra de moda en nuestros tiempos: *exhaustos*. Todos la utilizamos. En las generaciones pasadas un hombre podía trabajar su vida adulta completa en una empresa para un empleador, luego retirarse después de cincuenta años con el reloj de oro; si alguna vez se había sentido "exhausto" durante ese tiempo, no existía la palabra para articularlo. Actualmente siempre cambiamos carreras y apuntamos al agotamiento. Escuché decir que hay tres maneras de vivir: puedes *vivir* la vida, puedes *gastarla* o puedes *agotarla*. Espero vivir la vida, y estoy seguro que estará de acuerdo conmigo que es la mejor alternativa.

Pero es necesario definir cuidadosamente este concepto de agotamiento. Escucho que las personas utilizan la palabra para referirse a haber trabajado *demasiado*. Esa no es una definición. Muchos de mis amigos trabajan duro y enérgicamente sin llegar jamás al agotamiento, porque trabajan con un enfoque y perspectiva. Tienen algo llamado visión, y se van desplazando hacia metas alcanzables.

La verdadera naturaleza del agotamiento es trabajar demasiado duro y en las cosas equivocadas. Es luchar por una meta que no puedes lograr, tal vez una meta que nadie puede lograr. Agotamiento es empujar todo el peso montaña arriba por sí solo, y una vez alcanzada la cumbre darse cuenta que va a venirse abajo y todo comenzará nuevamente. Es un sentido de desaliento, y los obreros de Nehemías sufrían el agotamiento por los escombros. No podían ver el cuadro de una ciudad resplandeciente, solamente veían los escombros. En una palabra, estaban frustrados.

*Factor número tres: fracaso.* Nehemías 4:10 nos dice mucho: "*Las fuerzas de los acarreadores se han debilitado* (fatiga), *y el escombro es mucho* (frustración), *y no podemos edificar el muro* (fracaso)".

Los israelitas abandonaron y pronunciaron su fracaso. La fatiga y la frustración son una buena receta para el fracaso. "Estamos cansados –dicen–, estamos hartos. No podemos hacer esto. Fue una gran idea, pero hemos persistido durante un mes y ya no aguantamos más". La conversación negativa es contagiosa, se extiende como un virus e infecta una comunidad entera. La gente de Nehemías no había fracasado, en absoluto, pero lo veían así. El fracaso es uno de los gigantes de la vida, y trataremos el tema después en un capítulo completo en este libro. Pero por ahora veámoslo como una fuerza para el desaliento.

El fracaso es universal. Cada ser humano que ha vivido –a excepción de Uno, hace dos mil años– sucumbió al fracaso. Lo que produce la diferencia es la forma en que manejamos nuestro fracaso. El gran peligro es permitir que nuestros pensamientos negativos e impresiones estén compuestos por la adversidad que sufrimos. Cuando las cosas andan mal estamos más dispuestos a darle el oído al enemigo, el más grandioso desmotivador del mundo, y lenta pero seguramente, comenzamos a creer sus mentiras y distorsiones.

"No he logrado nada –murmuramos–. Soy un fracaso."

*Factor número cuatro: temor.* Lea las palabras de Nehemías 4:11-12: "*Y nuestros enemigos dijeron: No sepan, ni vean, hasta que entremos en medio de ellos y los matemos, y hagamos cesar la obra. Pero sucedió que cuando venían los judíos que habitaban entre ellos, nos decían hasta diez veces: De todos los lugares de donde volviereis, ellos caerán sobre vosotros*".

Analizamos el tema del temor en el primer capítulo, pero el temor también está relacionado con el desaliento. Imagínese a los cansados obreros, que edifican los muros en medio de todo ese horrible escombro. El trabajo ya era lo suficientemente abrumador, pero también estaba el tema de estos vecinos que se detenían para dejar unas palabras en sus oídos. Los visitantes decían:

– Tenemos algunas sorpresas para ustedes. No sabrán cuándo, ni cómo, pero en el momento menos esperado, nos deslizaremos y los mataremos. Los llevaremos gradualmente, uno por uno, hasta que los muros queden construidos por la mitad y no quede nadie para completarlos.

No existe nada que pueda desviar más la obra del pueblo de Dios que una palabra negativa. Todo el que trata de servir al Señor conoce esta verdad. Recibo mi buena parte de cartas con críticas. Alguien que me escucha en la radio o lee algo que hemos publicado, y atacan a través del correo de los Estados Unidos. Esto tiene que ver con el tamaño del ministerio. Pero es interesante ver cómo el enemigo siempre sabe el momento exacto para poner una de esas cartas sobre mi escritorio. Vienen en tiempos de lucha. Vienen en esos momentos del medio, justo cuando estamos a punto de volver a nuestro enfoque y avanzar para el Reino de Dios.

Es en ese momento cuando las palabras venenosas siempre se materializan desde algún lado. Estamos tentados para decir: "Si es así cómo piensa la gente, entonces mejor cierro mi Biblia y me voy".

La crítica es tóxica. Tal vez la cosecha en este preciso momento. Tal vez las palabras amargas de otros erosionan su espíritu en el lugar de trabajo o aún en su hogar. Tal vez hay personas que juguetean con sus temores, hasta que usted se desalienta.

Ahora que hemos reconocido todos los factores que llevan al desaliento, ¿cómo podemos responder?

## 2. Responder al desaliento

*Primera respuesta*: clame a Dios: *"Oye, oh Dios nuestro, que somos objeto de su menosprecio, y vuelve el baldón de ellos sobre su cabeza, y entrégalos por despojo en la tierra de su cautiverio. No cubras su iniquidad, ni su pecado sea borrado delante de ti, porque se airaron contra los que edificaban(...) Entonces oramos a nuestros Dios..."* (Nehemías 4:4-5; 9).

Voy a hacerle una sugerencia vital. La próxima vez que se encuentre ante una derrota en su vida, invierta su procedimiento habitual, esto es, clame a Dios *primero* y no *último*. La mayoría de nosotros espera hasta agotar todas las otras alternativas antes de apelar a Dios, y lo hacemos como último recurso. No sé usted, pero yo resueno los dientes cuando alguien dice: "Lo hemos intentado todo, lo único que nos queda es orar".

No espere hasta lo último para mirar hacia arriba. Cuando viene el desaliento, ¡comience arriba! Vaya al Señor y pídale que lo ayude a solucionar todos los temas. ¿Me permite decirle lo que me da resultado a mí en tiempos de desaliento? Me siento en la computadora con mi diario y comienzo a conversar con Dios. Le digo: "Señor necesito hablarte ahora. Algunas cosas de mi vida no puedo entenderlas, paso momentos duros. Necesito contártelo". A mí me ayuda comenzar a dejar por escrito ciertos temas mientras verbalizo mis sentimientos ante Dios. Al hacer esto, algo comienza a cambiar en mi espíritu.

En primer lugar, saco todo del interior de ese oscuro "placard de la ansiedad" hacia la luz. Escribirlo y leerlo en voz alta aclara las cosas. Descubro que las cosas no eran de la forma en que yo pensaba cuando me quemaban. Les impongo orden, las examino a la luz.

En segundo lugar, hago lo que Nehemías hizo: clamo a Dios. Esto es lo más importante. Algunas veces solamente debemos aflojarnos, ser niños y clamar a Papá. Esto tiene la inocencia y dependencia que son el comienzo de la sabiduría. Es lo que penetra nuestro desaliento. Si piensa que este no es un acercamiento espiritual, entonces lea los salmos. Cuando David estaba rodeado de preocupaciones –y lo rodeaban en multitud– hacía exactamente lo que prescribí antes. Los escribía y clamaba por ellos. Era brutalmente honesto sobre su desaliento, y usted también puede ser así.

*Segunda respuesta:* continúe la obra que Dios le dio para hacer. *"Edificamos, pues, el muro, y toda la muralla fue terminada hasta la mitad de su altura, porque el pueblo tuvo ánimo para trabajar"* (Nehemías 4:6).

¿Por qué nuestra reacción inmediata a la adversidad es abandonar? Igual que el pequeñito en el patio de juegos, nos llevamos la pelota y nos vamos a casa. Las personas dejan iglesias, trabajos, abandonan sus matrimonios, todo porque se han encontrado con la predecible etapa del desaliento. Y por supuesto, eso es lo peor que podemos hacer. Siempre lamentaremos haber abandonado debido a nuestras emociones. Satanás sabe que si puede trabajar con nuestras emociones y hacer que abandonemos, puede evitar que se resuelva el problema. Puede evitar que la obra de Dios avance. Pero miremos a Nehemías. Sentía todo el desaliento de su pueblo, pero nunca dejó su cuchara de albañil, nunca perdió el ritmo para poner el próximo ladrillo. Sabía que debía seguir y seguir.

Sí, había problemas que tratar, pero no iba a hacer a un lado el mandato que Dios le había dado. *"El pueblo tuvo ánimo para trabajar"*, nos dicen Las Escrituras. Nehemías les ayudó a ver que la labor productiva es exactamente lo que el médico receta algunas veces. Es saludable y terapéutico quitarnos las frustraciones trabajando.

Es innecesario decir que de esa manera también le traemos un poco de desaliento al enemigo. Más adelante Sanbalat y Gesem intentaron otra treta para detener el trabajo de Nehemías. Lo invitaron a una conferencia. Cualquiera que esté en el mundo de los negocios le dirá que las conferencias y comités son ¡maneras grandiosas de detener la productividad! Y siempre admiré la respuesta de Nehemías: *"Y les envíe mensajeros, diciendo: Yo hago una gran obra, y no puedo ir; porque cesaría la obra, dejándola yo para ir a vosotros"* (Nehemías 6:3).

Traducción moderna: "Por favor acepten mis disculpas, pero la agenda de Dios está por encima de ustedes en este momento". Lo más importante es mantener lo más importante como lo más importante. Tenemos que empuñar firmemente lo que Dios nos llamó a hacer, ponernos las anteojeras y continuar con firmeza. Como hemos visto, las metas claras son el mejor mantenimiento preventivo para el agotamiento.

No importa lo devastado que se sienta ni lo deprimido que se encuentre su espíritu, mantenga la buena obra. La experiencia me lleva a creer que los tiempos en que *menos* sentimos ganas de trabajar son los que verdaderamente *más* deberíamos hacerlo. Las emociones son consejeras traicioneras. Tenemos que ser disciplinados y permanecer en la tarea. Nehemías sabía que su pueblo no necesitaba una fianza; necesitaban edificar. No necesitaban caminar; necesitaban trabajar. Y nuestro desaliento encontrará una forma de irse.

> *Tercera respuesta:* Concéntrese en la totalidad. *"Entonces por las partes bajas del lugar, detrás del muro, y en los sitios abiertos, puse al pueblo por familias, con sus espadas, con sus lanzas y con sus arcos. Después miré y me levanté y dije a los nobles y a los oficiales, y al resto del pueblo: No temáis delante de ellos; acordaos del Señor, grande y temible, y pelead por vuestros hermanos, por vuestros hijos y por vuestras hijas, por vuestras mujeres y por vuestras casas"* (Nehemías 4:13-14).

Los hombres de Nehemías fueron distribuidos por todo el perímetro, trabajaban en pequeñas secciones del muro, y eso fue una parte del problema. Estaban tan separados que no podían comunicarse y alentarse unos a otros. Solamente veían su propio pequeño agujero en el muro, su propia pila de basura. Era muy difícil mantener una perspectiva.

Del mismo modo nosotros también reducimos al mundo a los cubículos en que trabajamos: "Un escritorio es un lugar peligroso desde donde mirar el mundo", dijo John le Carré. Su cubículo puede no tener una ventana, pero siempre puede mantener una completamente abierta en su espíritu. Ábrala para Dios. Ábrala a otros. Mantenga en su visión la totalidad. Los obreros de Nehemías estaban deprimidos y cansados.

Los ladrillos llenos de barro y los escombros viejos formaban un cuadro desalentador, pero tan solo cuando daban unos pocos pasos hacia atrás y un poco de imaginación remontada, les revelaba un retrato de la Nueva Jerusalén. Puede ser que usted solamente vea el trabajo fatigoso en su vida; necesita ver lo que Dios hace en usted, con usted y para usted. Debe aferrarse a esa esperanza. Le permitirá prevalecer en los tiempos más oscuros.

Nehemías capítulo 4 muestra cómo él manejó el problema. Ubicó al pueblo en filas a lo largo del muro. De pronto pudieron ver la unidad de su fuerza de trabajo, la orgullosa fila se mantuvo firme a lo largo de los muros. ¿Puede hacerse un cuadro mental de eso? Ahora los obreros podían ver que cada hombre era una sección más del muro que era reparada. Sumando todo, la totalidad daba una nueva ciudad.

Cierta vez vi un dibujo animado lleno de multitudes de cientos de pequeños personajes todos amontonados, a quienes se los veía perplejos, todos con las mismas burbujas de pensamiento sobre sus cabezas, incontables burbujas de pensamientos, en las que podía leerse: "¿Qué puede hacer un hombre solo?" Desde nuestro ángulo podíamos ver en el dibujo animado lo absurdo que era eso. Cada pequeño hombre en su propio tormento privado y, sin embargo, no solamente eran "uno" sino un ejército. Si tan solo hubieran podido verlo. No permita que el enemigo lo aísle.

A Ema Bombeck se la extraña dolorosamente. Durante treinta años fue columnista de un diario, publicó quince libros, recibió numerosos premios, apareció con regularidad en *Good Morning América* y le dio su grandiosa voz a millones de pequeños. Extraño esa voz, porque aportaba risas y esperanza para todos. Pero pocos de sus admiradores sabían de los sufrimientos que experimentaba. Tenía cáncer de mamas, una mastectomía, fallas en sus riñones. Luchó para atravesar sus pruebas, una por una, y mantuvo presente el cuadro completo. Cierta vez escribió:

> "Cuando hablo en las aperturas de la Universidad, les digo a todos que estoy aquí arriba y ellos allí abajo, no por mis éxitos, sino por mis fracasos. Y paso a describirlos todos, una comedia que solamente vendió dos copias en Beirut... un espectáculo que duró tanto como una rosca dulce en nuestra casa... una obra de teatro para Broadway que nunca llegó a Broadway... firmas de libros a las que solo atraje a dos personas: una quería saber dónde quedaba el baño y la otra quería comprarme el escritorio.

Lo que tiene que decirse a sí mismo es esto: 'No soy un fracaso. Solo fallé al hacer algo'. Es una gran diferencia... Personalmente y en mi carrera, ha sido un camino de dificultades. La treta está en poner todo en perspectiva... y eso es lo que hago para vivir".[2]

Ella lo hizo todo muy bien, esa es la razón por la que la amamos tan profundamente. Nos hizo reír de nosotros mismos y pensar sobre la vida en perspectiva. Nos hizo mirar por un momento por encima de los pequeños agujeros en los muros que define nuestro pedazo de geografía. Nos ayudó a recordar que todos somos una parte de algo mayor.

El pastor y futurista Leith Anderson, un buen amigo mío, escribe lo siguiente en su libro *Liderazgo que funciona*:

"En el fragor de una dura batalla de liderazgo es fácil perder esperanza, volverse pesimista y convencernos de nuestra derrota... pero como cristianos debemos abrir nuestros ojos para ver desde el punto de vista del lugar donde Jesús se sienta... cuando estoy desalentado y mi esperanza se debilita, recuerdo que soy parte de algo mucho más grande de lo que soy, y mucho más importante que la iglesia local de la cual soy una parte. Pertenezco a la iglesia de Jesucristo y las puertas del infierno no prevalecerán contra ella (Mateo 16:18). Ver el Reino de Dios a nivel mundial y no solamente mi pequeño rincón, es enormemente alentador para mí. Edifica mi fe y fortalece mi esperanza".[3]

A partir de allí Anderson detalla ejemplo tras ejemplo las cosas que comienzan a pasar en el mundo por causa de Cristo y su iglesia. Nos lleva en un viaje rápido atravesando el globo, y vemos muchos países donde las almas vienen a la salvación en porcentajes fenomenales. Existen ahora ciento dos millones de personas que asisten a la iglesia cada semana, nos dice. Para que ese número resulte significativo, miramos a esa otra actividad de fin de semana: los deportes profesionales. Resulta que el béisbol, el básquetbol y el fútbol en los Estados Unidos, juntos, llevaron noventa y cuatro millones de fanáticos durante el mismo año. En otras palabras, más personas asisten a la iglesia en *una semana* que al béisbol, básquetbol y fútbol profesional en *un año*. En realidad, si reunimos todos los números, la asistencia a los eventos deportivos llega al dos por ciento de la de la iglesia. Así que, la próxima vez que alguien diga: "Si solamente la gente estuviera apasionada sobre la iglesia como lo está por los equipos", necesita recordarles que los bancos de las iglesias son cincuenta veces más populares que los asientos del estadio, semana tras semana. Todo es cuestión de perspectiva.

También me gusta lo que Anderson dice sobre los jóvenes. Por cada cien adoradores que tienen alrededor de setenta años en un fin de semana típico, hay ciento sesenta a doscientos que están alrededor de los veinte años. ¿Esto lo sorprende? La mayoría de nosotros hemos aceptado el mito de que los jóvenes se quedan fuera de nuestras iglesias en multitud. Simplemente no es verdad si tenemos como base la estadística, si miramos la totalidad del cuadro.[4]

El mundo está lleno de voces de desaliento, pero hay un lugar a donde podemos acudir siempre para ser alentados.

*Cuarta respuesta:* Reclame el aliento de las Promesas de Dios. *"No temáis delante de ellos; acordaos del Señor, grande y temible, y pelead por vuestros hermanos, por vuestros hijos y por vuestras hijas, por vuestras mujeres y por vuestras casas"* (Nehemías 4:14).

En épocas de desaliento corra –no camine– a La Palabra de Dios. Puede escucharse decir: "Hoy estoy demasiado deprimido para leer La Biblia. Mi corazón no comprenderá". Amigo mío ¡ahí está el punto! Cuando su corazón está afligido necesita una transfusión de esperanza y poder. Les digo a las personas que aprendan el principio de comer forzado. Saque el libro, ábralo, siéntese, ponga su mente a tono y lea la Palabra en voz alta. Estas son cosas prácticas que puede *hacer*; no espere el sentimiento, porque puede actuar hasta que lleguen los sentimientos con más facilidad que "sentir" para luego actuar.

Sé lo duro que puede ser. Tengo esas mañanas cuando mi espíritu está en decadencia al acercarme a mi cita con Dios. Le hablo a Él con toda franqueza: "Señor, necesito algo especial de tu parte en este día. Estoy en un lugar muy áspero. Deseo más que palabras en una página; más que ideas y conceptos espirituales. Te necesito a *ti*. Necesito tu voz. Por eso te pido poder encontrarme contigo hoy, Señor".

También hay momentos cuando he dicho: "Me niego a dejar este Libro hasta que te escuche, Señor". ¿No le parece que Él se sentirá complacido de su deseo de conocerlo? Le responderá si se acerca con un corazón decidido. Le ayudará a ver lo que necesita ver en su Palabra, y le dará la gracia que le permitirá prevalecer a través de los golpes en los caminos rocosos de la vida. Este no es un libro ordinario. El Espíritu de Dios habita en sus páginas y Él ansía que lo encuentre en pasajes como este:

*"Dios es nuestro amparo y fortaleza, nuestro pronto auxilio en las tribulaciones. Por tanto, no temeremos, aunque la tierra sea removida, y se traspasen los montes al corazón del mar; aunque bramen y se turben sus aguas, y tiemblen los montes a causa de su braveza"* (Salmo 46:1-3).

Podemos correr al Nuevo Testamento, también. En 2 Tesalonicenses 3:13 descubrimos que es posible desalentarnos aún cuando hacemos las cosas correctas: *"Y vosotros, hermanos, no os canséis de hacer bien"*. Esa palabra *canséis* lleva el significado del desaliento. Esta es una idea notable y muy útil. Puede salir a visitar los enfermos, unirse en el ministerio a las prisiones, enseñar en la Escuela dominical, trabajar con la gente necesitada o cualquier otra obra buena. Puede servir a Cristo con todo su corazón y, a pesar de todo, desalentarse. La Biblia dice que no debemos cansarnos en el servicio a Dios.

¿Y por qué? Busque en Gálatas 6:9 la respuesta: *"No nos cansemos, pues, de hacer bien"* ese versículo repite. Luego agrega: *"Porque a su debido tiempo segaremos, si no desmayamos"*. Esto es, no desalentarse. Como ven, nos deprimimos porque perdemos perspectiva sobre cómo servir, por qué lo hacemos y cómo Dios planifica recompensarnos. Debemos recordar la cosecha.

No pierda de vista estas cosas. Corra a La Palabra de Dios, mantenga su nariz en el Libro y saque la fortaleza que necesita para mantener fuerte su espíritu.

*Quinta respuesta:* Lleve la carga de otra persona. Volvamos a Nehemías y su proyecto masivo de renovación. Si leemos un poco más adelante en el capítulo cuatro, encontraremos algo muy conmovedor. Un modelo de ayuda entre las personas.

La banda de luchadores de Nehemías, el remanente del Israel caído, se había unido para transformarse en un equipo. Estaban unificados en el compromiso. Algunos acarreaban, otros hacían guardia, otros edificaban, y todos ellos llevaban espada. La palabra final de este pasaje es que se quedaron toda la noche; estaban demasiado atrapados con la obra para irse a casa durante la noche. Nehemías nos dice que ni siquiera se cambiaron de ropa, excepto para asearse. Unidos permanecemos. Entendieron que si iban a prevalecer, necesitaban cuidarse la espalda unos a otros. Necesitaban ayudar a los más débiles a acarrear, y a los más bajos a alcanzar. Necesitaban cubrir a aquellos que eran más ancianos y estaban más cansados. Llevaron las cargas los unos de los otros.

El desaliento tiende a que dejemos de hacer esto. Nos manda hacia adentro donde es común hacer fiestas de autocompasión y donde la perspectiva es escasa. Con cuánta frecuencia me olvido de mis propias pequeñas preocupaciones cuando he estado ocupado con alguien que está enfermo, o haciendo visitas en el hospital. Al entrar le he dicho a Dios que no tenía absolutamente nada que darles a estas personas; al salir, me he sentido abundantemente bendecido.

Nuestras propias cargas se vuelven más livianas cuando hemos llevado las ajenas. Así es como Dios ha planificado las cosas. No quiere que usted lleve su propia carga. Quiere que nos unamos a una comunidad que lleve las cargas. Quiere que se entrelace en una cadena de aliento.

¿Necesita aliento en este momento? Mi mejor consejo es que vaya y aliente a otro. ¿Está atrapado en sus propias necesidades? Vaya y cubra las de otros. Cosechará lo que siembre, y el amor que dé le volverá.

Pero algunas personas me han dicho: "No conozco a ninguna persona que necesite aliento". ¿Le gustaría saber dónde encontrarlas? En su iglesia. Fred Smith, un hombre de negocios le pidió a un ujier de la iglesia que le explicara sus responsabilidades. "Nada más que estar allí, estrechar las manos, encontrar mi lugar en el pasillo, tomar la ofrenda y estar presente en las ocasionales reuniones de ujieres". Smith pensó que esto no sonaba muy bíblico, pero señaló durante la conversación que este hombre tenía una pasión por el ministerio de la hospitalidad. Muchas personas vienen a la iglesia llenos de preocupaciones y ansiedades, el ujier observó, y necesitan un apretón de manos cálido, un oído para escuchar, tal vez un abrazo. El hombre había encontrado su lugar para servir a Dios silenciosa pero profundamente.[5]

Este fin de semana hágase el proyecto de ir a la iglesia como un puro alentador. Pida a Dios que dirija sus pasos hacia alguien que necesita una dosis de amor. Busque cargas para llevar. Encontrará que su corazón se alentará. Saque los ojos del desaliento que siente, y ubíquelos en el coraje que otros han mostrado. Otros como Carolyn, cuya historia abrió este capítulo. Poco tiempo antes había tocado el piano, escribía a máquina como experta y disfrutaba de muchos dones. Pero un terrible ataque la devastó.

A pesar de todo se decidió a aprender a hablar, leer y escribir nuevamente. "Dios no quería que me rindiera", me contó. Creía en Él y sabía que Él creía en ella. Tenía también un esposo piadoso y un hijo amoroso. El amor de ellos la ayudó a atravesar la noche oscura de la desesperación y el largo camino de la recuperación. Ahora toca el piano y escribe con una mano, y está agradecida por eso. Simplemente está agradecida de estar viva.

Y saque fortaleza de Doretha, cuyo esposo baleó a su hijo en un accidente mientras estaba borracho. Hubo muchos meses negros antes de que llegara el final de su desesperación. Un día a medianoche todo estalló en ella. Cayó de rodillas en su cuarto y clamó: "Señor ¡ayúdame! Estoy cansada de vivir una vida miserable".

Parecía como si el peso del mundo estaba sobre sus hombros. Pero al clamar a Dios, sintió una especie de mareo. Había algo diferente dentro de ella, sabía que podía dormir, y así lo hizo, profunda y descansadamente. Comenzó al día siguiente como una nueva criatura. Se sintió tanto más liviana que se miró en el espejo porque creyó que había perdido peso. Su forma era la misma que siempre, lo nuevo era el rostro. Resplandecía.

Doretha no podía comprender la novedad de las cosas. Quería entender el cambio que le había sucedido, pero estaba un poco confundida para preguntar. En un pequeño negocio de libros de segunda mano encontró un libro titulado *"Esta es la esperanza: Jesús vino por ti, El Nuevo Testamento"* (Here's Hope: Jesús Care por You – The New Testament). La palabra *esperanza* pareció saltar ante sus ojos. Eso era lo diferente ahora. Tomo el libro y se lo llevó a la casa, y comenzó a leerlo con hambre. No pasó demasiado tiempo antes de que llegara a estas palabras: *"Venid a mí todos los que estáis trabajados y cargados, y yo os haré descansar"* (Mateo 11:28).

"Dios me cambió la vida entera –me contó Doretha– sanó mi corazón roto, salvó a mi esposo en la cárcel, nos acercó más, nos mostró cómo amar y ser amado y no tomar la vida como algo por descontado. Jesús es la esperanza del mundo. Dios aún responde las oraciones."

Dios sacó a Doretha y a su esposo hacia la luz bendita desde el más profundo de los pozos, y no tengo dudas de que puede hacer lo mismo por usted. La profundidad del pozo jamás podrá ser comparada a la profundidad del amor del Señor, del alcance de sus brazos y la altura de su gloria.

Vayamos a esos brazos, todos los que estemos cansados, y sintamos el alivio de dejar nuestras cargas, hasta que nuestro rostro resplandezca con el brillo que tenía el de Doretha.

# LIBÉRESE DE LA SOLEDAD

## 3

## Puede ganar la batalla y vivir victorioso

**P**ara Linda, con demasiada frecuencia la vida había sido alguna forma de la palabra *¡adiós!*

Linda se crió en una granja durante tiempos difíciles, los años de la Gran Depresión. Pobreza, poliomielitis, tormentas de tierra, tornados y fracasos en las cosechas, fueron el telón de fondo de su niñez. Un campo de batalla alemán se llevó a su hermano; el cáncer a su madre. Muy tempranamente Linda aprendió todo sobre las despedidas.

La perspectiva del matrimonio, sin embargo, le trajo esperanza de un nuevo comienzo. Linda y Richard, el muchacho que conoció en una iglesia toda blanca del campo, iniciaron, juntos, una nueva vida. Pero eso también se interrumpió cuando el conflicto en Corea sacudió los titulares. Linda despidió a su nuevo esposo que se fue a servir, y la soledad regresó. Luego le dijo adiós a su padre y a su suegro que murieron, y a un hermano y una cuñada que fueron asesinados trágicamente.

Richard regresó; tal vez la vida finalmente estaría llena de gozo y formarían una familia. En vez de eso, los años siguientes fueron de frustración tratando de concebir niños. La pareja miraba el nido vacío como un lugar solitario. Ese período también terminó; a su tiempo llegaron los niños. Al principio encontró contentamiento. Pero Linda descubrió que la simple presencia de la descendencia no era ninguna garantía de felicidad. A medida que crecían, los hijos hicieron decisiones desacertadas que quebraron el corazón de sus padres, decisiones que los llevaron a embarazos fuera del matrimonio, divorcios, batallas por la custodia, alcoholismo y prisión. Extrañaba a los pequeños que alguna vez había criado tan cerca de ella. Se sintió más sola que nunca a medida que avanzaban los años. Richard y ella se mantuvieron unidos.

Entonces Richard comenzó a debilitarse. Le diagnosticaron la enfermedad de Lou Gehring.

¿Tendría Linda la fortaleza para soportar esto, el más doloroso adiós de todos?

Beth siempre estaba apurada. Había corrido por el pasillo de la iglesia a los nueve años, abrazando su nueva fe con la misma impaciencia ansiosa con que hacía todo lo demás. Actualmente reflexiona que hubiera buscado la voluntad de Dios si no hubiera tenido que esperarla. Había lugares para ir. Gente para conocer.

La impulsividad de Beth le trajo resultados que jamás imaginó: alcoholismo, dos matrimonios fracasados, una maternidad como soltera... con seis niños. Las decisiones a las apuradas la llevaron a una posición con pocas opciones, y se dio cuenta que nunca podría manejar su casa sin tener un nuevo hombre en su vida. Dada su situación, parecía como imposible darse el lujo de ser selectiva.

La vida de Beth se transformó en una interminable serie de telenovelas repetidas, apesadumbrada por relaciones desastrosas una tras la otra. Los hombres venían, la utilizaban y se iban. Beth conocía el molde pero, ¿a dónde podía ir? Pensaba con nostalgia sobre Dios... ¿no le había entregado su vida hacía tantos años? Y ¿no se había comprometido Él a cuidarla? A pesar de todo creía en Él. Aún creía que podía perdonarla, pero su propia gracia no era tan ancha ni profunda. No podía perdonarse a sí misma. Solamente desde el abismo más hondo clamaba al Señor: desde las profundidades de su borrachera, en tiempos cuando algún hombre se abusaba de ella, como durante los peores momentos de todos, cuando veía a sus hijos crecer y cometer los mismos errores que ella.

Allí fue cuando sucedió el milagro. Dios contestó sus oraciones y las de su madre y sus amadas hermanas que pacientemente intercedieron por ella delante de Dios Todopoderoso. Él se hizo muy real para Beth, y comenzó a mostrarle la fealdad de su vida y la esperanza de tener una mejor. Pero aquel "y fueron felices para siempre" se tardaba. Primero, Beth iba a tener que aprender las duras verdades de la obediencia.

Dios comenzó a quitar de su vida la gente –las muletas emocionales– que le impedían depender completamente de Dios. Su compañero de borracheras compuso su matrimonio quebrado y se mudó de Estado. Ese era su mejor amigo. Pero sus hermanas, también, se casaron y se mudaron. Había descansado en su apoyo muchas veces. Beth enfrentaba un momento de decisión en su vida, y lo hacía sola.

Se dedicó cada vez más a la bebida, y hasta los mismo hombres se apartaban de ella. Vivía únicamente para sus hijos, aunque en lo profundo sabía que estaba fallando como madre. Pronto, algo iba a suceder.

Philip Zimbardo, escribió en *Psychology Today*: "No hay influencia más destructiva sobre la salud mental y física que el aislamiento de uno a otro y de nosotros con los demás". Señala estudios que muestran que la soledad es el agente central de la depresión, paranoia, esquizofrenia, violación, suicidio, asesinato masivo y una amplia variedad de enfermedades. Todos hemos visto estadísticas que muestran que las personas solitarias tienen una vida más corta.[1] Y cuando se investiga para descubrir las principales preocupaciones de la sociedad, la soledad casi siempre encabeza la lista. Fuimos creados para el compañerismo, y privarse de ello es mortal.

Max Lucado escribe que una vez cuando atravesaba un cementerio, llegó a la tumba de Grace Llewellen Smith. No encontró ni fecha de nacimiento ni de fallecimiento, ningún hecho de su vida, trabajo ni interés, solo los nombres de sus dos esposos. Pero tenía este epitafio:

*Duerme, pero no descansa.*

*Amó, pero no fue amada.*

*Intentó complacer, pero no lo logró.*

*Murió como vivió: sola.*

Lucado se preguntaba: *¿Señora Smith, qué fue lo que quebró su corazón?* Quedó atrapado por esas palabras: *Murió como vivió: sola.*[2] La escalofriante verdad es que si los epitafios fueran siempre tan honestos, habría cementerios llenos de Grace Llewellen Smith. Todos las conocemos, cientos de veces. Tanto como lo sabemos en nuestro interior, porque como escribió Morris West:

"A todos nos llega tarde o temprano. Amigos que mueren, familia, amados y esposos, también. Nos ponemos viejos, enfermamos... En una sociedad donde la gente vive en ciudades impersonales o suburbios, donde los entretenimientos electrónicos con frecuencia reemplazan la conversación personal, donde la gente se cambia de trabajo a trabajo y de un Estado a otro, y de matrimonio en matrimonio, la soledad se ha vuelto una epidemia".[3]

¿Qué es esto llamado soledad? ¿Es un malestar estomacal que no se cura con Alka Seltzer? ¿Es ansiedad que viene y no se va, sino que se queda constantemente y lo sofoca en la quietud de la noche? ¿Es un golpe que lo sacude cuando escucha cierta vieja canción que revive un antiguo recuerdo? ¿Es un estrés sutil que silenciosamente lo va cansando hasta que queda desprovisto de energía o entusiasmo? Sobre todo, la soledad es desear estar completo.

¿Y cómo manejamos estos indeseables antojos? Buscamos llenarlos con tantas otras cosas, desde comida, bebida o drogas, y hasta con trabajo. Desgastamos las relaciones que tenemos, pues ponemos demandas obsesivas sobre ellos. Huimos hacia mundos fantasiosos o nuevas ciudades, negocios, iglesias, relaciones.

Algunos manejan su soledad suicidándose. Los adolescentes que experimentan esto, profunda y desesperadamente, han generado un resurgimiento de los intentos de suicidio. Los recientes episodios de ataques en las escuelas, que han llevado angustia a mi propio vecindario en dos ocasiones, con frecuencia han estado relacionados a la confusión de la soledad.

Sin embargo, es una crisis que todos enfrentamos. Predicaba sobre este tema el día después de haber realizado la boda de mi hijo más joven. Había volado del nido, y yo ya lo extrañaba.

## LA EXPERIENCIA DE LA SOLEDAD

No podemos considerar un problema tan difundido como la soledad, sin explorar algunas de las muchas maneras en que se manifiesta a sí mismo. Para cada uno tiene un sabor un poco diferente. Esta diversidad está muy bien expresada en la canción de los Beatles sobre Eleanor Rigby, que levanta el arroz de las iglesias después de las bodas y "vivía en un sueño". Cerca de allí el Padre McKenzie se sacudía el polvo de las manos luego de un funeral, sintiendo el vacío de la vida. Estas dos almas perdidas han atravesado sus vidas casi codo a codo, habitando el mismo mundo sin conectarse, hasta que uno entierra al otro.

La vida no necesita ser tan dolorosa.

Consideremos unos pocos retratos de soledad.

## El soltero solitario

Vivo en el área de San Diego, y nuestra ciudad tiene una de las más altas poblaciones de adultos solteros en el país. He conocido a tantos en nuestra iglesia, y me han hecho una descripción del regreso a una casa vacía, cocinar la cena para uno y mirar programas de televisión sin nadie, ni con quien discutirlos. Escuchen lo que expresó Ann Kiennel en ocasión de Año Nuevo para solos cuando era soltera:

*Dios,*
*es víspera de año nuevo*
*me he dado un baño,*
*me puse talco y loción*
*y perfume rápidamente.*
*Me puse mi más nueva larga,*
*delicada camisa de dormir.*
*Supongo que esperaba*
*que todo eso borraría*
*la agonía de estar sola*
*en un momento tan galante,*
*de celebración intensa.*
*Cuando todos aman*
*estar con alguien*
*para esperar el nuevo año.*

*No me ayudó demasiado.*
*Intenté dormir*
*esperando que espantaría*
*las interminables horas;*
*pero luego que pasó la tarde*
*y dos horas de la noche,*
*estoy cansada de dormir.*
*Fui tambaleando de cuarto en cuarto.*
*Deseando llorar...*

*Oh, Dios,*
*las paredes están tan silenciosas...*
*Y no hay nadie cerca*

*para reír y cambiar del tema...*
*Tanto deseo el pecho de un amigo,*
*donde enterrar mi cabeza*
*y derramar mis lágrimas*
*descarada y libremente...*"[4]

Algunos dirán: "¡Basta de fiesta de la autocompasión! ¿Por qué ser indulgentes y tenerse lástima?"

Muchos otros dirían: "Reconozco esos sentimientos. Hubo un tiempo en que yo mismo podría haber escrito ese poema sobre la víspera de un año nuevo, sobre un tiempo de Navidad solitario, sobre un Día de la Independencia sin fuegos artificiales, o los largos meses que se extienden entre tanto".

## La esposa solitaria

Muchos solteros han quedado conmocionados al descubrir que el matrimonio no es una panacea para la soledad. Entre las almas más solitarias de este mundo se encuentran las personas casadas, aunque Dios mismo creó la gloriosa institución del matrimonio. Puso a los esposos y esposas juntos para proveer una perfecta unidad e intimidad, el milagro de dos almas que se transforman en una sola carne. A pesar de eso desperdiciamos el regalo.

Este tema me llegó una semana en que acababa de predicar sobre esto. Una mujer me escribió para contarme que había tocado un contenido muy sensible. "Es trágico pero cierto –dijo–. Trato de no pensar en la soledad del matrimonio, pero la verdad es que *estoy sola*. Mi esposo y yo somos cristianos. Él es un buen hombre que trabaja duro y provee para la casa. Pero todo ese trabajo le impide estar cuando más lo necesito emocionalmente. Somos como dos barcos, solo nos cruzamos. No quiero ser quejosa. Simplemente trato de no pensar sobre el dolor y el vacío. Pero, después de todo, sigo estando sola."

## El sobreviviente solitario

También es posible tener un matrimonio pleno, abundante, y perder aquel de quien estuvimos dependiendo. Es un don agridulce el ser el sobreviviente de un matrimonio que culminó con la muerte de uno de los cónyuges. He aconsejado a aquellos que me han dicho que las palabras no alcanzan a expresar el vacío de la pérdida del compañero. La vida se construye con experiencias participativas, sentimientos comunes, preferencias compartidas de restaurantes, muebles y música, tantos miles de pequeñas cosas que unen dos espíritus. Su esposa verdaderamente se ha transformado en una parte suya, y ahora esa parte se ha ido. No hay completa sanidad para una herida así.

Existe también la experiencia del divorcio, más manifiesta en esta época que en otras. Si no ha pasado ese valle de sombras, conoce tal vez a quienes sí lo han pasado. Nuevamente, el sobreviviente solitario debe conseguir una nueva vida desde el caos de la pérdida. Y en este caso, hay sentimientos de fracaso, recriminación, rechazo, tareas inconclusas, culpas parentales, tantos subproductos del fenómeno del divorcio. Porque para los divorciados la soledad puede estar teñida de amargura.

## El anciano solitario

Los porcentajes aumentan día a día. Los centros de asistencia cada vez están más poblados. Cada vez tenemos más cabellos grises en nuestras cabezas. Cada uno de nosotros se hace más viejo, y no hay nada de nuevo en eso. Conozco a muchas personas que cuidan de sus hijos y de sus padres ancianos simultáneamente, y saben que las personas jubiladas tienen necesidad de atención muy especial, que es un verdadero desafío enfrentar. Los ancianos sienten el dolor de haber dado su tiempo a los hijos que ahora no tienen tiempo para ellos, o no tienen tanto como a ellos les gustaría.

Han descubierto qué maravilloso don es sentirse necesario, y qué difícil se vuelve el día en que ya nadie nos necesita. Pueden recordar grandes logros, el respeto de la comunidad, una casa llena de amigos y familia. Han visto a sus amigos y esposo pasar por esta vida. Parece que no queda nadie que recuerde, nadie que entienda.

Los años dorados no se suponía que fueran así. Tenían que ser brillantes. La Biblia habla del cabello gris como corona para ser honrada por la comunidad, no una señal de lo obsoleto para ser menospreciado. Algunos ancianos se preguntan por qué todavía siguen viviendo.

## El solitario sufriente

Nunca olvidaré la carta que leí una vez en un libro llamada *La soledad no es para siempre*. Un hombre intentaba describir el dolor que se había hecho realidad:

"Fue cuando las luces se apagaron y el cuarto cayó de pronto en oscuridad, que fui consciente de lo desagradable. El movimiento del hospital continuaba como una fiebre descontrolada más allá de mi puerta. Pero dentro de esa habitación quedó todo quieto, tan quieto que podrías sentir, aún creer, que las paredes se movían y el cuarto se hacía cada vez más pequeño. Nunca fui un solitario hasta ese momento... Pero ahora sabía cómo era. Mi familia se había ido a casa todos juntos, a aquel lugar conocido, seguro. Pero yo estaba aquí solo, aislado, enfrentando las incertidumbres de lo que significa un hospital".[5]

Los problemas físicos tienen síntomas emocionales porque el dolor nos aísla. La desdicha ama la compañía, pero se profundiza en soledad. Todos nos sentimos completamente solos; nos parece que nadie entiende nuestro dolor. Y nos sentimos muy solitarios.

## El solitario siervo de Dios

En este mundo existen unas pocas almas llenas de coraje que están dispuestas a dejar todo delante de Dios –tiempo, trabajo, aún sus hogares–. Sirven por todo el mundo en el campo misionero, silenciosamente y con frecuencia olvidados. Han dejado atrás su familia, amigos y todo lo conocido. Usted y yo también, con frecuencia pasamos nuestras vidas sin detenernos ni un momento para pensar en ellos o dedicarles una oración de bendición. Este hombre o mujer sirve a Dios en una cultura extraña, lucha con el idioma, las costumbres y la soledad.

Me encantaría poder mostrarles mis cartas de los amigos misioneros que describen la experiencia de estar *desconectados*. Están conectados a propósitos superiores, por supuesto, y Dios tiene recompensas especiales para ellos. Pero en el aquí y ahora, la vida puede ser solitaria.

El solitario siervo de Dios puede estar aislado por el liderazgo también. En Números 11:14 Moisés habló de la pesada carga de intentar llevar el destino de tantas personas.

Es una carga que nos aplasta. Decimos que "es solitario estar en la cima", y es verdad, pero el líder no está en la cima, sino bajo las pesadas cargas de aquellos que se encuentran a su cargo. Y si aquellos que están en la cima están realmente en el fondo, aquí hay otra paradoja para considerar: el que camina al frente va de espaldas a aquellos que caminan detrás. Es verdad. El liderazgo, también, aísla. Los líderes de

grandes iglesias y enormes ministerios pueden ser personas suma-
mente solitarias: simplemente es consecuencia de la extensión de su
territorio

Todos estos son cuadros de la soledad. Espero que estemos de acuerdo que la soledad no es un pecado; es un síntoma de la condición humana de estar creados a la imagen de Dios que nos hizo, en primer lugar, porque se deleitaba en el compañerismo.

## EJEMPLOS DE SOLEDAD EN LA BIBLIA
### David, el rey

Muchos de los salmos presentan una evocación más que elocuente
de la soledad en la historia de la literatura. David entendía sobre este tema en profundidad. Sabía cómo era esconderse en el frío de las cuevas
mientras los soldados salían en su cacería. Sin embargo, también sabía
cómo era sentarse en el trono. Despreciado o exaltado, había soledad
contra la que luchar. Los siguientes son solamente dos ejemplos:

> *"Porque mis días se han consumido como humo, y mis huesos*
> *cual tizón están quemados.(...) Soy semejante al pelícano del desier-*
> *to; soy como el búho de las soledades. Velo, y soy como el pájaro so-*
> *litario sobre el tejado"* (Salmo 102:3, 6-7).

> *"Mira a mi diestra y observa, pues no hay quien me quiera cono-*
> *cer; no tengo refugio, ni hay quien cuide de mi vida"* (Salmo 142:4).

Cada vez que me siento solo, me ayuda saber que un hombre tan
grande como el rey David –un hombre según el corazón de Dios– podía
sentirse como yo. Le recomiendo los salmos cuando le gane la soledad;
allí encontrará un amigo viviente y completamente humano que entiende su sentir.

### Jeremías, el profeta

*Este* Jeremías –el autor– le señala a *aquel* otro –el profeta–. Su historia es la más desconsoladora que probablemente pueda leer. El libro de
Lamentaciones es una especie de prolongación del propio libro de Jeremías, porque en principio era un solo libro más extenso. Realmente no
leemos Lamentaciones con demasiada frecuencia actualmente, porque

la mayoría de las personas no se sienten atraídas a la poesía fúnebre. Eso son estos versículos. Jeremías los escribió mientras miraba a su amada ciudad de Jerusalén consumirse en llamas ante sus ojos. Observaba a su pueblo en decadencia, y su cultura y herencia arrasadas.

El profeta predicó contra todo esto, por supuesto. Y sabía que nadie escucharía sus palabras. Hoy se recuerda a Jeremías como "el profeta llorón", porque sus lágrimas fueron derramadas sobre Jerusalén. Es difícil predicar un mensaje cuando todos lo ignoran, y la vida de Jeremías permanece como testimonio de ese hecho. Su profunda soledad es algo verdaderamente angustioso para leer y estudiar.

*"¡Oh quién me diese en el desierto un albergue de caminantes —escribía— para que dejase a mi pueblo, y de ellos me apartase! Porque todos ellos son adúlteros, congregación de prevaricadores"* (Jeremías 9:2). Se sentía enfermo tan solo de ver el espectáculo. Decía "Si solamente pudiera encontrar un albergue barato en el desierto, me registraría y no saldría nunca más". Era una expresión de la alienación que sentía. Ser un profeta es una experiencia solitaria.

### El Apóstol Pablo

Aún el Nuevo Testamento, repleto de buenas nuevas de redención para toda la humanidad, tiene su parte de soledad. Considere el caso del grandioso evangelista y maestro, el apóstol Pablo.

Fue el autor humano de gran parte del Nuevo Testamento, el fundador de incontables iglesias misioneras, y la mente detrás del libro de Romanos, el más grandioso tratado de teología jamás concebido. Pablo iba a todas partes, hablaba múltiples idiomas, conocía a todos. Y experimentaba profunda soledad. La última de sus cartas es 2 Timoteo, que estaba dirigida a ese hombre más joven, su amigo más cercano. Aquí se encuentra Pablo al final de su vida coronada de asombrosos logros, y describe la aflicción de su soledad. Escuchen su corazón:

*"Procura venir pronto a verme, porque Demas me ha desamparado, amando este mundo, y se ha ido a Tesalónica. Crescente fue a Galacia, y Tito a Dalmacia. Solo Lucas está conmigo (...) En mi primera defensa ninguno estuvo a mi lado, sino que todos me desampararon, no les sea tomado en cuenta"* (2 Timoteo 4:9-11, 16).

¿Puede sentir el dolor que fluye a través de estos versículos? Un hombre de esa estatura que ha derramado su vida por estas mismas iglesias, está solo. En este punto de su vida califica para muchas de las categorías que describimos. Es un siervo de Dios en soledad, un solitario sufriente con su "espina en la carne", un adulto solitario, aún un adulto soltero y solitario. Puede ser que sea el incomparable apóstol Pablo, pero siente dolor como *usted*. Es posible lograr tanto, bendecir a muchos, cambiar al mundo de manera tan explosiva, y aún así experimentar el frío helado de la soledad. En *este* aspecto por lo menos no está solo.

Sentirse solo no es un pecado, pero lo transformamos en pecado cuando le damos lugar. Pecamos cuando comenzamos a ignorar la receta bíblica para confrontarlo. Pecamos cuando le permitimos que se adueñe de nosotros y arruine nuestras vidas.

Pero no necesitamos caer en ese pecado. La Biblia nos ofrece un escape.

## LIBERACIÓN DE LA SOLEDAD
### Reconozca que su soledad es una realidad

Lo primero que necesita hacer es ser honesto sobre sus sentimientos, y *lo último* es caer en lugares comunes piadosos. La soledad es real y es dolorosa. No es en ninguna manera un reflejo de debilidad como cristiano o miembro de la sociedad.

Nosotros como cristianos amamos los lugares comunes piadosos; sin embargo, A. W. Tozer tiene algunas palabras de instrucción referidas a poner una capa superficial de lustre con la cual tratamos de cubrir los problemas reales:

> Algunos dicen resplandecientes: "Nunca estoy solo. Cristo dijo, 'nunca te dejaré, nunca te abandonaré' y 'Estaré contigo siempre' ¿Entonces cómo es posible estar solo cuando Jesús está conmigo?" No quisiera desacreditar la sinceridad de ningún alma cristiana, pero este testimonio estructurado es demasiado perfecto para ser real. Es obvio que se trata de lo que el que habla piensa que debería ser verdad, y no lo que ha comprobado que es cierto a través de la experiencia.[6]

Sé que alguna vez ha pasado por esto. Trata de contarle a un amigo sus sentimientos, y aún antes de que pueda terminar, su amigo irradia la más pulcra sonrisa espiritual y emite la frase de lugar común No.437. Esas respuestas estructuradas nos dejan fríos, porque niegan la realidad de la experiencia y lucha humanas. Estos sentimientos son técnicamente ciertos, por supuesto, pero también son insensibles e irreales en relación al mundo caído en el que vivimos. Necesitamos aliento, no sermones, y necesitamos ojos que vean con claridad la situación, no un lustre santificado que nos empuje a decir: "Veo que no debo admitir mi dolor porque, después de todo, soy un cristiano. Solamente debo cubrirlo. Jesús está conmigo, así que supongo que no tengo derecho a sentirme solitario ni siquiera por un solo momento".

Permítame asegurarle que no hay nada de cristiano en esa perspectiva. Debemos enfrentar nuestras luchas, sean las que fueren, con claridad, sin negación. La soledad no necesariamente se manifiesta como consecuencia de algo que haya hecho, o algo que otro haya hecho, o por la falta de algo. Viene porque usted es un ser humano, y a cada uno nos toca una época en la cual estamos solitarios. Acepte esto como parte de la experiencia humana. Luego podrá continuar y conocer de qué forma Dios trata esto.

### Acepte lo que Dios ha provisto para su soledad

Necesitamos recordar que únicamente Dios puede finalmente resolver nuestros problemas, incluyendo este. Cuando algo está roto consultamos al fabricante original, y para los seres humanos Dios es el fabricante original. Nos creó con ciertos atributos, y uno de ellos es un vacío que únicamente Él puede llenar. La gente no puede llenarlo, aunque nos dio la necesidad de estar con ellos. Ni el dinero ni las cosas pueden llenarlo. Nada en este mundo podrá finalmente satisfacernos aparte de Aquel que nos hizo. Por lo tanto, la más básica de las soledades de la humanidad es la soledad por extrañar a Dios. No tiene ningún remedio, excepto uno.

Durante más de tres décadas he sido un observador de personas. Puedo decir si usted es creyente o no, simplemente observando la manera en que maneja sus problemas. Si le falta fortaleza interior a un hombre o mujer de Dios, finalmente cae bajo el estrés, la competencia y las luchas. Carece del recurso más básico para tratar con los problemas más elementales. Pero si conoce a Dios, esto es lo que sucederá: estará conectado a Alguien que vino a este mundo, colgó de una cruz y experimentó la *máxima* soledad para que usted jamás tenga que pasarla.

¿Por qué sucedió esto? Escuche el clamor de Jesús en Mateo 27:46: "*¡Dios mío, Dios mío! ¿Por qué me has desamparado?*" En ese momento llevaba el pecado suyo y el de todos los demás sobre sus hombros lastimados y sangrantes. Si hubiera sido de otra manera usted hubiera sido separado para siempre por causa de su pecado y rebelión –mientras que Él hubiera disfrutado de perfecto compañerismo a causa de su perfección–.

En vez de eso, Él renunció a ese compañerismo perfecto por usted y por mí. Tomó ese castigo que nos esperaba a nosotros, que significaba una total separación de Dios, su Padre, que le daba la espalda. La luz perfecta no puede tener compañerismo con la oscuridad.

Ahora usted y yo caminamos en la luz. Podemos conocer a Dios íntimamente como sus hijos amados. Es posible conocer la liberación de la soledad en la calidez de su amor. Sucede cuando abrazamos su señorío sobre nosotros y Él toma residencia en nosotros. Él llena ese vacío, y nosotros comenzamos a conocer la paz, la realización y la abundancia. El Espíritu de Dios brilla desde nuestros corazones, exactamente en el lugar que se supone que debe estar, tal como Dios lo planeó para nosotros. Puede haber momentos de desconexión y soledad, pero su expresión más elemental ya no es una amenaza para nosotros.

Es importante reconocer este punto. Si no conoce a Jesús, no hay nada más que pueda hacer, no hay otras opciones. Si conoce a Jesús, entonces toda la esperanza y el gozo son posibles para usted. Pueden suceder milagros. El depósito de los cielos está abierto para usted. El compañerismo de los santos está disponible para llenar ese deseo. Sobre todo, el Espíritu de Dios en su corazón puede identificarse con cada experiencia que tenga. Él no estará allí para señalarlo ni acusarlo, sino para alentarlo con gentileza, consolarlo y señalarle un mejor camino.

¿Quién podría rechazar un regalo tan asombroso? ¿Usted lo ha aceptado?

## Permita que la Palabra de Dios llene su mente y su corazón

Ahora, luego de reconocer sus sentimientos y abrazar su fe, puede sumergirse en la Palabra de Dios. Deje que rebalse su mente y corazón.

La voz de Dios hablará con claridad a los solitarios. Solamente tiene que abrir las páginas del antiguo Libro, como millones lo han hecho a lo largo de los siglos. A ellos los ha consolado, sin tener en cuenta tiempo, lugar o luchas específicas. No encontrará ningún lugar común piadoso allí ¡únicamente la verdad! La Palabra de Dios lo calmará y alentará.

¡Oh, hay tantos pasajes maravillosos para sus tiempos de soledad! Es un desafío saber por dónde empezar, pero pruebe con estos dos para comenzar:

*"Aunque mi padre y mi madre me dejaran, con todo, Jehová me recogerá"* (Salmo 27:20).

*"Sean vuestras costumbres sin avaricia, contentos con lo que tenéis ahora, porque él dijo: No te desampararé, ni te dejaré, de manera que podemos decir confiadamente: El Señor es mi ayudador; no temeré lo que me pueda hacer el hombre"* (Hebreos 13:5-6).

Cualquier lista de versículos continuaría por muchas páginas, pero estos dos solos están repletos de suficiente poder para recargar sus baterías cuando se están quedando vacías. Vaya en primer lugar a La Palabra de Dios –*corra, no camine*–.

## Active su red de amigos cristianos

Debería también correr al encuentro del compañerismo con otros creyentes. Siempre queda esta promesa: *"Pero si andamos en luz, como él está en luz, tenemos comunión unos con otros, y la sangre de Jesucristo su Hijo nos limpia de todo pecado"* (1 Juan 1:7).

La siguiente declaración puede sonar demasiado ruda, pero es cierta: *La soledad es una elección*, no se refiere a los momentos de aislamiento que todos experimentamos, sino a la soledad permanente y continua. Dios le ha provisto con todo lo necesario; si usted elige quedarse en el estilo de vida de la soledad, esa es su elección. Nos ha dado a su Hijo. Nos ha dado su Palabra. Luego nos ha dado el don precioso de nuestros hermanos y hermanas en la fe. Simon y Garfunkel cantaban una canción: "Soy una roca; soy una isla", pero la canción de la Biblia es que Jesús es la Roca, y por lo tanto usted no necesita jamás ser una isla.

Por esa razón Dios proveyó la Iglesia. La mayoría de los libros del Nuevo Testamento están escritos a congregaciones completas. Y cada vez que aparece la palabra *santo*, siempre es en plural porque el concepto del "individualismo cristiano" es un *oximoron*; es ajeno al cristianismo bíblico. Estamos incompletos sin la unidad de los creyentes que se sirven unos a otros a través de sus dones particulares.

¿No conoce a nadie? Bien, aquel que quiere tener amigos debe mostrarse amigo (ver Proverbios 18:24).

¿No le gusta tomar la iniciativa? ¿Cómo van a conocerlo si no se hace conocer? ¿Piensa que no le interesa a nadie? Es difícil preocuparse por un rostro entre la multitud. Nadie conoce sus necesidades si se queda atrás.

La soledad es una elección. Una buena iglesia en su zona le ofrece una amplia gama de oportunidades para que se conecte. Únase al coro. Si no le gusta cantar, únase al grupo de estudio bíblico. Si no puede ir, únase a la clase de la Escuela dominical. Existen organizaciones, comidas, programas, presentaciones... todas han sido establecidas para ayudarle a conectarse y a utilizar los dones espirituales que se le aseguran tener por virtud de ser un cristiano. Permítame particularmente sugerir que se ofrezca voluntariamente para el servicio. Las grandes relaciones se forjan al colaborar para buenas causas.

Este es un pasaje que amo y exalta las virtudes del simple compañerismo:

*"Mejores son dos que uno; porque tienen mejor paga de su trabajo. Porque si cayeren, el uno levantará a su compañero; pero ¡ay del solo! que cuando cayere, no habrá segundo que lo levante. También si dos durmieren juntos, se calentarán mutuamente; pero ¿cómo se calentará uno solo? Y si alguno prevaleciere contra uno, dos le resistirán; y cordón de tres dobleces no se rompe pronto"* (Eclesiastés 4:9-12).

Mi iglesia cierta vez levantó un ministerio sobre ese último versículo. Lo llamábamos El Ministerio de Oración Triple Cordón. Si toma un trozo de cuerda puede romperlo con poco esfuerzo; pero si lo entreteje con dos cuerdas más, resistirá todos sus esfuerzos de romperlo. Juntos, somos más que la suma de nuestras partes.

Este es un principio divino que está en el centro mismo de la manera en que Dios trabaja en el mundo, Él obra a través de gente unida entre sí, aún con todos los nudos enredados y las vueltas que se producen por estar todos involucrados. Solos, estamos muy limitados; juntos, podemos forjar movimientos que cambien la historia del mundo. Nuestros dones se multiplican y multiplican otra vez. Mis dones para el ministerio están en mi lengua que predica, mi boca que lo proyecta, mis dedos que dan vuelta las páginas y se extienden para servir a otros.

Pero ¿qué podría hacer una de estas partes sin las otras? Ese es el punto que señala Pablo: las partes del cuerpo son solamente un montón de tejido biológico, pero al unirse viven, respiran y tienen vida. Dios quiere que seamos mucho más que tejido biológico. Quiere que usted sea parte de algo vivo y dinámico, y más grande que usted mismo.

## BUSQUEMOS A LOS PERDIDOS

Dios también quiere que se extienda para fortalecer la cuerda. Sí, he descargado sobre los solitarios el tomar la iniciativa. Pero pienso que cada uno de nosotros también tiene la responsabilidad de buscar a las ovejas perdidas. Así como Jesús habló de dejar las noventa y nueve para buscar a la oveja solitaria, usted y yo tenemos un ministerio especial para traer a aquellos que se han alejado y aislado. Debemos levantarnos la mañana del domingo, tener nuestro tiempo con Dios y pedirle que nos envíe a alguien que nos necesite. Es fácil para nosotros tender a estar en el rebaño de las ovejas donde somos amados y consolados. Eso es bueno, pero vayamos también a donde nos necesitan. El ministerio de aceptación y aliento es nuestra marca distintiva en este mundo.

Muchos conocen hoy el nombre de Anna Frank, cuya familia estuvo prisionera en su propio hogar durante la Segunda Guerra Mundial. Leemos acerca de las dificultades de la familia en el diario que Anna llevó a través de la experiencia. Millones lo han leído y visto la película basada en él. Esta familia vivía cada día con el temor a ser descubiertos. Y, sin embargo, junto con la claustrofobia y el temor diario, Anna albergaba otros sentimientos en su corazón –incluyendo el gozo–. Anna contaba que subía la escalera del altillo y miraba hacia el cielo azul. Ella decía: "Mientras esto exista, este Sol y este cielo sin nubes, mientras que pueda disfrutarlo ¿cómo puedo estar triste?" Nos recuerda que podemos perder todo lo exterior –personas, cosas, aún el prestigio–, "Pero la felicidad de su propio corazón únicamente puede ser reducida".[7]

Usted y yo podemos tener ese tipo de esperanza enorme cuando miramos el cielo, pero nuestra esperanza no son las nubes, el Sol o el cielo. Tenemos a Jesucristo, el Señor del universo, que vive en nosotros. La tierra debajo de nosotros puede sucumbir, y los cielos derramar lluvias torrenciales o el caos del torbellino. Pero aquellas cosas no tienen eternidad como Dios. La luz de los días dura unas pocas horas, y la luz de una vida arde quizás luego de ochenta años. Pero la luz del Salvador brilla ahora y para siempre. Esa es la razón por la que mis circunstancias no son las que me definen, no me limitan, ni siquiera me entusiasman.

Mi esperanza está en Dios y Él nunca me fallará. Nunca me abandonará. Siempre será mayor que nuestras necesidades –tal como lo descubrió mi amiga Linda–.

¿Recuerdan a Linda "la joven del adiós"? La vida para ella ha sido separación, y la más dura de todas fue la muerte de su esposo. Antes de sucumbir a la enfermedad de Lou Gehring pasó por un largo período de enfermedad –un largo adiós–. Pero durante ese tiempo, algo cambió en Linda. Vio la gracia y la paz escritas en su rostro y en las pequeñas notas y gestos después de haber perdido la habilidad para hablar. Linda sabía que Dios era la fuente de su coraje y gozo, aún frente a la misma muerte. "Actualmente camino en profunda tristeza y soledad –admite Linda–. Sin embargo, no camino sola. Mi Salvador camina conmigo, me rodea con amor eterno. Pronto el camino de mi vida dará una última curva hacia el hogar celestial. Y veré a mi esposo y también a mi Señor cara a cara. ¡Alabado sea Dios!"

¿Y qué sucedió con Beth? ¿Qué ocurre cuando su vida está en caos, encuentras a Dios y las cosas se ponen aún peor? Dios aparentemente estaba restando amigos y muletas emocionales de su vida. Se sentía tan sola que aún intensificó la bebida. La voz del engañador estaba susurrando en su oído: "No eres buena. Es demasiado tarde para ti, ¡y pronto tus hijos serán míos!"

Cada día, cuando del trabajo regresaba al hogar, Beth escuchaba la radio cristiana. Había una serie de sermones sobre el poder de la oración, y Beth comenzó a intentar con los principios que escuchaba. Su sentido de inutilidad comenzó a retirarse, fue reemplazado por un increíble sentimiento del valor supremo que ella significaba para Dios. Consideró las actividades de la iglesia y pronto ella misma se encontró aconsejando a otros. ¡Imagínese eso! Satanás le había dicho que era inservible, pero Dios le dijo que la profundidad de su dolor podía ser útil para los demás.

Lo más asombroso de todo, Dios comenzó a mover un viento celestial a través de las vidas de los hijos de Beth. El ver el cambio en su madre produjo la diferencia. En su momento, aprendió a depender de Dios, y Dios abrió canales para que ella pudiera pasar tiempo con sus hijos. Se mudó a una nueva casa, más cerca de ellos. Actualmente tiene un ministerio floreciente a través del estudio bíblico, y es una prueba viviente de que la soledad y aún cosas peores pueden ser vencidas con el grandioso poder de Dios.

Beth piensa sobre el pasado con frecuencia. Dice: "Aquellos fueron los peores y los mejores días de mi vida. Dios me encontró cuando más lo necesitaba. Pero lo más importante: me preparó para los cambios que se avecinaban".

¿Puede encontrar a Dios en medio de sentimientos de soledad y confusión? ¿Comprende que Él puede prepararlo para una vida y esperanza renovada? Nunca lo dejará ni lo abandonará. Extiéndase, tome su mano y descubra qué significa aplastar al gigante de la soledad.

# GÁNELE A LA PREOCUPACIÓN

4

## Puede ganar la batalla y vivir victorioso

El centro de la "Asociación Cristiana de Jóvenes" en su localidad está repleto de personas que van a relajarse. Se refrescan nadando o hacen gimnasia y transpiran un poco en el salón para bajar de peso. Es un lugar donde uno va para recrearse –a menos que usted sea el encargado–. George McCauslin dirigió el edificio de la "Asociación Cristiana de Jóvenes" en la zona de Pittsburg y las cosas no andaban bien. El trabajo lo consumía internamente.

George estaba luchando con su trabajo. La membresía del club estaba en un espiral descendente. Operaban en rojo con una deuda muy alta, y George tenía que enfrentarse con problemas críticos de personal. La gente venía para quitarse las tensiones ¿pero, a dónde podía ir el director a sacarse las suyas?

No iba a ninguna parte, por supuesto. George trabajaba obsesivamente, sentía que si invertía un poquito más de tiempo, de alguna manera podría unir todos los pedazos. No pasó demasiado tiempo y llegó a estar 85 horas semanales tras su escritorio. De alguna manera, cuando finalmente llegaba a su casa, estaba demasiado cansado para dormir; ya estaba pensando comenzar temprano al día siguiente. Las vacaciones eran escasas y cuando estaba lejos, los problemas caían aún más pesadamente sobre sus aplastados hombros. Un terapeuta le dijo que tenía que dejar muchas cosas de lado, porque un colapso nervioso estaba en camino.

Fue entonces cuando George comenzó a pensar acerca de Dios. ¿Qué lugar ocupaba en este cuadro caótico, triste?

Daniel era un prometedor estudiante universitario. A los diecinueve años había entregado su vida para servir a Cristo, y su visión estaba puesta en ingresar al ministerio. Lo rodeaban estudiantes juguetones –casi niños, realmente– que se sumergían en todas las buenas cosas de la vida universitaria y su atmósfera. Pero Daniel no; él luchaba aún para comer una de las comidas. Tenía el estómago anudado y hacía meses que no disfrutaba de una cena sin tener terribles dolores estomacales. El doctor le hizo algunos exámenes y le dijo que tenía un principio de úlcera muy serio.

¿Una úlcera a los diecinueve años? Las úlceras las tienen los preocupados crónicos. Y Daniel sabía que eso era verdad. Parecía que aún lo más pequeño podía causarle un estallido: si el auto no arrancaba, o no encontraba un libro de estudios. Estaba tenso como una cuerda. Y vivía en un mundo de permanente espera de lo peor. ¿Qué pasaría si esto...? ¿Qué pasaría si aquello...? ¿Qué sería lo peor que podía pasar si...?

Daniel sabía que su salud estaba comprometida, pero de igual manera su gozo estaba dañado. ¿No se suponía que debería vivir la vida abundante? ¿No había dicho Jesús que su yugo era fácil y ligera su carga? Seguramente esta ansiedad no podía ser algo que complacía a Dios; seguramente Él tenía mejores planes para ese su hijo.

Todos estamos de acuerdo que por ser miembro de la raza humana, la preocupación es parte del paquete. También sabemos que es un vicio inútil e insano. Corrie ten Boom recitaba una pequeña copla: "La preocupación es un viejito con la cabeza gacha, una carga de plumas mientras que él piensa que es plomo". Ella entendía que la ansiedad es finalmente necia porque se preocupa de lo que *no es*. Vive en un futuro que es imprevisible. Trata con los "¿qué pasa si...?" y los "podría pasar que...", especulación y posibilidad. Y mientras nos quedemos en este escenario de las peores cosas, nos garantizamos nuestra propia miseria, porque siempre se encuentra al alcance de la mano un extenso catálogo de calamidades.

La Biblia elige su lenguaje de preocupación muy cuidadosamente. La palabra bíblica básica significa "pensarlo un poco" o "ser cuidadoso". Esas son cosas buenas, a primera vista. Pero el griego nos pinta la palabra como una mente dividida. El preocupado tiene la mente partida entre lo real y lo posible, lo inmediato y lo potencial. Trata de pelear la batalla de la vida en dos frentes, y está destinado a perder la guerra.

El preocupado intenta vivir en el futuro, y eso le presenta dos problemas: el futuro no está aquí, y no le pertenece. No puede hacerse nada, y no hay cantidad de preocupación que alcance para cambiar un ápice el problema. El futuro es desconocido, incontrolable y, por lo tanto, irrelevante en términos de nuestra paz mental.

Cuando Jesús predicó el más grandioso sermón de toda la historia —que se encuentra en Mateo capítulos 5 al 7— fue claro sobre el tema de la ansiedad. En un pasaje de nueve versículos en Mateo 6, utilizó la expresión "No os afanéis", tres veces. De modo que si desea tener las enseñanzas de Jesús sobre el tema de la ansiedad, podemos decirlo en dos palabras: *No temáis*. Y la próxima vez que le dé lugar a la preocupación podría preguntarse cuál es la parte de este pasaje que no ha entendido.

Antes de mirar en forma detenida este pasaje en el cual Jesús analiza la preocupación, ¿puedo ofrecerle dos maneras simples de rechazarla?

*No se preocupe* no significa *no haga planes*. Es verdad que en Mateo 6:34 Jesús dice: *"No os afanéis por el día de mañana"*. La Traducción en Lenguaje Actual lo dice así: *"Así que no se preocupen por lo que pasará mañana"*, y muchas personas aprenden esto como una prohibición contra ambiciones de carreras, planificación financiera, seguro de vida o muchas otras cosas. Pero nadie que se tome el tiempo de leer los Evangelios puede decir que Jesús tenía problemas con la planificación —planificó para su ministerio posterior a su muerte, resurrección y ascensión—. Pasó mucho tiempo preparando a sus discípulos para Jerusalén y hasta lo último de la Tierra. También enseñó que no debemos hacer ese edificio de muchos pisos antes de idear el proyecto (Lucas 14:28). Vivir sin planificar no es pura espiritualidad; es pura locura.

*No se preocupe* no significa *no ponga interés*. Están los que citan Filipenses 4:6 (*"Por nada estéis afanosos"*) como una excusa para llevar un estilo de vida descuidado: "No te preocupes, sé feliz". Pero no se trata en absoluto de eso. Si no se interesa por sus hijos que juegan cerca de donde pasa el tránsito, es un padre terrible. Si no le importa caminar por el techo de un rascacielos, aprenderá el significado de aquel viejo cartel que dice: "La gravedad no es solamente una buena idea. Es una ley". Hay cosas por las que debe estar interesado. Hay una diferencia entre estar libre de preocupación y ser descuidado.

Pero el interés realista y la ansiedad inquietante son temas distintos. ¿Dónde está la diferencia? En resumen, el interés enfoca sobre el presente; la preocupación está fijada en el futuro. El presente está delante de nosotros, y hay acciones que podemos tomar. El futuro no está fuera de nuestro alcance.

Lo que Jesús enseña es sobre la cautividad de la preocupación, y en Mateo 6 podemos descubrir de qué se trata la preocupación y cómo enfrentarla.

## ENFRENTEMOS AL GIGANTE DE LA PREOCUPACIÓN: MATEO 6:25-32

Vamos a explorar una de las enseñanzas más alentadoras y consoladoras de Jesús. Es parte del Sermón del Monte, y en realidad está dividido en dos partes: versículos 25-32 y luego versículos 33-34. Veamos qué es lo que nos revela la primera parte.

### La preocupación no tiene consistencia

*"Por tanto os digo: No os afanéis, por vuestra vida, qué habéis de comer o qué habéis de beber; ni por vuestro cuerpo, qué habéis de vestir. ¿No es la vida más que el alimento, y el cuerpo más que el vestido?* (Mateo 6:25).

Preocuparse es simplemente inconsistente. Jesús pregunta, "¿Quién les dio el cuerpo en el cual viven? ¿Quién estableció lo que requiere: comida, vestido, abrigo? ¿Piensa que Él se ha ido a algún lado? ¿No piensa que ese mismo Proveedor se ocupará de sus necesidades?"

En esencia, este es un argumento que va de mayor a menor. Considere al Dios que nos ha creado poco menor que los ángeles, ordenando y estableciendo el milagro de la vida humana en toda la hermosa complejidad del organismo humano. Luego creó con sus poderosas manos el calor del sol, el mundo que gira y las cuatro estaciones. Se tomó bastante trabajo ¿no le parece? ¿Por qué, entonces se despreocuparía sobre estas pequeñas cosas, un poco de pan, un remiendo en el vestido, un refugio seco en la tormenta? Un Dios de esa altura nunca puede menospreciar algo pequeño, de acuerdo con Jesús. *"¿No es la vida más...?"* Esas son sus palabras.

Si acepta a un Dios Creador, debe aceptar a un Dios que sostiene, o usted simplemente se vuelve inconsistente. La evidencia de su cuidado amoroso y oportuno nos rodea por todas partes. Piense y encontrará consuelo para su alma.

## La preocupación es irracional

"*Mirad las aves del cielo, que no siembran, ni siegan, ni recogen en graneros; y vuestro Padre celestial las alimenta. ¿No valéis vosotros mucho más que ellas?*" (Mateo 6:26).

El primer argumento de Jesús es irrefutable. Aquel que nos dio vida seguramente puede sostenerla. Pero Jesús adelanta la pregunta que sigue: Dios *puede* proveer, pero ¿*lo hará?*

Jesús arranca con esta segunda pregunta desde el ángulo opuesto. Ahora va desde lo menor a lo mayor, en este caso, desde los pájaros a los seres humanos. Dice: "Mire entre los árboles y verá los pequeños gorriones. Una monedita de cobre basta para comprarlos. Pocas cosas se venden tan barato. ¿Su Padre va a valorarlo menos que una monedita de cobre? Su mano está detrás de cada pájaro que cae a la tierra; si tiene al mundo entero en sus manos, eso ¿no lo incluye a usted?" (Mateo 10:29).

Algunas veces hacemos descubrimientos fascinantes cuando comparamos dos pasajes de la Escritura. Considere este tema del valor de los gorriones. Si miramos en Lucas 12:6, ahí encontrará otro valor del mercado; *cinco* gorriones por *dos* centavos de cobre. Al unir Mateo y Lucas podrá comprar dos por un centavo y "cuatro con uno de regalo".

Una moneda de cobre valía un dieciseisavo de denario; un denario era el jornal de un día. Por lo tanto, lo que Jesús dice es esto: "Con un centavo de cobre tiene dos gorriones; con dos centavos le dan cinco. Ni siquiera el gorrión que va de regalo y que no tiene valor en el mercado, puede caer sobre la tierra sin que su Padre lo sepa. Él sigue cada movimiento, se trate de un pájaro, un mendigo o un noble".

De hecho, dice Jesús, si Él sabe de cada gorrión que cae a la tierra, sabe cuando a uno de sus cabellos le sucede lo mismo. En alguna parte tiene una base de datos que tiene en cuenta hasta los cabellos de su cabeza. Y si Él es así de minucioso con lo más pequeño, los más ínfimos artículos, ¿no se inclinará hacia sus más profundas preocupaciones?

Una vez más Jesús nos da un argumento que no podemos refutar, esta vez desde lo más pequeño a lo más grande. Debemos sacar la conclusión que la preocupación es inconsistente e irracional. Pero existe otro problema.

## La preocupación no es efectiva

*¿Y quién de vosotros podrá, por mucho que se afane, añadir a su estatura un codo?* (Mateo 6:27).

¿Observó todas las unidades de medida que menciona este pasaje? Es fascinante cómo Jesús trata con el concepto de la ansiedad considerando varios largos, pesos y valores. Es que cuando tratamos con la preocupación, es porque manejamos temas de perspectiva y verdadero valor. Por lo tanto, tenemos centavos, codos, cabellos y gorriones.

Un codo, tal como Noé lo conocía, tiene aproximadamente cuarenta y cinco centímetros. Es el largo de su antebrazo, debido a que las reglas y centímetros para medir no eran comunes hay dos posibles interpretaciones de lo que Jesús dice aquí. Una es: "¿Quién puede sentarse y después de mucho preocuparse crecer algunos centímetros?" Si esto fuera posible, las implicaciones en el básquet serían grandes. Pero no es posible y lo digo, lamentablemente. Cuando estaba creciendo veía a los jugadores de la NBA y quería agregarme un codo... bueno, por lo menos algunos centímetros a mi estatura. Yo medía 1,85 y deseaba desesperadamente llegar a 1,98. Pero no había cantidad de sueños ni de deseo que pudiera agregar un centímetro a mi altura. El trabajo de Wil Chamberlain y de Bill Russell estaba a salvo.

Esa interpretación del versículo parece clara, pero tal vez Jesús iba un poco más allá. ¿Qué pasaría si en vez de hablar de centímetros habláramos de días de futuros en lugar de antebrazos? "¿Quién de vosotros aunque se preocupe", podría decir, "puede agregar un día a su vida?" La respuesta, por supuesto, es que no podemos agregar un día, una hora ni siquiera un ligero momento. La preocupación divide la mente y multiplica la miseria. Resta de nuestra felicidad. Pero nunca suma.

¿Qué sucedería si pasara por el cementerio de su comunidad y descubriera que cada epitafio incluye un indicador con los años de la vida de esa persona que perdió por preocuparse? Podríamos quedar asombrados. ¿Podría ser que a algunos de nosotros se nos vayan cinco, diez o quince años de longevidad por la fuerza de gravedad que nos aplasta con ansiedad innecesaria? He conocido algunas de esas personas. He aconsejado a gente que se ha preocupado hasta llegar a morir antes, simplemente porque no pudieron dejar las cosas en las manos de Dios.

La preocupación es el uso más ineficaz que podamos hacer de nuestro tiempo. Un amigo mío me contó que en una oportunidad visitó a su hermano que cuidaba un hamster blanco en una jaula. El hamster podía subir a una gran rueda, y mientras corría la rueda se movía. El hermano de mi amigo le dijo: "Es gracioso observar a este pequeño. Parece que se levantara y dijera '¡Tengo que ir a la rueda! ¡Tengo que seguir!'" El hamster promedio, se dice, correrá más de catorce mil kilómetros en esa rueda durante su vida, y *aún así estará en la jaula*.

Lo mismo sucede con la preocupación: es una vida de carrera frenética sin llegar a ningún destino. Después de cierto tiempo se agotan las fuerzas que Dios le ha dado, y aún continúa en la jaula. "La preocupación no le quita las penas al mañana –dijo alguien– más bien le quita las fuerzas al hoy."

## La preocupación es ilógica

*"¿Y por el vestido por qué os afanáis? Considerad los lirios del campo, cómo crecen: no trabajan ni hilan; pero os digo, que ni aun Salomón con toda su gloria se vistió así como uno de ellos. Y si la hierba del campo que hoy es y mañana se echa en el horno, Dios la viste así, ¿no hará mucho más a vosotros, hombres de poca fe?"* (Mateo 6:28-30).

Podemos estar de acuerdo que la preocupación carece de atractivo, es despreciable, sombría y cargada de inquietudes. Pero ¿cómo es la despreocupación? Jesús nos da una pista en estos versículos. ¿Ha caminado alguna vez atravesando un hermoso jardín en época de primavera? Es muy difícil sentirse aplastado por las preocupación del mundo cuando uno está rodeado por la majestad del hermoso arte de Dios. Salomón era un rey glorioso. Jesús nos dice que tenía la riqueza de varios reinos a su disposición. Pero todo ese resplandeciente refinamiento empalidece en comparación con el más simple lirio que Dios ha puesto delante de nuestros pies.

Y ¿cuántas horas de oficina tienen esos lirios del campo? ¿Cuántos vencimientos han pagado? ¿Alguna vez ha visto a un lirio sufrir un ataque de pánico? No trabajan ni hilan. Simplemente se balancean en la brisa, mirando al cielo su fuente de agua, sol y sostén. No hacen más ni menos que aquello para lo que fueron diseñados, y eso es glorificar a Dios. ¿Podría ser que usted y yo pudiéramos glorificar a Dios con la simple elocuencia con que lo hace esa pequeña flor?

Sin embargo, el punto más importante es que Dios lo valora a usted mucho más que a un lirio. El lirio es meramente algo que Él creo para que usted disfrute, porque *usted* es el que lleva su imagen. Y si Él cuida de cada pétalo o capullo que florece y se marchita en una sola estación, ¿cuánto más no lo cuidará a usted? ¿Cuánto más importancia le dará a aquellas cosas que le causan ansiedad?

El tomó la respuesta a esas preguntas y las expuso en una cruz hace dos mil años. Nunca hubiera sufrido y muerto por los mismos hijos que hubiera planificado abandonar. Esa es la razón por la cual la preocupación es ilógica.

## La preocupación es profana

*"No os afanéis, pues, diciendo: ¿Qué comeremos, o qué beberemos, o qué vestiremos? Porque los gentiles buscan todas estas cosas; pero vuestro Padre celestial sabe que tenéis necesidad de todas estas cosas"* (Mateo 6:31-32).

*No tiene consistencia, no es efectiva, es ilógica e irracional,* son conceptos que rápidamente podemos aprehender. El siguiente requiere un poco más de contemplación para el pensamiento moderno, pero proviene de la Palabra de Dios y debemos amoldar nuestras mentes. Jesús nos muestra que la preocupación es profana.

¿Qué significa *profana*? ¿Acaso no es cierto que la palabra *religión* está fuera de moda entre los evangélicos actuales? Lo que Jesús apunta es que la preocupación es "ser igual a todos los demás" y esto, para los judíos de la época, significaba los gentiles. Había dos tipos de personas: los judíos y todos los demás. Y a través de una relación especial con un pueblo especial, Dios ha pasado miles de años demostrando –a través de pactos y conquistas, por medio del desierto y el andar errante, a través del reino y la calamidad– que Él sería su Dios y ellos su pueblo.

Los gentiles no tenían ninguna razón para creer tal cosa, y era natural que pasaran sus vidas enteras ansiosos, tratando de conseguir comida, refugio y vestido. Pero el pueblo de Dios tenía que ser distinto; estaba escrito en letras destacadas a lo largo de la ley, que proclamaban en sus tabernáculos, y debería haber sido un emblema en sus corazones.

La bondad de Dios era la esencia de su religión, y la preocupación era negar todo. La preocupación niega a su Padre en los cielos y su familia sobre la Tierra. Nos reduce al nivel de los paganos que adoran ídolos ciegos, sordos e incapaces, que viven como si la desesperación del sacrificio ante el altar pudiera traer unas pocas gotas de agua. En los tiempos antiguos eso se ve en la adoración a Baal, pero sigue vivo hasta el día de hoy. Simplemente hemos cambiado los dioses de piedra y los reemplazamos con otros nuevos y resplandecientes como la carrera, el materialismo, el placer y el poder, todos los logros por los que nos preocupamos, negando que Dios pueda ocuparse de cada una de nuestras necesidades.

¿Me he preocupado alguna vez? Por supuesto; crié cuatro hijos, y eso me califica como experto en la materia. Pero para mí la preocupación es una pequeña ciudad por la que atravieso, no un lugar donde colgar mi sombrero. Es una fase momentánea, no un estilo de vida. Para algunas personas, la preocupación se arraiga de tal forma en su personalidad que una vez que todas sus preocupaciones desaparecen, buscan nuevas. Dependen tanto de la preocupación como si fueran los lentes a través de los cuales tienen que ver la vida, y que han olvidado cualquier otra forma de vivir. ¿Quiere transformarse en alguien así? Yo sé que no quiero.

Jesús habla de nuestro descreimiento y, sin embargo, observe la ternura de sus palabras:

*"Porque vuestro Padre celestial sabe que tenéis necesidad de todas estas cosas".* Dice: "Descansen, consuélense. Cada necesidad que tienen figura en la agenda de Dios. ¿Se han olvidado que Él está atento a todo? Deje que su mente huidiza vuelva a casa y encuentre descanso".

## PELEEMOS CON EL GIGANTE DE LA PREOCUPACIÓN

Encontramos muchos factores inconsistentes, irracionales, ilógicos, faltos de efectividad y profanos cuando miramos de cerca la preocupación. Tenemos tantas razones para evitarla como a un narcótico mortal, porque eso es exactamente. Pero, tal vez, ya se ha vuelto dependiente de esa droga. Tal vez necesita ser libre de esa tiranía. ¿Cómo puede hacerlo?

### I. Necesita un sistema de prioridades

*"Mas buscad primeramente el reino de Dios y su justicia, y todas estas cosas os serán añadidas"* (Mateo 6:33).

Vimos que la definición bíblica de la preocupación es "división del corazón". Es una equivocación tratar de considerar los temas del día de hoy mientras pensamos en las preguntas de mañana. Necesitamos toda nuestra energía y concentración para el aquí y ahora.

Y ¿dónde encontramos las palabras de Jesús referidas a la preocupación? Están exactamente en el centro de su enseñanza sobre las posesiones personales. No pienso que eso sea una coincidencia. El tema dominante, finalmente, es las prioridades. ¿Qué es lo más importante para su corazón? Aquellos que basan sus vidas en la adquisición de cosas son los que tienden a estar cargados de ansiedad. Pero Jesús tiene una receta simple: ponga sus prioridades en orden. Busque primero las cosas de Dios; viva la vida recta que Él quisiera que viva. Concéntrese en eso, ponga a un lado todas las distracciones. Luego deje que las fichas caigan en su lugar. Al hacer esto, todo lo que necesite se materializará: *"Todas las demás cosas os serán añadidas"*.

¿Puede realmente ser tan simple? ¿Podría una fórmula tan simple realmente dar resultado?

Si no es así, puede poner a un lado su Biblia, porque nada más quedará en pie. Esta enseñanza va al mismo corazón del mensaje central de las Escrituras. Entonces si estas palabras *son* verdaderas –como usted y yo confirmamos en nuestros corazones– la vida puede ser abrazada con gozo y exhuberancia. Es algo para disfrutar, no para preocuparse, y todos los "¿Y qué pasaría si...?" ya no tienen más poder sobre nosotros.

La mayoría de nosotros conoce este versículo; vivirlo es otra cosa. Cuando me preocupo, sé que estoy fallando en vivir lo que creo. Tal vez sea así en su vida. Tal vez el ciclo de preocupación se ha hecho tan poderoso que aparentemente no puede quebrarlo. Si es así, entonces tiene que tomar distancia de la confusión de su vida y preguntarse qué orden le ha dado. ¿Cuáles son sus prioridades? ¿Confía realmente en su Padre que lo ama, o es solo de labios para afuera? ¿Puede vivir en la realidad la fe de que Dios es soberano?

Reconstruya su sistema de prioridades, ponga a Dios en el centro de la estructura. Si edifica con esa marca de ladrillos, estará a resguardo de las tormentas de la preocupación y el estrés.

## 2. Necesita un programa estratégico

*"Así que, no os afanéis por el día de mañana, porque el día de mañana traerá su afán. Basta a cada día su propio mal"* (Mateo 6:34).

Esto que tenemos aquí puede ser la munición más importante de todas, una estrategia sistemática para arrancar su preocupación. Jesús dice algo bastante interesante: No te hundirás bajo la carga de las crisis de hoy, pero agregar lo de mañana vencerá tu límite.

¿Alguna vez intentó llevar mucha cantidad de bolsas de mercadería al mismo tiempo? Después de limpiar los huevos de su acera, habrá aprendido, y hará dos viajes en vez de uno. Jesús nos dice que llevemos la bolsa de hoy y hagamos un nuevo viaje mañana.

Vivir en tiempo presente es un arte. ¿Conoce a alguna persona que "no está ahí", porque sus ojos están concentrados en algún horizonte invisible? Esa persona está preocupada por problemas inexistentes. Pero ¿ha conocido a alguien que vive totalmente el presente? Esa persona parece vivaz, llena de energía y carisma, utiliza su dinero de la mejor manera ante cada cosa nueva que se le presenta, y jamás lo encontrará preocupándose. Así es como Jesús quiere que vivamos: un día a la vez.

Existe una razón por la que Dios nos ubicó dentro del momento, encerrados entre el paréntesis tanto del pasado como del futuro. Ambos están fuera de nuestros límites, y tenemos que poner carteles que digan "No pasar". El pasado está cerrado y es para bien, y el futuro aún está en construcción. Pero hoy tiene todo lo que necesita. Venga al aquí y haga su residencia.

Hace muchos años el *Chicago Daily News* publicó un artículo de un prominente físico de nombre Osler, que hizo algunas observaciones sabias sobre la preocupación. A lo largo de su carrera había observado los efectos físicos de la preocupación sobre las vidas de sus pacientes. Y utilizó una analogía con el minucioso diseño de un barco de línea oceánica. Si el casco de la nave se perfora a causa de un choque, las puertas de acero de la bodega pueden bajarse de modo que solamente una porción del barco se inunda. Así el Dr. Osler continuó haciendo esta importante aplicación. Escribió que deberíamos diseñar nuestras vidas con el mismo cuidado. Todos tenemos nuestros choques imprevistos, y debemos aprender cómo hacer descender las puertas delanteras de la bodega contra los peligrosos mañanas; y las puertas traseras contra el pasado; debemos aprender a vivir seguros y secos en el compartimiento del hoy.

*Toda el agua del mundo*
*por mucho que lo intente,*
*Jamás hundirá un barco*
*a menos que a su casco entre.*
*Todas las dificultades de este mundo*
*te podrán debilitar,*
*pero ni en lo más mínimo herirte*
*a menos que las dejes entrar.*
Anónimo

No viva *el estrés del mañana*. Jesús nos dijo que el día de mañana traerá su propio afán. Tenga en cuenta esta poderosa palabra:

*"Y como tus días serán tus fuerzas"* (Deuteronomio 33:25).

*"Como tus días serán tus fuerzas"*. ¿Qué significa eso?

He estado al lado de personas de mi iglesia que atravesaban bancarrotas, enfermedades, divorcios, problemas legales y toda una variedad de pruebas. Las personas me dicen: "No sé cómo voy a enfrentarlo". Jamás soy insensible a su angustia; de ninguna manera minimizo sus crisis. Pero lo que hago es enseñarles la rica sabiduría práctica de La Biblia: *deja de preocuparte por el mañana*. Cuando ese día amanece, Dios te dará la gracia y la fortaleza que te ha dado para hoy. Su calendario tiene para cada día un número. Vívalos en ese orden, tal como Dios los acomodó. Ubíquese en un cuadrado por vez.

Un amigo mío llevó a su familia en largos viajes de automóvil por todo el país. Tiene dos pequeños hijos, y cada día esperaban para ver cuál sería "el convite" del día. El convite consistía en una pequeña bolsa para cada niño con un regalito poco costoso y, además, un pasaje de la Escritura. Mientras pasaban el día de viaje, tenían una pequeña sorpresa en la forma de un regalo sencillo y una verdad eterna de la Palabra de Dios, sobre la que irían conversando en familia durante el viaje.

Los caminos de la vida tienen las mismas cosas para usted y para mí. Cada nuevo día traerá otro paquete de parte de Dios, con un pequeño regalo de gracia para refrescarnos y la siempre presente verdad de la Palabra de Dios. Pero debe esperar cada día para tener ese paquete en sus manos.

No ignoramos totalmente el futuro, planificamos y preparamos. Pero la preparación tranquila y la ansiedad obsesiva son dos cosas diferentes. Baje la puerta del compartimiento delantero. Ciérrelo para las aguas del mañana que siempre secan las fuerzas del hoy.

Mark Twain dijo cierta vez: "Soy un hombre viejo y he conocido muchas clases de problemas, pero la mayoría de ellos nunca sucedieron". La ansiedad por el futuro es hueca. *No se quede con el desastre del ayer.* Una cosa es cierta del ayer: se terminó. Está completo. Está fuera del alcance y no hay nada que podamos hacer.

Mi hijo era jugador en el fútbol universitario, y puedo ver videos de sus victorias y derrotas. Pasar inmediatamente ese video es una cosa cruel cuando el equipo no gana. No importa cuántas veces pase la cinta, nuestra defensa pierde el tanto, o deja caer el pase o se tropieza justo antes de la línea de gol.

Cada vez que lo paso, algo dentro de mí piensa que esta vez el juego puede resultar de manera diferente. Pero una vez que sonó el silbato, el juego terminó, y tenemos que dejarlo así.

Es difícil hacer esto algunas veces ¿no es cierto? Conozco creyentes que han venido a Cristo desde trasfondos problemáticos, quizás sórdidos. Ocasionalmente el pasado vuelve a trepar sobre ellos y el enemigo les susurra: "No se olviden quienes *eran* y lo que *hicieron,* la realidad es que no han cambiado demasiado". La culpa es poderosa. Les recuerdo a estas personas el infinito perdón de Dios. Él ha puesto los pecados de nuestro pasado tan lejos de nosotros como lo están el Este del Oeste. Dios ha perdonado.

Pero, aún así, las personas insisten en que no pueden perdonarse a sí mismas. En ese punto yo hago la siguiente observación: "¡Asombroso que su estándar sea más alto que el de Dios!"

Si Él puede cortar con el pasado, nosotros debemos hacer lo mismo. Si lo ha confesado, ha sido perdonado. Póngalo a un lado para siempre y siga adelante; imagine que ha sido sepultado en el océano sin fondo de la gracia de Dios, y no tiene más poder sobre usted. En ese caso podría también preocuparse sobre algo que sucedió hace miles de años, porque tiene la misma importancia.

*No se quede con los éxitos del ayer.* También es posible sentir la ansiedad sobre cosas positivas. ¿Qué pasa si hubo un tiempo cuando todo parecía estar bien en su vida? ¿Qué pasa con ese premio que recibió? ¿O esa experiencia maravillosa de su juventud? ¿O ese período mucho más feliz en su familia? Un atleta que envejece puede pensar en el tiempo pasado cuando tenía esa pequeña cantidad de fuerza extra en velocidad o duración, que lo transformó en una estrella total. Y se queda con esas cosas, lamentando los buenos viejos tiempo y cómo se han ido.

Pablo, uno de los hombres más exitosos que jamás viviera, hizo una interesante declaración al fin de su vida y su carrera. Dijo que no había logrado su gran meta todavía, pero que seguía adelante a una sola cosa: olvidando lo que queda atrás y mirando lo que tenía por delante a una cosa maravillosa que aún tenía, el alto llamamiento de Cristo. Pablo podría haberse sentado en aquella prisión para aferrarse al viejo libro de recortes de sus memorias: los milagros, las jóvenes iglesias, la expansión gloriosa del evangelio frente a él... Pero aún esas memorias las puso detrás de él porque el futuro resplandecía aún más brillantemente.

Eso es lo que usted y yo debemos hacer. Debemos estar en el milagro de lo que está por delante hoy, este momento, este segundo. Todo lo demás es débil en comparación.

*No se quede en la aflicción del ayer.* Esto puede llegar a ser lo más difícil, soltar el quebranto de nuestro corazón.

A cada uno le llega su copa de aflicción en su momento. No hay forma de evitarlo en este mundo. Y una parte considerable de mi trabajo en el ministerio es tomarles las manos a las personas y caminar con ellas a través del valle de sombras. Pero con la esperanza de ayudarlas a caminar finalmente hacia la luz, porque ese valle no es un buen lugar donde construir una casa. La pena y la aflicción son emociones limpias, bíblicas, pero no deben ser permanentes. Cada día extra que nos quedamos en esas sombras es un día perdido de gozo, un día en que no vemos las cosas maravillosas que Dios quiere que veamos.

Lo importante es mantenernos caminando. No mire por encima de su hombro la felicidad o tristeza del ayer; ni estire su cuello para ver lo que hay adelante en la curva del camino. Necesita poner un pie delante del otro y dar un paso por vez. Viva en el tiempo presente y haga de cada día un regalo hermoso para Dios, limpio de toda arruga y marca de preocupación. El Señor nos dice en el verso de un poeta anónimo.

Mi nombre es YO SOY.

*Si vives en el pasado,*
*será muy duro,*
*porque no estoy allí.*
*Mi nombre no es YO FUI.*

*Y si vives en el futuro,*
*será muy duro,*
*porque mi nombre no es YO SERÉ.*
*Pero si vives en el presente,*
*no es duro,*
*porque mi nombre es YO SOY.*

Observé un cartel no hace mucho tiempo que decía: "Mañana gas gratis". ¡Qué bueno! Pero cuando regresé al día siguiente, el cartel aún decía lo mismo, y el mañana todavía estaba a un día de distancia. Siempre está más allá de nuestro alcance. Podemos igualmente estar provistos del combustible de la gracia y la fortaleza que Dios ha dejado disponible para nosotros para ese día.

J. Arthur Rank tenía un sistema para hacer eso. Era uno de los primeros pioneros de la industria del cine en Gran Bretaña, y a la vez, un cristiano devoto. Rank se dio cuenta que no podía quitar completamente las preocupaciones de su mente, siempre volvían. Así que finalmente hizo un pacto con Dios para limitar su preocupación a los días miércoles. Hasta se hizo una "cajita de preocupación de los días miércoles" y la puso sobre su escritorio. Cada vez que aparecía una preocupación. Rank la escribía y la ponía dentro de la "cajita de preocupación de los días miércoles". ¿Le gustaría saber cuál fue su asombroso descubrimiento? Cuando llegaba el miércoles, abría la caja para descubrir que únicamente un tercio de los temas que había escrito aún le producían preocupación en este momento. El resto se había resuelto por sí solo.¹ Lo desafío a que tenga una caja de preocupaciones. Tome alguna medida contra la preocupación.

George McCauslin supo que tenía que hacer algo. El problema de ansiedad del director de Juventud para Cristo era una amenaza para su salud emocional. Le dedicó una tarde en la que no trabajó. Con las horas que estaba acostumbrado a trabajar tuvo que poner una gran determinación. George manejó hacia los bosques occidentales de Pennsylvania, un lugar que asociaba con paz y tranquilidad. Hizo un largo paseo; trató de vaciar su mente y concentrarse en el aire fresco y los aromas placenteros de la naturaleza. Fue una gran idea. La contractura de su cuello se iba relajando y pudo sentir cómo el peso de la tensión se iba. Mientras se sentó debajo de un árbol y sacó un cuaderno, suspiró profundamente. Esta era la primera vez en meses que sentía algo parecido a relajarse.

George sintió como si él y Dios se hubieran apartado, así que decidió escribirle una carta a su Creador. "Querido Dios —comenzó— hoy, en este lugar, renuncio como gerente general del universo". Lo volvió a leer y lo firmó: "Con amor, George".

George se ríe cada vez que cuenta la historia. "¿Sabe qué sucedió? Dios aceptó mi renuncia."²

Daniel, el estudiante universitario atrapado por un estómago atado de ansiedad, hizo algo bastante parecido. Cargó su pequeño auto y se dirigió a las montañas para un retiro de dos días, solo con su bolsa de dormir, una cantimplora y una Biblia. Le pidió a Dios que se abriera paso en medio de su tormenta durante el retiro, y eso fue lo que sucedió. Mientras leía los Evangelios, llegó al versículo que recién consideramos:

Mateo 6:33. Por primera vez realmente entendió el significado vital de buscar el Reino en primer lugar. Y a partir de ese momento ha mantenido un plan de batalla para desafiar su ansiedad.

"A medida que nos transformamos en personas que pueden alabar al Señor a pesar de sus necesidades –escribe– Él nos ha prometido que seremos un pueblo cuyas necesidades estarán cubiertas."[3]

## CUATRO VERSÍCULOS, SEIS PALABRAS

Me gustaría dejarles algunas armas que pueden usar, cuatro versículos que le ayudarán cuando su mente esté propensa a la ansiedad, y seis palabras con las cuales recobrar fuerzas. Copie los siguientes versículos y manténgalos a mano. Mejor aún, memorícelos.

- *"Invócame en el día de la angustia; te libraré, y tú me honrarás"* (Salmo 50:15).

- *"Echa sobre Jehová tu carga, y él te sustentará; no dejará para siempre caído al justo"* (Salmo 55:22).

- *"Echando toda vuestra ansiedad sobre él, porque él tiene cuidado de vosotros"* (1 Pedro 5:7).

Y este es el pasaje cumbre sobre la preocupación:

*"Por nada estéis afanosos, sino sean conocidas vuestras peticiones delante de Dios en toda oración y ruego, con acción de gracias. Y la paz de Dios, que sobrepasa todo entendimiento, guardará vuestros corazones y vuestros pensamientos en Cristo Jesús"* (Filipenses 4:6-7).

¿Y cuáles son las siete palabras de sabiduría para los que se preocupan? Por nada estén afanosos – ¡oren por todo!

Transformen esas palabras en su grito de batalla cuando vayan a enfrentar al gigante de la preocupación.

# PROTÉJASE DE LA CULPA 5

## Puede ganar la batalla y vivir victorioso

**R**obert Garth iba corriendo la carrera cuando sintió que estaba listo para romper filas y apartarse del grupo.

No era que había sido lento en la partida. Robert había nacido en una familia pobre de Detroit. Su casa era pequeña y su ropa estaba desgastada y era vergonzosa para él. Pero a los quince años Robert había encontrado la llave que le ayudaría a escapar de sus limitaciones. Su cuerpo joven estaba hecho para la velocidad; podía correr tan rápido como el viento. Y ese don le había comprado un boleto para las pruebas Olímpicas Juveniles. Si corría bien, entonces sus sueños podrían volverse realidad, para él, sus hermanos y hermanas. Todos los más rápidos corredores de la región estarían presentes en estas pruebas. Pero él pensó en su camisa manchada y sus jeans rotos. Ahora, en este momento de definición, ¡cómo podría caminar con andrajos entre los mejores, los más brillantes!

Era la noche anterior al viaje hacia las pruebas Olímpicas Juveniles. Robert se sentó frente al televisor, pensaba con amargura sobre su vida gris. De alguna forma sus pensamientos comenzaron a derivar hacia el almacén donde había trabajado ocasionalmente para conseguir algo de dinero. Comenzó a pensar sobre Joseph Moceri, el hombre que le pagaba. El Sr. Moceri siempre sacaba un rollo grueso de billetes de su bolsillo trasero cuando él terminaba los trabajos. Los contaba cuidadosamente mientras se desprendía de ellos, uno por uno. Siempre era efectivo –y el hombre estaba siempre solo–.

Esos hechos le sugirieron ciertas posibilidades desagradables que Robert no podía parar de pensar.

Se comenzó a formar un cuadro en la mente de Robert, un cuadro del Sr. Moceri que llegaba al trabajo a la mañana siguiente, de una figura entre las sombras que acechaba detrás de la puerta con un objeto contundente, de una figura que golpeaba al Sr. Moceri hasta dejarlo inconsciente y corría a toda velocidad a través de la puerta con el dinero, huyendo con la notable velocidad de un campeón de carreras.

Era un cuadro espantoso, pero otro cuadro lo presionaba en su interior. Era él mismo en las pruebas vistiendo ropas brillantes, con estilo, nuevas, de la mejor tienda del vecindario.

A las cinco de la mañana del día siguiente Robert estaba en camino al almacén. Se escabulló tras la puerta y esperó. Entonces fue cuando rápidamente los hechos comenzaron a suceder. Pero de una manera totalmente distinta a la que tenía en mente. No fue como en las series de suspenso de la televisión. En vez de eso, el resultado fue un desastre.

El Sr. Moceri daba vueltas por el almacén con una cafetera en su mano. Se movía más lenta y dificultosamente a causa del peso. Robert saltó hacia él desde atrás. En el último instante, su pie arrastró un objeto que estaba en el suelo y que hizo ruido –el suficiente como para destruir la vida de Robert–. El Sr. Moceri rápidamente se dio vuelta y vio al joven amigo que tanto conocía, uno que estaba levantando un instrumento para golpearlo en la cabeza. Con tristeza, el Sr. Moceri le dijo: "Por favor. Te daré lo que quieras".

Robert no se había preparado para una confrontación cara a cara. Todo salía mal, y entró en pánico. Sacudió con fuerza el palo sobre la cabeza del Sr. Moceri, lo arrojó al suelo. Luego se arrodilló y metió las manos en los bolsillos del hombre que estaba inconsciente, sacó sesenta y siete dólares y salió corriendo.

Esa tarde, mientras Robert iba de viaje a los Olímpicos Juveniles, no se enteró de la ambulancia que llevó a toda velocidad al Sr. Moceri hacia el hospital, ni supo que esa noche el Sr. Moceri moriría. Al día siguiente supo todo. Ese fue el comienzo de la pesadilla.

Los logros de Robert distaron mucho de ser excepcionales en las pruebas. Entró cuarto en la carrera de doscientos metros, una que, sin dudas, podría haber ganado. Y así, las pruebas terminaron. Era tiempo de volver a casa. De regreso en Detroit, Robert trató de retomar su vida donde la había dejado. Siempre había sido bastante popular en la escuela. Pero no era así ahora; nada era igual. Había un secreto que siempre lo aislaba. Tenía que enfrentarlo: era un asesino no identificado.

La carrera como objetivo se había ido. Sus buenas notas de antes desaparecieron. No tenía escapatoria del terrible caos de su mente, con una excepción: el alcohol. Robert nunca antes había sido afecto a la bebida. Pero ahora bebía con la mayor frecuencia y lo más fuerte que encontraba, buscaba la bendición del olvido que bloqueaba sus memorias, aunque fuera momentáneamente.

De alguna manera pasó por la escuela secundaria; tal vez podría olvidar la historia. El horrible incidente había pasado, ¿verdad? Lo importante era seguir la carrera, poner distancia entre él y aquel terrible suceso. Tal vez con el tiempo podría olvidar. El matrimonio podría ayudar. Robert y su novia del colegio secundario anunciaron el compromiso y los planes de boda.

El matrimonio duró tres años; dejó como resultado una hija y ninguna otra cosa buena. En realidad la unión jamás había tenido posibilidades de éxito. La joven esposa no podía entender los modales duros y mórbidos de su esposo. ¿Qué le había sucedido a aquel buen Robert que había conocido un tiempo atrás y que había amado? Finalmente, la esposa de Robert hizo los papeles de divorcio, empacó sus pertenencias, se llevó la hija y se mudó. Robert tenía pocas opciones. Volvió a su casa por poco tiempo, pero fue otro callejón sin salida. Él y su padre no podían relacionarse. Así que decayó mucho más.

Intentó otras cosas, se mudó a otra ciudad, volvió a la casa nuevamente, nuevos trabajos, nuevos comienzos. La estrella de las carreras estaba corriendo, siempre corriendo, pero parecía que no había línea de llegada y absolutamente ningún trofeo; simplemente un carril oscuro, interminable, para seguir corriendo, y una copa de angustia. El desolado rostro que lo saludaba ahora desde el espejo acarreaba treinta años. No quedaban huellas del atlético jovencito de quince años. Con frecuencia se encontraba vagando por las calles de la ciudad como un loco, murmurando palabras amargas contra sí mismo. El asesino, de hacía varios años, todavía estaba en los libros, como un caso sin resolver. Nadie sospechaba la identidad del atacante. Todos lo habían olvidado.

Todos, a excepción de él. Y una noche, caminando por los callejones, sintió que estaba cansado de saber o por lo menos de saberlo él solo. Tal vez, debería terminar con todo. Entonces, habría paz. No sería siempre el que sabía.

Pero no podía hacerlo. En su interior algo lo dirigía hacia otra opción, aún más temible que el suicidio. En vez de permitir que solamente alguien lo supiera, le parecía correcto hacer que *todos* lo supieran. Y de esa manera Robert descubrió que sus pies iban en otra dirección.

Ahora lo llevaban hacia las oficinas centrales de la policía. Esos pies, que alguna vez habían sido tan rápidos, lo guiaron lentamente a atravesar la puerta y llegar hasta el escritorio.

Allí, frente al empleado, Robert se compuso la garganta y dijo que quería confesar el asesinato de quince años antes.

## EL GIGANTE INVISIBLE

La culpa es un gigante con poderes interesantes. Este gigante es el más invisible; pero el más pesado de todos. Hay personas a nuestro alrededor que lentamente son aplastadas, asfixiadas poco a poco por el gigante de la culpa. Mata lentamente pero con terribles dolores. Piense en Judas, colgando de un árbol; Lady Macbeth de Shakespeare, con sangre en sus manos que nunca podían limpiarse; la mujer embarazada que aborta su niño y vive con remordimiento el resto de su vida. Hay muchas historias que podría relatar y agregar a la lista. Pero creo que la más poderosa de todas se encuentra en La Biblia. Se desarrolla en los libros históricos, extiende su dolor y se resuelve entre dos salmos. Es el psicodrama relacionado con un hombre llamado David.

David lo tuvo todo, todo lo que una buena vida puede ofrecer, y lo sabía. Recién iniciado, gobernaba la más grande nación en el mundo. No solamente era el ungido de Dios, sino también el elegido del pueblo. Cierta vez había sido un joven y oscuro pastor de ovejas; ahora era el más importante de los hombres vivientes.

Podía cantar hermosamente y tocar instrumentos musicales. Podía danzar artísticamente. Era héroe militar, conquistador de ejércitos y antagonistas de estatura titánica. David tenía el corazón de un artista, el alma de un sacerdote, la mente de un filósofo y el cuerpo de un guerrero. Tal vez era una barbaridad de riquezas, demasiado para un solo hombre. En todo caso David había, finalmente, encontrado un enemigo para temer: la mitad de la vida.

Había crecido en el campo, donde habitan los leones. Creció huyendo para conservar la vida, escondiéndose en cuevas de un rey celoso. Ejércitos enteros lo habían perseguido. Ahora había llegado a la cima, pero estaba aburrido e inquieto. Necesitaba conquistar un nuevo gigante. Tristemente encontró uno que le quitó lo mejor que tenía.

David estaba inquieto en las líneas de batalla, donde pasaba tiempo con las tropas. Y en casa no podía dormir y salió a pasear en el techo del palacio. Fue allí donde la vista de un patio que estaba debajo atrapó sus ojos. Allí había una mujer, verdaderamente hermosa, tomando un baño al atardecer. David no pudo quitar sus ojos; luego no pudo apartar sus pensamientos. En vez de eso, buscó a la mujer. Por supuesto todo derivó en un acto de adulterio que rápidamente dio lugar, como es habitual, al remordimiento.

Envió a la mujer a su casa e intentó continuar su vida. Pero el incidente en su totalidad llegó a ser una pesadilla cuando se enteró de que Betsabé estaba embarazada. Todos sabían que su esposo estaba en combate. Y también quién no estaba en esa batalla. David se dio cuenta de que su autoridad moral como rey piadoso iba a destruirse rápidamente si dejaba que la verdad se conociera. ¿Qué podía hacer?

David dio lugar a una solución que transformó una trasgresión en tragedia. Mandó llamar al esposo de Betsabé, de nombre Urías. Lo invitó al palacio para cenar y tomar vino, luego lo envió a pasar tiempo con su esposa. No importaba lo que sucediera entre la pareja, esto daría una oportunidad de borrar toda sospecha de que el niño de Betsabé era ilegítimo.

Pero David no contó con una contingencia: la inocencia y bondad del esposo. Urías le dijo: "Rey David, no me sentiría bien pasando tiempo con mi esposa esta noche. Después de todo, los otros soldados de mi unidad están en las trincheras en este momento. Aquí me encuentro yo comiendo en una mesa refinada, tomando vino del palacio, no es el momento para que yo disfrute estos lujos". Y esa noche durmió en los escalones del palacio.

El plan de David se esfumó. No sabía qué otra cosa hacer. Finalmente le dio a Urías una nota para que la llevara al general. Allí decretaba que Urías debía ser enviado a las primeras líneas de lucha, la zona más sangrienta, luego las tropas debían retirarse y dejarlo morir. Esto dejaría como resultado una viuda embarazada que pronto podría volver a casarse.

Luego de todo el vino y el festejo, David enviaba al esposo de Betsabé de regreso a la guerra llevando su propia garantía de muerte. El asesinato y la intriga se sumaron al adulterio. David sabía la gravedad de estos hechos sangrientos, y se sentenció a vivir solo el año siguiente.

Mientras tanto, tenemos dos relatos que nos reflejan el estado de su alma: el Salmo 32 y el Salmo 51. Deberían ser leídos en orden inverso; el 51 muestra el tormento de la culpa y el 32 su resolución y renovación. Ambos salmos nos dejan ver un asombroso recorrido espiritual de David. Y nos revelan un legado de silencio, penas y encubrimiento, las señales que marca la culpa.

## LA AGONÍA DE LA CULPA: SALMO 32

### Silencio

Cuando el daño ya está hecho y la culpa se instala, nuestro primer impulso es el silencio. Escuche esta horrible descripción:

> *"Mientras callé se envejecieron mis huesos en mi gemir todo el día"* (Salmo 32:3).

¿Qué otra cosa hay en tiempos de culpa que el silencio? No podemos hablarles a las personas, ni siquiera a las más cercanas. No podemos hablar con Dios. El Salmo 66:18 nos dice: *"Si en mi corazón hubiese yo mirado a la iniquidad, el Señor no me habría escuchado"*. Esto no era poco para David, un hombre que constantemente consultaba a Dios sobre cada decisión. Ahora un golfo de silencio se extendía entre ellos. El hombre del corazón según Dios se encontraba exiliado de Él.

Algunas veces el silencio puede ser ensordecedor, ¿no es cierto? El único sonido eran los quejidos de David, y nos dice que sus mismos huesos se envejecieron durante este período. Su alma sufría, y su salud comenzó a conformarse a eso, algo que puede estar seguro que sucederá siempre.

### Penas

Nadie tan elocuente como David sobre las dimensiones del sufrimiento. Escribió:

> *"Porque de día y de noche se agravó sobre mí tu mano; se volvió mi verdor en sequedades de verano"* (Salmo 32:4).

Un enorme ejército se detenía ante un gesto o un llamado suyo. Un palacio y un reino obedecían cada uno de sus antojos. Pero su conciencia no podía ser gobernada.

David estaba atrapado en su propia culpa. La pena lo abrumó, le quitó a su vida toda su considerable vitalidad. No había razón para danzar. Ni palabras para cantar. La única poesía que tenía era de aflicción.

## Ocultamiento

Como hemos visto, la culpa es una fuerza que aísla. No podía hablarles a sus amigos. Ni a Dios. Era peor que un adúltero, alguien que asesinaba con tal de evitar la evidencia. Únicamente Betsabé y Joab, su consejero de confianza, sabían la verdad. El rey pasó un año viviendo con un secreto intolerable, en exilio psicológico de Dios y de la gente. David, por constitución un hombre abierto y transparente, tuvo que enfrentar agonías con las que nunca antes se había encontrado.

Finalmente Dios se extendió hasta el mundo de David para ofrecerle una salida. Proveyó de algo profundamente amoroso y a la vez terriblemente doloroso: un acusador.

## LA ACUSACIÓN DE LA CULPA: 2 SAMUEL 12:1-7

La historia completa se despliega en el libro de 2 Samuel. Nos dice que la voz de Dios vino a un hombre llamado Natán quien, en realidad, era el pastor de David. Servía como profeta del palacio. Y ahora era enviado por Dios para confrontar el pecado y la corrupción en el nivel político más alto. Era una asignatura temeraria. Pero formaba parte de su jurisdicción.

Natán tenía coraje, al ser profeta, pero esta era una tarea al mismo tiempo intimidante. ¿Cómo confrontar a un rey? Natán logró su meta de una forma muy inteligente. Le contó a David su propia historia cambiando el aspecto, los términos y el escenario. Le relató hechos sucedidos desde la cómoda distancia de una parábola.

Dos hombres vivían en una ciudad, le dijo, uno rico y uno pobre. Uno tenía la más fina majada en el reino, el otro únicamente un corderito que era como una mascota para la familia. La pequeña ovejita era parte de la familia, comía de sus manos y bebía de sus copas. No más que un corderito, pero era amado en la vida de una familia pobre.

Mientras tanto, el hombre rico tenía un huésped. Llegó la hora de la cena y no quería disminuir la riqueza de su propio ganado. En vez de eso, pensó en el pobre, allí afuera, el que vivía en esa pequeña cabaña, el hombre que tenía la única ovejita menuda. Tomó la mascota de aquel hombre por la fuerza, y la sirvió como cena para su visitante.

David, el rey reclinado, escuchaba con atención, atrapado en la historia, porque para él no era más que una historia, jamás imaginó el giro de la frase final. Nunca comparó la lana con las mujeres, o los avaros con los monarcas. Todo lo que David vio fue una afrenta a la cortesía. Y estalló ante Natán: *"¡Vive Jehová, que el que tal hizo es digno de muerte!"* (2 Samuel 12:5). Natán, por supuesto, sabía que este era un decreto instantáneo del rey, que se estaba sentenciando a muerte a sí mismo.

"David –dijo Natán, sin duda señalando con el dedo índice a la misma cara del gobernante– *tú* eres ese hombre."

¡Qué momento habrá sido ese cuando la verdad cayó sobre él! Debe haber sido una estaca en el corazón. Una humillación pública. Y en algún sentido también un alivio. Ahora todo estaba sobre la mesa. Por lo menos lo que se disimulaba, lo oculto, había terminado. La soledad del secreto era la peor parte. Ahora habría repercusiones públicas, pero David había llegado a un punto en que tenía que aceptarlo. Era el momento de poner la casa en orden.

## EL RECONOCIMIENTO DE LA CULPA: SALMO 51

El Salmo 51 por sí solo es uno de los pasajes más cautivantes de toda La Palabra de Dios, pero tal vez una de las porciones más intrigantes en el subtítulo, es pequeña introducción que con frecuencia acompaña al salmo. Esta particular dice "Salmo de David, cuando después que se llegó a Betsabé, vino a él Natán el profeta".

En otras palabras, tenemos aquí el resultado de la confrontación de Natán. David había sido humillado y confrontado con la gravedad total de su maldad. ¿Qué le dice en un momento como ese a Dios? ¿Qué hace con el horrible estado en que encuentra su alma?

### Acepta la completa responsabilidad de su pecado

Todo comienza por aceptar la responsabilidad. Muchos de nosotros somos maestros para desviar la culpa. Es un impulso humano natural, y los chivos expiatorios se consiguen fácilmente. Pero no David. Si lee el Salmo 51 podrá ver que una y otra vez encontrará pronombres personales. *Yo, mi, mío.* En el pasaje que sigue, que encierra los tres primeros versículos del salmo, he subrayado esas palabras, para indicarlas:

> *Ten piedad de mí, oh Dios, conforme a tu misericordia; conforme a la multitud de tus piedades borra mis rebeliones. Lávame más y más de mi maldad, y límpiame de mi pecado. Porque yo reconozco mis rebeliones, y mi pecado está siempre delante de mí.*

No hay equivocación de la que no se haga cargo ¿verdad? Es algo refrescante de ver. Hoy es más fácil culpar a los subordinados, los miembros del directorio, los medios, el estrés, la sociedad o una infancia infeliz. La mayoría de nosotros ya no criamos ovejas, pero tenemos infinidad de chivos expiatorios a mano.

No ignore la importancia de este punto de partida. El camino de la restauración comienza aquí o en ninguna parte. Tiene que hacerse responsable de sus actos. El presidente Truman mantenía una placa famosa sobre su escritorio que decía, "La responsabilidad llega hasta aquí". David, un comandante en jefe, conoció el significado de esa filosofía. Apartar la culpa dará seguramente como resultado, irónicamente, que no se vaya a ningún lado. Debe abrazarla para distanciarla de usted.

### Reconoce la maldad del pecado

Otro instrumento favorito que usamos con frecuencia es minimizar la trasgresión. "¡Bueno, no es para tanto!", decimos. Piense la cantidad de racionalizaciones que David podría haber utilizado: "Estaba estresado. Tomé una mala decisión, pero fue un incidente aislado. Realmente fue una oportunidad de aprendizaje. El hombre estaba destinado a morir en la batalla, de todos modos. Soy su comandante, después de todo. La mujer era hermosa, y el rey tiene derecho sobre las esposas hermosas. Un rey debe ser un poco duro en estos tiempos de organización tribal".

La mayoría de las personas elegiría cuidadosamente las palabras que mitigaran el daño y bajaran el tono de las palabras. El vocabulario de David, sin embargo, no es así en absoluto. Elige cuatro palabras significativas para ubicar el panorama de sus acciones.

- La primera es *transgresiones* (vv. 1, 3). Esta es una palabra de gravedad moral; implica una oposición a la ley. David está diciendo: "Señor, me he rebelado contra tus leyes".

- La segunda es *iniquidad,* una palabra que capta la perversión de la naturaleza del hombre.

- La tercera es *pecado,* una palabra que no necesita introducción. Significa "errar el blanco".

- La cuarta es *maldad,* la que resume la totalidad del desastre sórdido, una cosa vil que únicamente merece condenación.

*Transgresiones. Iniquidad. Pecado. Maldad.*

Cuando no ha logrado vivir según los estándares de Dios, escuche cuidadosamente su lenguaje. Pida a su cónyuge o su mejor amigo que lo escuchen. ¿Usa palabras de la gravedad de estas cuatro o utiliza palabras como *estrés, circunstancias, inevitable* y *Dios me hizo así*?

El concepto de confesión entra en juego. La confesión es honestidad desnuda delante de Dios o ante los otros cristianos. Significa describir nuestras acciones con las mismas palabras que Dios usa, y no disimuladas o distorsionadas. La confesión no nos permite escondernos neciamente, como Adán y Eva lo hicieron en el jardín; nos forzará a cambiar de adentro hacia fuera. "*Los sacrificios de Dios son el espíritu quebrantado; al corazón contrito y humillado no despreciarás tú, oh Dios*" (Salmo 51:17). David sabía lo que significa para sus acciones ser despreciado de Dios. El acto de la confesión era intensamente doloroso y completamente liberador.

Es útil aquí desviarnos un poco al Salmo 32. En el versículo 5 David mira hacia atrás a su dolorosa confesión en oración, y hace esta observación: "*Mi pecado te declaré, y no encubrí mi iniquidad. Dije: Confesaré mis transgresiones a Jehová; y tu perdonaste la maldad de mi pecado*".

David describe un momento de apertura, el momento en el cual llegamos a estar limpios, cuando reconocemos la horrible verdad. Finalmente podemos decir que hemos hecho algo bien.y en definitiva la puerta se abre nuevamente a las transacciones con nuestro Padre celestial.

En 1973 el Dr. Karl Menninger, psicólogo, escribió el libro *¿Qué ha pasado con el pecado?* Pero su título profético es más cierto ahora que hace treinta años. La palabra está fuera de tono con los tiempos ¿no es cierto? No hay pecados, únicamente "decisiones personales". Acciones cierta vez prohibidas son ahora los temas de las telenovelas. Y si alguien hace algo que nuestra cultura no puede aceptar, le restan importancia como si fuera resultado de la naturaleza o de la nutrición. En cada era entre el mundo bíblico y este, el pecado ha sido desechado. Uno puede estar así de consciente de un pecado serio y como él agonizar de temor a perder su salvación. Si aquellas generaciones necesitaron un mayor entendimiento de la gracia, es nuestra época la que necesita un mejor entendimiento del sentido del *pecado,* que es oscuridad, suciedad, que tiene la capacidad de separarnos de la presencia de nuestro Padre amante.

El sociólogo James Davidson observa que las maestras de escuela ya no dicen cosas como: "¡Basta, por favor! ¡Está molestando a la clase!" No, eso sería demasiado "juzgar" para los estándares actuales. Si

Juancito se involucra en alguna actividad destructiva en el aula, las jóvenes maestras actuales es mucho más probable que digan: "¿Qué haces? ¿Por qué los hace? ¿Cómo te hace sentir hacer eso?"[1]

Solo podemos hacer una mueca cuando Hunter señala que la palabra *pecado* ha quedado limitada a los postres de los menús. Las tortas de caramelo y manteca y los dulces de chocolate son *pecaminosos,* de acuerdo a los menús. Y decir eso queda bien. Pero cuando se trata de mentir y de adulterar nos *evadimos,* por supuesto. Elegimos cuidadosamente eufemismos para considerar nuestras iniquidades. "No mentí. Presenté una interpretación subjetiva" o "Terminé con el matrimonio para poder realizar cada uno nuestras metas independientes".

Al remover la palabra *pecado* de nuestro vocabulario de cada día, en realidad hemos privado a las personas de una puerta de salida para la sanidad. No hay manera de volver a estar bien, a menos que primero reconozcamos la realidad del pecado. Fuera de esto su situación no tiene esperanza.

### Presenta su confesión a Dios

David entonces presenta la verdadera víctima. Escribe:

*"Contra ti, contra ti solo he pecado, y he hecho lo malo delante de tus ojos"* (Salmo 51:4).

Esa es una oración muy sabia. Luego de reconocer la realidad del pecado, el segundo paso es volver nuestro rostro hacia Dios. Todo pecado es una ofensa, primeramente y sobre todo contra Dios, aún cuando haya una víctima humana.

David conoce dolorosamente bien cómo Betsabé fue sido manipulada –utilizada sexualmente– quedó viuda y es, consecuentemente, la esposa del asesino de su esposo. David sabe que Urías ha sido privado de su misma vida. Aún Joab fue afectado, porque fue forzado a comprometer su integridad al seguir las órdenes de su rey. Y debemos también mencionar el pequeño niño nacido de David y Betsabé, quien fue otra víctima más de la rudeza de David. Todos ellos soportaron el peso del pecado de David.

Pero la confesión en primer lugar debe dirigirse hacia arriba. David reconoció que la raíz de todo pecado, desde la más pequeña ofensa al asesinato, es un insulto a Dios que nos creó y nos sostiene en cada momento de nuestras vidas. Antes que el pecado reclame alguna víctima, ya ha sido una injuria a la persona de Dios, que puso leyes para guiarnos. David por lo tanto le dijo a Dios: *"Contra ti, contra ti solo he pecado"*.

En el nivel más profundo es "únicamente Dios". Nadie más puede redimir excepto Él. Si usted peca contra mí, puedo perdonarlo personalmente, pero no puedo sacarle la culpa. No puedo darle un nivel más profundo de perdón, porque no puedo quitar la ofensa contra el Señor. Solamente Él puede hacer eso.

David reconoció su pecado y dirigió su confesión a Dios.

## LA RESPUESTA A LA CULPA: SALMO 51:2-12
### Quitar el pecado

Ahora David pone su atención al tema de la limpieza.

> *"Lávame más y más de mi maldad, y límpiame de mi pecado"* (Salmo 51:2).

Cinco versículos después, agrega: *"Purifícame con hisopo, y seré limpio; lávame y seré más blanco que la nieve"*. ¿Alguna vez estuvo lejos de su casa trabajando afuera con el calor del verano, y desea un baño o ducha más que ninguna cosa? David se siente así interiormente. Sabe cuánta suciedad tiene, y sabe que únicamente Dios puede lavar esa suciedad profundamente en su interior.

*"Borra todas mis maldades"* escribe en el versículo 9. Una y otra vez repite esta idea. Esto es más que servicio de labios afuera, es una petición genuina llena de remordimiento. Habla de su pecado y el perdón de Dios con la misma profunda intensidad. Si la degradación moral es impensable, entonces el perdón es la mayor bendición. David es humilde, honesto e íntegro. El pecado es una mancha en el alma, y el rey usa la misma palabra hebrea para *limpieza* que hubiera aplicado para la purificación de un leproso, una verdadera limpieza, sin dudas. "Soy un leproso del alma" dice de sí mismo con honestidad implacable. "Hazme limpio otra vez."

En el versículo 7 encontramos la palabra *hisopo*. Una interesante costumbre en el Antiguo Testamento que es pertinente enseñar aquí. La pureza, como la conocemos, era un tema crucial para los judíos. La ley requería que cuando una persona estaba en contacto con un cuerpo muerto, debía ser purificada en forma ceremonial con hisopo. David pensó en Urías. Había estado en contacto con la muerte, y debía ser limpio para satisfacer la totalidad de las demandas de la ley.

Continúa: *"Señor, borra mis rebeliones"*. ¿Por qué *borra*? La mayoría de los pecados eran tratados a la manera de transacciones. Si alguien cometía alguna ofensa, podía realizar alguna especie de sacrificio para la expiación. Pero estos eran dos pecados sin remedio: adulterio y asesinato. David había cometido los dos; y estaban escritos en el gran libro de Dios en letras rojas. No había nada que David pudiera hacer, ningún sacrificio ni forma de expiación. La página con la acusación estaba más allá de su alcance. Todo lo que podía hacer era depender de la misericordia de Dios para que borrara esas letras en tinta roja. *¡Bórralas completamente, Señor!*

Ningún sacerdote podía hacer eso, por supuesto. Únicamente Dios tenía el solvente, en aquella época y también ahora.

## Restaurar el gozo

Las situaciones inconclusas en nuestra alma tienen su consecuencia en nuestras vidas. David nunca antes, hasta entonces, había confrontado los demonios interiores. No había arreglado cuentas con ellos, y había pagado el precio de la miseria durante años. Durante doce meses la misma vitalidad de su vida se había filtrado. Ahora viene a Dios y le pide que haga más que ofrecer perdón. Le pide que restaure su gozo. En los versículos 8 al 12 escribe: *"Hazme oír gozo y alegría, y se recrearán los huesos que has abatido (...) Vuélveme el gozo de tu salvación y espíritu noble me sustente"*.

Observe que David no pide que su salvación sea restaurada, eso será lo siguiente. Lo que desea tener nuevamente es el gozo, la liberación y libertad de vivir la vida redimida. No podemos perder nuestra salvación, pero verdaderamente podemos perder algunos de sus beneficios agregados. Algunos hacemos cosas que desagradan a Dios y nunca enfrentamos la situación. Llega el momento cuando nos damos cuenta que nuestras vidas están tristes y sin gozo. Cuando eso sucede, necesitamos fijarnos en la acumulación de pecados no confesados. Algo se ha puesto entre Dios y nosotros, y necesitamos que el gozo de nuestra salvación sea restaurado. Los no cristianos, por supuesto, nunca notarán la diferencia. Ellos han vivido *siempre* sin Dios. Pero el creyente que "se aparta", como sabemos decir, es consciente de que algo le falta y es el único e ilimitado gozo de caminar en el Espíritu.

## Renovar el compañerismo

*"No me eches de delante de ti —escribe David en el versículo 11— y no quites de mí tu santo Espíritu."*

Imagínese *que lo echen de la presencia de Dios.* Esta sería la descripción de un alma perdida por la eternidad: ¡un alma echada! David ora para evitar ese destino. Argumenta con Dios para que no quite su Santo Espíritu de él.

La Biblia nos relata que el día en que David fue coronado rey, Dios quitó su Espíritu de Saúl y llenó a David. El nuevo rey era consciente de los grandes pecados de Saúl y las horribles consecuencias. Saúl se había transformado en un alma echada, y Dios finalmente lo dejó solo. Puede imaginarse que estas cosas pasaban velozmente por la mente de David mientras ofrecía esta oración: "Por favor, Señor, no permitas que me vaya por el mismo camino de Saúl. ¡No me abandones! No me quites tu Santo Espíritu".

## Concentrarse nuevamente en el futuro

*"Y espíritu noble me sustente"* (v. 12). David le pedía a Dios que lo sostuviera en el futuro, para que lo ayudara a aprender de sus trágicos errores. Nunca más deseaba atravesar esto. Después de tratar en profundidad con el pecado, traerlo ante Dios, experimentar la purificación y buscar la restauración del gozo, llega el tiempo de mirar al futuro.

Hay un hermoso principio espiritual conocido como *pacto*. Los pactos con frecuencia preceden a tiempos de perdón y restauración. Decimos: "Señor, puedo ver la necedad de mis caminos. Me has salvado de mí mismo. Ahora es tiempo para mí de hacer una solemne promesa de que seré responsable de mis acciones. Nunca más dejaré que esto me suceda". Es tiempo de ponerlo en palabras. Tiempo de escribirlo sobre papel. El momento de rendir cuentas. Pero también un tiempo de buscar más profundamente la fuerza de parte de Dios. Sostenme, Señor. Permíteme depender tan profundamente de tu guía que esta falla será impensable en el futuro.

En el Salmo 32 vemos cómo el pensamiento de David ha cambiado: *"Bienaventurado aquel cuya trasgresión ha sido perdonada, y cubierto su pecado. Bienaventurado el hombre a quien Jehová no culpa de iniquidad. Y en cuyo espíritu no hay engaño"* (vv. 1-2).

La palabra *bienaventurado* es sinónimo de *feliz. Feliz* es aquel hombre cuyo pecado es perdonado. La verdad aquí es tan increíble, tan revolucionaria, que su vida está destinada a ser cambiada para siempre si solamente logra aprehenderla. No hay pecado que sea mayor que la gracia de Dios. Si yo fuera usted, leería esa oración lentamente, varias veces; la contemplaría detenidamente.

Puede ser que alguien que lea este libro haya cometido un asesinato en el pasado –quizá puede ser que lee desde una celda de prisión–. Alguno puede haber cometido adulterio, muchos han dañado y traicionado a los más cercanos, tal como lo hizo David. Las únicas dos cosas que sé con seguridad sobre usted, es que ha pecado seriamente, y que la misericordia de Dios es aún más poderosa. Es un grandioso, infinito océano que abarcará la peores atrocidades que se imagine. No importa lo que otros puedan decirle o cómo puedan hacerlo sentir. No importa cómo usted mismo se sienta.

Lo que importa es la respuesta de Dios. Porque Él es la víctima máxima de cada pecado jamás cometido. Y envió a su Hijo para pagar el precio de cada uno de ellos. Su mensaje para usted es: "Ya no sé más de su culpa. No quiero que usted tampoco sepa. Deseo que viva en una manera nueva conmigo, en un compañerismo tan rico que sobrepase y derrote sus viejas tendencias pecaminosas".

## LA CARGA DE UNA VIDA

Cuando leemos la penosa historia de David, reaccionamos como él cuando escuchó el cuento de la oveja. Decimos: "¡Esto es un atropello! ¡Ese hombre debe morir!"

Y entonces, como David, consternados, nos damos cuenta que hablamos de nosotros mismos. Que también hemos multiplicado nuestras transgresiones. Haríamos bien en enfrentar la completa magnitud de nuestra culpa, como hizo David, y abrazar la total magnitud del perdón divino. He aprendido esa lección en la escuela de la experiencia.

Como estudiante secundario, trabajé en un negocio de computación de Cedarville, Ohio. Fred Lutenberger era el dueño –hombre agradable y jefe duro–. Me enviaba a la bohardilla para limpiar las aceitosas virutas de las pipas de la conexión, y cada noche yo volvía a casa sucio. El trabajo no era divertido; sentía que hacía las peores tareas.

Un día estaba trabajando duramente cuando llegó un cliente para comprar. Nadie estaba allí para ayudarlo excepto yo, así que hice una transacción de veinte dólares. Y me guardé la boleta en mi bolsillo en lugar de ponerla en la caja registradora, y regresé a mi trabajo.

Tenía apuro por terminar. Al llegar a casa encontré los veinte dólares del negocio aún en mi bolsillo. No había cometido robo de mi parte –solamente un error honesto–. Y, sin embargo, me quedé pensando. Era mucho dinero en aquellas épocas. Yo era un adolescente que no tenía demasiado, y aquí estaba este jefe que me pagaba poco por mucho trabajo. Porque me empleaba horas extra y no me las pagaba. Fui capaz de crear en mi mente una racionalización para quedarme con el dinero.

Así que, me quedé con el dinero y continué mi vida. Pero sucedió lo más increíble. No pensaba en el dinero a excepción de esos momentos cuando quería hacer algo para Dios. Y entonces el tema de los veinte dólares siempre saltaba a mi mente. Me pesaba. Pero el problema era que de cualquier forma que pensara hacer la restitución me avergonzaría, y también a mi padre, que era el presidente del colegio cristiano local. Igual que David, me había enredado yo mismo en un lío. Mi nueva racionalización era que estaba protegiendo a mi padre y por esa razón no devolvía el dinero.

El tiempo pasó; fui al seminario y luego me casé. Pronto acepté mi primer llamado ministerial en Haddon Heights, Nueva Jersey, para trabajar con los jóvenes. Un día recibí una invitación para hablarles a los jóvenes en el campamento del Club Bíblico. Así que me fui solo a Upper Darby, Pennsylvania, en mi coche. Durante ese viaje el viejo incidente de los veinte dólares surgió desde la tumba en que había intentado enterrarlo. Toda la culpa reprimida volvió, y me sentía aplastado por el remordimiento. Al viajar en auto solo hay mucho tiempo para pensar y ningún lugar donde esconderse. No hay volumen de radio que pueda ahogar la conciencia.

De pronto me encontraba computando el interés sobre veinte dólares que hubiera correspondido por los años trascurridos. Pronto me detuve en una pequeña ciudad y saqué sesenta dólares en dinero de cambio. Lo metí en un sobre y puse la dirección, sin ninguna nota, dirigido a ese negocio de computación de Cedarville. Una restitución anónima. *Ahora*, pensé, *voy a tener paz.*

Había repuesto el dinero. Aún fui más generoso al estimar el interés. Pero había cosas que no había hecho. No había confesado el pecado. No había pedido perdón. No había continuado con los pasos que David dejó expuestos en estos salmos. Descubrí que las manchas en mis manos no se habían limpiado.

Pasaron muchos años más, y llegué a ser pastor en Fort Wayne, Indiana. Un día los empresarios de computación vinieron a la ciudad para tener una convención. Entonces, estaba en el púlpito, cuando en un momento se abrió la puerta trasera del santuario y entraron el Sr. Fred Lutenberger y su señora. Fue como si el mismo Natán entrara por el pasillo de mi iglesia, señalándome directamente con su dedo huesudo.

Los Lutenberger encontraron asiento en la tercera fila. Les aseguro que no fue mi mejor sermón aquel día. No podía evitar desear que el servicio terminara cuanto antes. Luego del sermón hubo una breve invitación y fui al encuentro de la pareja.

– Vengan conmigo –les susurré y los llevé de mi mano a mi estudio y les pregunté:

– ¿Recuerdan haber recibido alguna vez un sobre con sesenta dólares y ninguna explicación?"

Fred Lutenberger asintió y miró a su esposa.

– Sí, de hecho. Eso fue algo extraño.

Yo perdí entonces mi compostura. Comencé a llorar mientras les contaba la historia completa. Había estado llevando la carga durante todos estos años. Una pequeña cosa, unos pocos dólares, son suficientes, con el tiempo, de producirnos miseria, aún destruir una vida. Confesé todo, y pedí perdón a los Lutenberger. Ellos rápidamente extendieron sus brazos, me rodearon y me dijeron que me amaban. Me agradecieron por hacer lo correcto. Yo estaba tan gozoso que es difícil expresarlo con palabras. Me sentía lo suficientemente liviano como para danzar. Una vieja y pesada carga había sido quitada y era libre.

*"Bienaventurado aquel cuya trasgresión ha sido perdonada, y cubierto su pecado"* (Salmo 32:1).

En una pequeña celda en Detroit, Robert Garth, una antigua estrella de carreras y asesino confeso, marcaba el tiempo. Estaba en paz aún cuando los detectives andaban con gran revuelo, corriendo alrededor para considerar los hechos y anotar en viejos archivos.

La impactante historia de Robert coincidía, por supuesto, en cada detalle. Solamente un elemento era un sin sentido para los detectives. ¿Por qué razón un asesino, que había cometido un crimen perfecto, se presentó para implicarse quince años más tarde? Lo había logrado, *nadie* lo sabía.

Pero alguien sabía, por supuesto, la persona más importante de todas. Ahora esa persona estaba libre, por lo menos de llevar el secreto en soledad. En realidad podía concentrarse en el libro que alguien le había acercado: una Biblia. La parte del Libro que lo atraía irresistiblemente era el libro de Salmos. Era como si alguien hubiera registrado sus pensamientos a través de los años, como un rayo X de su alma. Este rey David había transitado por los mismos valles oscuros de culpa, los mismos bulevares de desesperación, pero había encontrado la salida. Robert leyó sobre un Dios perdonador que podía llevar sobre sus hombros la más mortal de las cargas. Encontró la promesa de verdadera liberación. David era un asesino igual a él, y Dios lo amó a pesar de todo.

Era demasiado bueno para ser cierto, pero Robert en su corazón sabía que *era* cierto. No podía contener su gozo, y finalmente sus sentimientos estallaron en un enorme grito que se hizo eco a través del corredor de rejas. Tenía que ser cuidadoso, ya pensaban que había perdido sus sentidos solamente por haber confesado. No quería que lo llevaran a una sala psiquiátrica.

El juez, viendo el notable remordimiento de Robert, fue indulgente. Este defendido era su propio acusador, podría haber escapado, pero hizo una confesión completa y aceptó las consecuencia. La sentencia fue corta para un caso de asesinato.

– Mi tiempo en prisión –dijo Robert después– fue liviano comparado a los quince años que viví con ese crimen en mi mente... nada que pudieran hacerme, aún encarcelarme por el resto de mi vida, podía estar a la altura del encierro en mi propia culpa durante los quince años en que escondí mi pecado.

La culpa es un gigante terriblemente pesado. Pero Robert finalmente lo derribó con un grito de gozo. Por primera vez en años sus pies se sintieron livianos nuevamente. Lo suficiente para correr hasta el trono de Aquel que lo perdonó.[2]

Ahora estaba verdaderamente listo para correr la carrera y reclamar el premio. Corramos, usted y yo, junto a él.

# DOMINE LA TENTACIÓN

## Puede ganar la batalla y vivir victorioso

Una vida honorable es algo precario; construida a través de toda una existencia con los ladrillos de la integridad y el mortero del dominio propio. Desde afuera parece ser lo suficientemente fuerte para soportar una tempestad. Pero los puntos débiles se encuentran adentro; todo puede venirse abajo en un solo instante.

J. W. Tyrone puede citar capítulos y versículos enteros sobre ese tema, y con un toque de poesía. Tyrone es un joven elocuente; tiene el alma pensativa y el ojo observador de un escritor. Pero no hay demasiado para observar desde el confinamiento de una celda de prisión. La mayor parte de las cosas que ve se repiten una y otra vez en incontables variaciones de un viejo tema. El título de esa historia es "No me alejé".

Tomemos el caso del compañero de celda de Tyrone.

– Entró en este lugar como quien llega a un retiro de fin de semana –dice Tyrone–. Todavía tenía sus amigos. Su novia le enviaba dinero. Su madre lo visitaba regularmente y vestía con ostentación pantalones y anteojos de marca. Bailoteaba todo el día ritmos de rap, y durante un par de años no sufrió demasiado el dolor.

J. W. no pareció preocuparse cuando su familia no pudo conseguirle un abogado, ni siquiera cuando recibió la noticia desde la oficina del defensor público, que tenía todo tan acumulado que probablemente su apelación jamás iba a ver la luz del día. El aspecto desinteresado de J. W. se derritió hasta cierto grado cuando su novia dejó de responder sus cartas y llamados. Simplemente se encogió de hombros cuando sus padres y hermanos retomaron sus vidas y dejaron de pensar en él.

Pero el tiempo por sí solo tiene el poder de erosionar la superficie de un joven, el tiempo y la monotonía de las mismas paredes, la fatiga del trabajo diario por solo un dólar, y la lucha por sobrevivir a la frialdad de hielo de los otros. A su tiempo J. W. se volvería igual que los demás: un niño perdido, un alma quebrantada y un poco arrepentida.

Dándose vuelta en su catre, Tyrone mira directamente a los ojos y dice el mensaje:

— Estoy en máxima seguridad porque tuve demasiado orgullo para apartarme. Solamente espero que Dios Todopoderoso tenga misericordia y me permita un día ser el padre de mis hijos; que pueda invitar a mi madre a cenar en su cumpleaños; que vuelva a probar los helados, los simples goces de la vida. Cualquier cosa que pueda estar enfrentando –dice– no vale el precio de su libertad. Aprenda a alejarse, a menos, por supuesto, que quiera ser mi próximo compañero de celda.

Tom era el tipo de persona que cualquier iglesia nombraría maestro de Escuela dominical. Un ministro con dones, nunca había asistido a la escuela secundaria; había abandonado para tocar en una banda de rock. Años después, como creyente con más madurez, tenía una química asombrosa con los jóvenes. Era un ministro vocacional que se especializaba en el ministerio a los universitarios, y uno muy bueno. Los estudiantes con frecuencia traían a sus amigos para escuchar la enseñanza y para conversar con él al terminar la clase.

Tom trabajó para edificar una vida y ministerio honorables. Pero un día una amenaza lo esperaba en el horizonte. Una de las jovencitas le presentó una amiga, conversaron brevemente, y Tom sintió inmediatamente una poderosa atracción física por ella. Estaba casi seguro que la invitación brillaba en los ojos de ella, y se preocupó qué revelaba su propia mirada. A Tom no le gustaban esos pensamientos y los "qué pasaría si..." que inmediatamente se filtraron en su cabeza. Cortó la conversación amablemente y volvió la atención hacia otros en el círculo que se había formado.

Pero el resto del día, aquellos pensamientos volvían. Con el transcurso de la semana se descubrió pensando en la atractiva jovencita. Tom estaba casado, era maduro y estaba orgulloso de su habilidad para ministrar a los jóvenes universitarios, tanto varones como mujeres. Pasaba tiempo devocional con Dios diariamente, ¿cómo podía dudar de su habilidad de manejar relaciones tan básicas? Tenía una hija casi de la misma edad que algunos de estos muchachos. Estos estudiante podrían prácticamente ser sus propios hijos; en un sentido, eso eran exactamente.

Y con todo, enfrentados al razonamiento y la sabiduría, los pensamientos persistían. Tom no podía disipar esa fantasía, aún cuando las presentó delante de Dios, aunque evitaba la presencia de la joven en cuestión y recitaba los versículos bíblicos apropiados. Trataba intencionalmente de no pensar en ella, pero era como tratar de esconder un elefante. No podía manejar su mente.

Tom se preguntaba si podría ser amo de sus acciones.[1]

Hubo un tiempo que el engañador estaba entre las más hermosas creaciones de Dios. Pero cayó, y ahora pasa cada momento pensando en vengarse de quien lo castigó. Hay una manera sencilla de hacerlo: romper el corazón de Dios. Separarlo de sus propios hijos. Y tiene un arma mortal con ese único propósito demoníaco. Se llama tentación, y el diablo la utiliza una vez tras otra como los palos de la batería, martillando en las fortalezas de nuestras vidas hasta que finalmente puede crear una brecha.

Todo lo que necesita es una pequeña abertura; es suficiente para derribar una vida de honor. Es lo único necesario para envenenar el agua viva en nuestras almas. Solamente eso para enviar el mensaje al mundo que uno más de los así llamados "creyentes" ha caído, y el resto es nuestro si nos rendimos y accedemos a los placeres del mundo.

## BLANCO DE LA TENTACIÓN

Jamás deberíamos estar sorprendidos cuando la tentación golpea a la puerta de la iglesia. Ese es el blanco más estratégico de Satanás. Martilla al pastor, a los diáconos y a otros líderes de la iglesia, martilla a los cristianos comunes que se sientan en los bancos y buscan vivir una vida piadosa. Admiramos y aspiramos a ser como los primeros cristianos, pero ellos lucharon igual que nosotros. Como evidencia de eso solamente necesitamos abrir nuestras Biblias en 1 Corintios. Allí encontramos la historia de una iglesia plagada de fallas morales, una iglesia llena de hombres y mujeres que no supieron cuándo apartarse. Las palabras de Pablo para esas personas son para usted y para mí.

*"Así que, el que piensa estar firme, mire que no caiga. No os ha sobrevenido ninguna tentación que no sea humana; pero fiel es Dios,*

*que no os dejará ser tentados más de lo que podéis resistir, sino que
dará también juntamente con la tentación la salida, para que podáis
soportar. Por tanto, amados míos, huid de la idolatría"* (1 Corintios
10:12-14).

La ciudad de Corinto era un blanco especial. El diablo habrá reído.
Era una de las ciudades más pecaminosas del mundo del primer siglo.
Los cristianos comenzaban una de sus iglesias, pero estaba compuesta
de personas que eran el producto de esa cultura de decadencia. Si querían seguir el camino de Jesús, ¡simplemente mire los hábitos y costumbres que tenían que dejar!

Es fácil para mí imaginar que un día Pablo recibió una carta de algún joven de Corinto. La carta habrá dicho algo así: "Señor, di mi corazón a Cristo, de la manera que usted nos enseñó. Me entregué y enten-
dí que Jesús entraba en mi corazón y mente, que yo sería una nueva
criatura. Entonces ¿por qué todavía quiero hacer todas las cosas de antes? Mi mente y mis apetitos siguen igual que siempre. Francamente,
estoy decepcionado. Pensé que Jesús iba a hacerme fuerte".

Tal vez había un joven como ese, y quizás Pablo lo tuviera en mente al escribir esta parte de la carta en que trataba de la nueva vida y los
viejos apetitos.

## LA EXPERIENCIA COMÚN DE LA TENTACIÓN

Antes que nada, debemos ver cuál es el punto que señala Pablo:
"Ninguna tentación les ha sobrevenido que no sea las que vienen a los
hombres comunes". Estas son palabras para dar seguridad: cualquier
cosa que estén atravesando, por favor recuerden que no son los únicos
a los que les pasa. Están en buena compañía. Innumerables personas
han sentido el tironeo de la tentación que ahora los arrastran a ustedes.

Eso es algo que tenemos la tendencia a olvidar en el calor del momento. Nos sentimos solos. Nuestro universo se reduce a un apetito y a
un objeto. El diablo tiene la forma de colocarnos anteojeras en la cabeza, para que no veamos nada más. Pero Pablo dice, en esencia, que la
tentación es la trampa más antigua que encontramos en el libro. Es una
cosa de la humanidad, viene con la condición, y nosotros simplemente
necesitamos apoyarnos en el poder de Dios. Si existe una enciclopedia
de cada una de las tentaciones que pueden concebirse, esa es La Biblia.
A lo largo de sus páginas están entretejidas las historias de hombres y
mujeres que lucharon con la tentación.

Algunos, como Sansón, fueron consumidos; otros, como Daniel, se mantuvieron firmes.

¿Y Jesús? También fue tentado. Hebreos 4:15 nos dice: *"Porque no tenemos un sumo sacerdote que no pueda compadecerse de nuestras debilidades, sino uno que fue tentado en todo según nuestra semejanza, pero sin pecado"*. Eso significa que el hombre más santo que caminó sobre la Tierra sintió cada una *de nuestras* mismas urgencias. Pero jamás les dio lugar. Nunca pecó. La tentación, como ven, no es pecado.

Este es un punto muy crucial que muchos de nosotros no entendemos. He aconsejado a personas que se sienten derrotadas antes de comenzar, simplemente porque la tentación golpeó a sus puertas. Otra vez, eso es obra del diablo. Les dice: "Ya estás derrotado". Cuando la verdad es que la tentación en sí misma es neutral. El pecado viene cuando condescendemos.

J. Wilbur Chapman dijo una vez: "La tentación es el tentador mirando por el agujero de la llave del cuarto en que usted vive; pecado es usted moviendo el picaporte para dejarla entrar". No puede evitar que alguien venga hasta su puerta para espiar por el agujero de la llave, pero sí puede controlar el picaporte mortal.

La tentación es una bifurcación del camino. Es la presentación de una elección de en cuál sendero viajaremos: en el más alto o en el más bajo. ¿No sería más fácil si no hubiera bifurcaciones ni decisiones para hacer? ¿Y si el camino fuera simple, derecho y estrecho? Pero La Biblia no nos da fórmulas mágicas para ese tipo de vida. Nos asegura que regularmente llegaremos a esas bifurcaciones, y debemos elegir dónde pisar.

Algunos nos llevarán por caminos de sexualidad, otros de glotonería, otros de materialismo, revancha... y hay muchos más, demasiados para nombrarlos a todos. Si pudiéramos ver el mapa del camino, tendría el aspecto de un plato de fideos.

De hecho, cuando más sabios y maduros en Cristo llegamos a ser, más traicioneras y sutiles son las elecciones. No se hacen más fáciles, sino más difíciles, porque el diablo no es ningún tonto. El nivel avanzado lo hace acreedor a una oposición más avanzada. Lo más importante para recordar es que el Señor va andando con usted. Él lo tomará de la mano, y nunca se equivocará al señalar la dirección correcta y verdadera.

Nunca se hará más fácil, pero tiene mayor recompensa. El fundador del Seminario Teológico de Dallas, el Dr. Lewis Sperry Chafer, sabía decir que los cristianos comprometidos están ubicados en las primeras líneas de batalla. Es el lugar donde se siente la más feroz de las presiones del enemigo, pero también ofrece la mejor vista de su estrepitosa derrota. Nunca el poder de la tentación va a superarlo. La verá en formas siempre nuevas, más engañosas. Pero sus ojos estarán llenos de visiones gloriosas que Dios reserva para aquellos que lo siguen con la más profunda devoción.

Podemos ir camino arriba, pero lo hacemos en compañía de muchos, con otros creyentes, una nube de testigos del pasado, y con Dios mismo.

## EL ÁMBITO LIMITADO DE LA TENTACIÓN

Observe las palabras de Pablo: *"Pero fiel es Dios, que no os dejará ser tentados más de lo que podéis resistir"* (1 Corintios 10:13). Aquí hay algo decisivo para nosotros.

Está claro que Dios permite la tentación en nuestras vidas por muchas razones. Pero cuando lo hace, tenemos la promesa de que es Él quien pone los límites a la intensidad. Él conoce nuestra capacidad en cada área; sabe lo que podemos sobrellevar y exactamente dónde están los límites de nuestra capacidad de resistencia.

Si escucha que alguien dice: "La tentación me abrumó; fue más fuerte de lo que podía resistir", no le crea una sola palabra. Esa persona podría buscar otra excusa, porque la verdad bíblica clara es que Dios permite solamente tentaciones que *podemos* manejar. El tema no está basado en nuestra impresión o límites, sino en el entendimiento preciso que Dios tiene de ellas. Él es Aquel que le puso las válvulas, después de todo.

Si planificamos condescender, debemos aceptar que lo hacemos con nuestro libre albedrío. Nunca está fuera de nuestro control. De hecho, Pablo revela ese secreto en otro pasaje escrito a la misma iglesia. En su 2 Corintios, dice:

> *"Porque hermanos, no queremos que ignoréis acerca de nuestra tribulación que nos sobrevino en Asia; pues fuimos abrumados sobremanera más allá de nuestras fuerzas, de tal modo que aun perdimos la esperanza de conservar la vida. Pero tuvimos en nosotros mismo, sentencia de muerte, para que no confiásemos en nosotros mismos, sino en Dios que resucita a los muertos, el cual nos libró, y nos libra, y en quien esperamos que aún nos librará, de tan gran muerte"* (1:8-10).

"Cargados más allá de la medida... superior a nuestra fuerzas." Pablo nos dice que puede llegar un punto en el que usted podría morir, pero sucede que estamos al cuidado de Dios que levanta a los muertos. La dificultad puede ser intensa, pero el amor de Dios es inmenso. Nunca se preocupe por los límites de su fuerza, es la fuerza *de Dios*.

Jamás será probado más allá de lo que puede soportar, porque puede confiar en la resistencia que Dios le da.

Cuando enfrente la tentación, permanezca firme. Sepa que Cristo ha estado allí, que su Espíritu está con usted; que Dios es lo suficientemente fuerte para ayudarlo a atravesar. Abrazado a estas verdades experimentará victoria sobre la tentación en todas las ocasiones.

Aún más: recuerde que en realidad necesitamos estas pruebas. ¿Sabía eso? Sí, las necesitamos porque nos ayudan a demostrar nuestro amor por Cristo. En la escuela necesita pasar un examen, ocasionalmente, para probar lo que ha aprendido. De otra manera no habría medida; de otra forma ni siquiera necesitaría estudiar y progresar en el tema. La vida es igual. Sin el examen ocasional, ¿cómo medir nuestro crecimiento en Cristo? ¿Para qué tendríamos que depender de Él? Todos podríamos correr la carrera perfecta, ¿y qué significaría eso? Nada en absoluto. Pero cuando tenemos todas las posibilidades de tropezar, de elegir el sendero equivocado, y nos mantenemos en pie y caminamos con sabiduría a pesar de todo, Dios es glorificado en este mundo y en el venidero. ¡Los ángeles se detienen, dejan sus arpas y aplauden!

Por alguna razón Dios nos permite caminar a través de estos valles.

## UN ESCAPE SEGURO DE LA TENTACIÓN

*"Sino que dará también juntamente con la tentación la salida, para que podáis soportar"* (1 Corintios 10:13).

Tratándose de tentación, Dios comienza con el final en mente. Ya sabe exactamente cómo podemos escapar. Tenemos la tendencia de pensar en Él como alguien que nos observa ansiosamente, tal vez listo para enviarnos una escalera de soga si las cosas se ponen tensas. Pero en verdad Dios ya tiene todo planeado, y ya lo había hecho mucho antes de que usted y yo naciéramos. Conoce nuestras circunstancias; nuestro carácter, conoce el plan que traerá la victoria y una nueva madurez. Mientras se va desarrollando la crisis, Dios ya ha provisto el camino de escape que necesita. Por favor, grabe eso en su corazón para que pueda recordarlo en el momento de la tentación. La compuerta de escape está cerca, y está abierta.

¿Y por qué? Hebreos 2:18 nos dice que como Cristo sufrió, puede ayudarnos a través de nuestros sufrimientos. Porque anduvo el camino de la tentación, conoce cuáles son las curvas correctas y las incorrectas. "Sé exactamente lo que enfrentas –dice Jesús con un brazo sobre tus hombros–. Sígueme, permíteme mostrarte un camino de salida que yo mismo encontré."

Con el tiempo creo haber descubierto que la tentación no es tanto acerca de lo que *hacemos*, sino de lo *que amamos*. Conocer a Cristo, realmente conocerlo, no simplemente saber *acerca* de Él, lo cambia todo. La mayoría de las veces el poder en el tiempo de la tentación viene porque hemos llenado nuestras mentes con la magnificencia de Cristo, y no hay lugar para los miserables ofrecimientos del mundo. Hay poder en el nombre de Cristo, y hay poder también en su presencia.

La adoración y el compañerismo con Dios por la mañana hacen que sea difícil caminar directamente hacia el mundo a cometer alguna trasgresión. Saber que acabamos de estar en la presencia del Señor de la creación, y que andamos con Él, hace dificultoso que nos hundamos en los más bajos niveles. El mejor escape que provee Jesús es su propio abrazo.

Lo desafío a pensar sobre los tiempos cuando fue tentado. Tal vez era un tema moral serio, o solamente se sirvió una segunda porción de postre que no era necesaria. Cualquiera sea la gravedad de la iniquidad, estimo que estaba consciente que era un momento de definición cuando tomó la decisión. La manera de escapar, en aquel momento, estaba clara. ¿Lo recuerda? Siempre hay un momento en el cual la pequeña y suave voz susurra las indicaciones para salir. Un pensamiento sobrevuela la cabeza: *Esto está mal. Puedo evitarlo.* Y allí mismo tenemos nuestra mejor oportunidad de huir. Pero si dejamos de lado ese momento y permitimos a los pájaros de la tentación que hagan nido en nuestro cabello –según la memorable analogía de Martín Luther King– entonces la victoria se vuelve cada vez más y más difícil.

Cuando vea la señal de salida brillando en la oscuridad, empuje la puerta y salga corriendo. El misionero Jim Elliot dijo: "No se ponga en un lugar para ver cuánto resiste. ¡Cuando siente que viene la tentación, huya!"

La palabra griega para *escapar* en 1 Corintios tenía la connotación de un pequeño pasadizo en un gran desfiladero. En California, donde vivo, tenemos pocas áreas de paisaje rústico, así que tengo un buen cuadro mental de esta idea. Puede descender a un desfiladero y encontrarse atrapado. Estará agradecido cuando encuentre el estrecho camino de salida. Pablo dice que si usted ve ese pequeño sendero, ¡no siga de largo! Nunca más pasará por allí, sino que se hundirá mucho más y más hacia el abismo.

Aquellos atraídos ante la posibilidad de adulterar sabrán seguramente cuál es el momento de definición –la ventana de la mejor oportunidad para escapar–. En sus negocios, tal vez ha tenido una relación de trabajo con alguien del otro sexo. Usted está casado, tal vez él o ella, también. Todo comienza con una amistad que va un poco más lejos, demasiado cerca, demasiado rápido. Llega el momento cuando se da cuenta dónde lo lleva esta situación. Del mismo modo le pasa a la otra persona. Está allí en los ojos, en el lenguaje del cuerpo, en lo que se dice y en lo que se calla. Existe ese momento cuando sabe que puede huir por su seguridad, y si ignora las luces de advertencia, será mucho más difícil poner los frenos más tarde. Seguramente, ese es el momento de escapar, provisto por Dios, preparado por su Santo Espíritu. Ignórelo bajo su propia responsabilidad, pero nunca reclame que no vio cuando venía.

## LISTA DE CONTROL PARA VENCEDORES DE LA TENTACIÓN

Seamos muy prácticos. Me gustaría ofrecerle un arsenal de armas para utilizar contra la tentación, allí mismo en el campo de batalla.

### Reconozca que existe la posibilidad de ser tentado

Estar avisado con anticipación le permite armarse. Nunca caiga en la trampa de la falsa seguridad. Si he escuchado esto una vez, lo he escuchado mil veces: "¡No puedo creer que me sucediera a mí!"

¿En serio? ¿Y por qué *no*? Si el Hijo de Dios pudo experimentar cada una de las tentaciones conocidas al hombre, eso debería darle una pista de que usted no es más grande que el sistema. La gente cree que su compromiso con Cristo, su espiritualidad, su conocimiento de La Biblia o la asistencia a la iglesia los pondrá más allá de la tentación; simplemente no es cierto. En la batalla, la mejor arma del enemigo es la sorpresa. No deje que el diablo lo ataque por sorpresa.

¿Recuerda las primeras palabras de nuestro pasaje? *"Así que, el que piensa estar firme, mire que no caiga"* (1 Corintios 10:12). En otras palabras, el tiempo que le lleva aflojar sus músculos y comienza a admirarse en el espejo, ¡puede ser el mejor momento para que alguien le quite la alfombra de debajo de sus pies! ¿Recuerda la promoción de presentación del *Titanic*? "Ni Dios podría hundirlo". La verdad es que si se deja llevar por la arrogancia, ni siquiera Dios podrá darle una mano. Así que evite esos delirios de grandeza espiritual.

El Dr. Howard Hendricks fue mi profesor en el Seminario de Dallas, y sigue siendo un amigo cercano hasta hoy. Sabía llevar un pequeño anotador en su bolsillo. Allí tenía una lista de nombres de ministros y estudiantes que habían caído en tentación sexual y salieron del ministerio. En un momento, dijo, tenía más de cien nombres en esa lista. Un día, mientras miraba la lista, comenzó a preguntarse qué tenían en común esas pobres almas que estaban en la lista de bajas. Eran nombres conocidos –amigos, estudiantes–. Volvió a examinarla y sacó la conclusión que *todos*, excepto dos, tenían en común un espíritu de orgullo y arrogancia.

Proverbios 16:18 nos dice que el orgullo precede a la destrucción, y que un espíritu altanero lleva a la caída.

## Pida ayuda en tiempos de tentación

En dos oportunidades en el Nuevo Testamento Jesús nos dice que oremos para no ser tentados. Se nos aconseja para que tomemos esas dos advertencias con seriedad. En primer lugar, el Padre Nuestro, incluye: *"Y no nos metas en tentación, mas líbranos del mal"* (Mateo 6:13). En segundo lugar Mateo 26:41, donde Jesús dice: *"Velad y orad, para que no entréis en tentación"*.

*Velad y orad.* La idea es permanecer alerta. Necesitamos comenzar cada día pidiendo a Dios que afine nuestra antena contra las acechanzas del diablo. Deseamos que Dios nos ayude a ver a través de las tácticas de carnada y anzuelo del diablo, y a discernir la realidad espiritual y sus consecuencias. También deberíamos pedir a Dios que nos haga sensibles a ese momento en que somos conscientes, el pasadizo de escape hacia la seguridad.

De otra manera, la tentación salta sobre nosotros sin aviso. Y nos atrapará en nuestro peor momento. Si hoy supiéramos que están cayendo tuercas pesadas desde los edificios, caminaríamos por las calles de la ciudad con nuestro cuello estirado, mirando las ventanas. Cada día encierra peligros para el cristiano. Necesitamos orar sin cesar para tener conciencia y fortaleza.

## Resista al diablo y este huirá

La Biblia nos dice que debemos mantenernos firmes y atacar. Santiago 4:7 nos promete que si resistimos al diablo, huirá de nosotros. Hay una cantidad de maneras para disfrutar de esa visión del enemigo que escapa.

En primer lugar, podemos tomar en nuestras manos la espada del Espíritu, que es la Palabra de Dios. Eso fue lo que hizo Jesús, si recuerda durante la tentación en el desierto. Al estudiar ese pasaje, sonrío porque Jesús le disparaba Escrituras al diablo, pero solamente usó munición de Deuteronomio. ¡Un solo libro le bastó para defenderse!

El resultado, tal como lo dicen las Escrituras, es que Satanás se apartó de Él. Esa es otra palabra para *huyó*. Resista al diablo y será invitado a verle la espalda mientras corre. Reconozca, pida ayuda, resista.

## Aléjese de ciertos tipos de tentación

Los creyentes sabios reconocen que hay grados de diferencia en los peligros que enfrentamos. Los buenos líderes militares reconocen el mismo principio. Hay un tiempo para resistir y un tiempo para *retirarse*. Algunas veces necesitamos ver huir al diablo, otras es necesario que nosotros huyamos. "Hay varias buenas formas de protegerse contra las tentaciones –dijo Mark Twain– pero la más segura es la cobardía". Hay tiempos cuando la *cobardía* es sinónimo de *sabiduría*. La Biblia nos da tres ejemplos de pecados de los cuales huir.

1. Huya de la idolatría. *"Por tanto, amados míos, huid de la idolatría"* (1 Corintios 10:14).

Esto es del mismo pasaje que estamos estudiando en este capítulo.

Un ídolo es cualquier cosa que se ponga entre usted y Dios. Cualquier cosa de valor para usted puede ser un ídolo. Cuando comienza a darse cuenta que algo está tomando el lugar de Dios en su vida, no necesita sentarse a pensarlo. No necesita escribir una tesis o llamar a una reunión. ¡Necesita huir! Cada momento de idolatría personal es un momento de peligro espiritual. Es desgaste para su alma. Huya de la idolatría.

2. Huya de la inmoralidad. En dos oportunidades en el Nuevo Testamento se nos dice que demos la espalda y corramos cuando somos confrontados con la inmoralidad:

*"Huid de la fornicación"* (1 Corintios 6:18).
*"Huye también de las pasiones..."* (2 Timoteo 2:22).

La tentación sexual es la carta mayor del demonio; hay algo único y terrible sobre este poder. El diablo lo utiliza para los que están en el ministerio, los casados, los que están madurando. Lo utiliza particularmente para aquellos ubicados en posiciones precarias, sea en transición, atravesando las tormentas de la adolescencia, las pruebas matrimoniales o la tentación de un viaje de negocios.

La historia que inmediatamente viene a la mente, por supuesto, es la de José, en Génesis 39. Estaba en transición crucial entre la esclavitud y el respeto que podía lograr a través de una mejor posición en su vida. Pero la esposa de su amo lo vio, y un día despidió a todos los otros siervos para poder extender su red de seducción. Cuando se acercó a José con su oferta, él hizo exactamente lo que La Biblia receta: huyó. Se dio vueltas y empezó a correr tan rápidamente que la mujer quedó con su saco en la mano. Es bueno que Dios haya hecho los pies de los jóvenes livianos para correr; necesitan estar listos para huir de las tentaciones que deshonran a Dios a través de la inmoralidad sexual.

3. Huya de la avaricia. Hace pocos años que descubrí este tercer "aviso de huida". Sabía que debíamos huir de la idolatría e inmoralidad, pero no me había dado cuenta que La Biblia también ordena que huyamos de la avaricia:

> *"Porque raíz de todos los males es el amor al dinero, el cual codiciando algunos se extraviaron de la fe, y fueron traspasados de muchos dolores. Más tú, oh hombre de Dios, huye de estas cosas"* (1 Timoteo 6:10-11).

Realmente esta es otra forma de idolatría ¿no es cierto? Pero estoy de acuerdo con usted que es una forma que merece entrar en su propia categoría especial, por ser tan penetrante en nuestra sociedad. Me pregunto cuántas de las personas que leen este libro ven el materialismo como un tema para tratar en su vida. La Biblia no ahorra palabras sobre la seriedad de eso: es *"la raíz de todos los males"*.

Esto es muy penetrante en nuestra sociedad. Todo tipo de males proceden de la boca del materialismo. No permita que la avaricia atraviese sus garfios en su vida o las vidas de sus hijos.

Ahora sigamos con el quinto punto de nuestra lista para derrotar la tentación.

## Aleje cualquier medio que lo incite a pecar

Hay una historia sobre un hombre que tenía sobrepeso. Decidió ponerse seriamente a dieta y consideró todos los detalles, planificó su vida de acuerdo a eso. Hasta cambió la ruta por donde iba a trabajar, porque no quería pasar frente a la panadería.

Durante una semana le fue maravillosamente. ¿No sucede siempre así con las dietas? Todos sus colaboradores estaban orgullosos de él. Una mañana, mientras tomaban café y conversaban de sus progresos, entró trayendo una docena de bizcochos y una torta de queso. Todos estaban espantados. Le preguntaron qué había pasado, y les dijo: "Me olvidé y pasé por mi vieja ruta al venir hacia el trabajo hoy. Y decidí que si Dios quería que me detuviera en la panadería, Él me dejaría un espacio en frente mismo de la entrada principal. Y saben Él me lo concedió en la octava vuelta alrededor de la manzana".

Es fácil encontrar formas de forzar nuestra fe a los moldes de nuestros deseos, ¿no es cierto? Pero La Biblia nos dice que tomemos un camino totalmente diferente. El que ama los bizcochos debería leer Proverbios 4:14-15: *"No entres por la vereda de los impíos, ni vayas por el camino de los malos, déjala, no pases por ella; apártate de ella, pasa"*.

Un hombre le contó a su médico que tenía el brazo quebrado en dos lugares, y el médico le dijo: "Bueno, deje de ir a esos dos lugares". Dios advierte, pero Pablo lo dice bien: *"No proveáis para los deseos de la carne"* (Romanos 13:14).

Regrese a su casa por otro camino.

## Reemplace las influencias malas por buenas

Nuevamente volvemos a las sabias palabras de Salomón. Proverbios 13:20 dice: *"El que anda con sabios, sabio será. Mas el que se junta con necios será quebrantado"*.

Este es un punto muy tocante para algunos de nosotros. Sí, necesitamos ser sal y luz en el mundo. Necesitamos conocer a no creyentes para anunciarles a Cristo. Pero también hay momentos en que tenemos que dar un paso atrás, considerar más detenidamente y decidir quién nos influencia. Pruebe estar sobre una banqueta, e intente subir a alguien con usted. Es mucho más fácil que la otra persona lo tire abajo. Debemos siempre estar ocupados en la obra de evangelismo que Cristo nos dejó, pero cuidemos de no utilizar el evangelismo como excusa para amistades que no son sanas. No necesitamos ubicarnos bajo la influencia de aquellos que no conocen a Dios.

*"No os unáis en yugo desigual con los incrédulos; porque ¿qué compañerismo tiene la justicia con la injusticia? ¿Y qué comunión la luz con las tinieblas?"* (2 Corintios 6:14). Nadie podría acusar a Pablo de falta de

celo evangelístico, pero él también estaba atento al poder de las influencias insanas sobre los cristianos.

Concentrémonos en los positivos. La respuesta es reemplazar modelos pobres por otros fuertes. Encuentre personas que le señalen a Cristo, que lo fortalezcan espiritualmente y a los que pueda rendir cuentas. Busque creyentes sabios con quienes andar.

## Decida tomar el camino más alto

La séptima resolución es clave. Creo que la mayoría de las personas, se den cuenta o no, han mirado el mapa, pensado el viaje y decidido su ruta. Saben si tienen intención de tomar el camino alto, el bajo o el enorme bosque salvaje que está en el medio. Conozco personas muy buenas que hicieron un compromiso cristiano y se las arreglaron para cumplir con la mayoría de las expectativas que acarrea esa decisión. Asisten a la iglesia, son obreros voluntarios, tal vez aún leen su Biblia con regularidad. Pero falta algo. No le han dado a Dios la totalidad. Están relativamente contentos de ir por el camino del medio y servir a Dios con un compromiso a medias. Lo ven como una especie de requerimiento mínimo para adquirir el pase libre hacia el cielo sin poner demandas –inconvenientes– en su vida diaria.

Esas personas no son conscientes de elegir el camino más traicionero de todos. Se darán cuenta cuando comiencen las pruebas. El sendero de la fe tibia no es sendero, sino una jungla en medio de los dos caminos. Y está lleno de espinos y zarzas; es una vida que carece de consistencia. Cuando llegan las grandes decisiones, hay fe suficiente para proveer convicción, pero no la suficiente para sostener el coraje. El resultado es un alma miserable.

Podría, por supuesto, elegir el camino alto. Podrían decir: "¿Qué otra cosa que tomar la mano de Cristo mismo y continuar en el camino ascendente? Voy a alinear nuevamente mi vida completa en consistencia con ese caminar. Voy a limpiar de toda interferencia que me impide escuchar la voz del Señor. Voy a hacer desaparecer cada obstrucción que no me permite ver su rostro. Y sé que cuando vengan las tentaciones, que seguramente vendrán, estaré preparado".

En su libro *Secretos tristes de la vida cristiana*, Tim Stafford relata cómo el submarino nuclear *Thresher* fue demasiado hacia lo profundo del mar y estalló bajo el peso del agua. El submarino se diseminó en trozos tan pequeños por la implosión, que después no había prácticamente nada para identificarlo. Como ve, un submarino necesita escotilla de acero para resistir la presión del agua mientras se sumerge.

Pero hay pocas paredes que podamos edificar para soportar la presión de los océanos más profundos, aún el mismo acero cede, tal como la tripulación del *Thresher* descubrió trágicamente. Y aún así ¿no es fascinante que en esas mismas aguas profundas donde el submarino de acero estalló, los pequeños peces naden sin mayores preocupaciones en el mundo? ¿Cuál es su secreto? ¿Por qué ellos no estallan? ¿Están hechos de algún nuevo hierro indestructible?

No, lo único que tienen es el revestimiento de la más transparente de las pieles, que pueda medirse con microscopio. El pequeño pez, parece, tiene una presión interna que corresponde perfectamente a la presión externa. Dios les dio lo que ellos necesitan para nadar en los lugares profundos.[2]

Usted y yo podemos pasarnos las vidas edificando paredes para bloquear la tentación. Podemos hacer paredes de acero, pero nunca serán suficientes: la presión viene del interior. ¿Entonces qué sucede cuando el poder desde el interior de nosotros se corresponde con la presión externa? El hombre interior, nos dice Pablo, se va renovando cada día. Cuando nos entregamos completamente a Dios, tenemos la respuesta interior a la presión exterior.

Por lo tanto, edifique su hombre interior, su mujer interior. Permita que Cristo renueve su corazón y su mente. Cultive el ministerio del Espíritu Santo diariamente. Lea la Palabra de Dios. Sea fuerte en el Señor para que la presión interior pueda soportar la presión exterior. Entonces, al enfrentar la tentación, la eliminará. Podrá ir a lugares profundos de la vida con un andar liviano. Dios le ha dado lo que necesita.

Me gusta la redacción que *La Biblia Amplificada* hace de Filipenses 4:13: "Tengo fuerza para todas las cosas en Cristo que me fortalece, estoy listo y a la altura de todo a través de Él que me infunde fortaleza interior". Eso es Cristo en usted, un poder para los lugares más profundos y la presión más intensa, su fortaleza cuando el mundo presiona.

Tom, el maestro de Escuela dominical de los universitarios, aprendió algo sobre la presión en las profundidades. Se sintió atraído físicamente a una jovencita, pero se comprometió a evitar el camino que seguramente lo hubiera llevado a la destrucción de su matrimonio, de su ministerio y de su vida de honor.

Tom hizo lo correcto. Fue a ver a un amigo de confianza que trabajaba en el ministerio Universitario junto con él, y le confió su tentación. Sorpresivamente, el amigo le respondió que él también estaba luchando con los mismos sentimientos hacia la misma joven. Obviamente, Dios había unido a estos dos hombres. Oraron y se comprometieron a rendirse cuenta mutuamente. Tom aún tuvo el coraje de confiar en su esposa. Ella le agradeció su honestidad y oraron juntos. Eso fortaleció su matrimonio.

En los días que siguieron, Tom sintió que había atravesado la tormenta. Podía ver cómo huía el diablo; la tentación había perdido poder sobre él. Mientras tanto no bajó su guardia, y le dio gracias a Dios por su liberación.

Luego comenzó a comprender algo al mirar toda la situación completa, la perspectiva espiritual. En una reunión de la tarde, la jovencita comenzó a llorar luego del estudio bíblico. Recibió a Cristo en aquel momento y confesó que había recibido convicción; estaba siendo guiada por el Espíritu de Dios a adoptar un estilo de vida de mayor pureza. Nadie se había dado cuenta que ella no era creyente. Esto había sido mucho más que las pasiones personales de Tom; era una lucha por el alma de la jovencita, peleada paralelamente en los campos de batalla de las debilidades de otros hombres.

Fue una batalla perdida para el diablo.

Alabemos a Dios por eso. Alabémoslo porque Él siempre será fiel cuando vayamos con nuestras pruebas. Alabémoslo porque todo lo renueva, en las regiones más oscuras del alma, en las aguas más profundas en las que nadamos.

# ATAQUE
# SU ENOJO

### Puede ganar la batalla y vivir victorioso

Pedro venía de buenas raíces: creyente en La Biblia, gente que asistía a la iglesia. Pero había algo en él, una indefinible chispa de rebelión que comenzó a aparecer en su adolescencia. Cuando Pedro fue a la Universidad prácticamente barrió a Dios de su existencia. Cayó en una vida de moral laxa, pasaba el tiempo con malas compañías y construyó un estilo de vida que lo llevó a un matrimonio atribulado cuando apenas tenía veinte años.

¿Por qué, entonces, decidió ser policía? Podría ser que fuera la corrección de un curso de vida que se estaba yendo fuera de control. Tal vez huía de una vida sin restricciones hacia otra formada alrededor de las exigencias. En cualquier caso, el cambio significaba algo para Pedro. Simbolizaba un nuevo orden y disciplina. La vida iba mejorando para él; sobre todo, podría edificar un matrimonio fuerte y una familia bien constituida. Con ese fin dedicó las horas necesarias y dio lo mejor. Cuando la esposa de Pedro quedó embarazada, esto era una confirmación de que todos sus sueños estaban al borde de cumplirse.

Entonces fue cuando cayó la bomba. Cuando llegó el aviso color rosado.

Pedro miraba fijo la pequeña nota sin poder creer. No había tenido advertencias, y el jefe no le daba ninguna explicación: le enviaron los papeles de despido. Ya no requerían sus servicios. Todos los años que había dedicado al entrenamiento como policía, toda su lealtad y compromiso, y ahora, con la esposa embarazada, grandes deudas y ninguna perspectiva, Pedro era rechazado, descartado como un trapo sucio.

Mientras miraba fijo el despido en sus manos, el aviso de color rosado se transformó en rojo oscuro por la ira. El papel se arrugó y las manos se cerraron como garras. Eran manos fuertes; ahora dolían buscando venganza.

Pedro se fue a su casa y trató de hacer bien las cosas, pero no había nada "bueno" que encontrar. Durante la noche permanecía despierto, pensando únicamente en su jefe. Trataba de concentrarse en el futuro, pero su ira seguía señalando la orgullosa cara del hombre que lo había despedido. Tarde por la noche, la mente de un insomne se mueve en muchas direcciones extrañas. Solamente días antes no habría podido creerlo, pero ahora Pedro se encontró planificando un asesinato, y la ira rojo oscuro pasó a color negro.

Tal vez comenzó como un ejercicio mental, simplemente una manera de enfrentar estos sentimientos. Pero las fantasías con frecuencia crean su propia realidad. Pedro comenzó a repasar en su mente los detalles del asesinato premeditado. Tenía los revólveres; su trabajo lo había entrenado bien para usarlos. También le había enseñando sobre criminales y los errores que permitían atraparlos. Pedro podría evitar esos errores. ¿Quién más estaría bien equipado para cometer el crimen perfecto?

Pero las posibilidades de que lo atraparan eran un punto de discusión. En verdad, no le importaba. Tan oscura era su ira que estaba dispuesto a pagar cualquier precio –prisión, ejecución, la pérdida de su familia–. Ninguna de aquellas cosas estaba en primer lugar en su mente. Allí no había lugar para otra cosa que no fuera la ira.

El mundo es un lugar airado. ¿Quién puede explicar por qué la palabra *rabia* califica tantas cosas? Dejo eso para que lo resuelvan los sociólogos, pero solamente necesita tomar el diario de la mañana para leer sobre las siguientes manifestaciones acreditadas en los relatos de las noticias: rabia de las rutas, estacionamiento rabioso, rabia en el aire, rabia en los barcos, *surf* rabioso, rabia en la pesca, rabia en el río, rabia pedestre, rabia en el pavimento, rabia de los corredores, rabia de los ciclistas, rabia de los camioneros, rabia de los celulares, rabia de los *shoppings*, rabia de los carritos de compras y rabia de la fila para pagar. Me dicen que existe algo llamado rabia de los bancos de iglesia, aunque en realidad aún no lo he visto en la nuestra, *todavía*. Podríamos observar que ira es toda ira, pero por supuesto estamos hablando de temas serios.

Lo que hace del enojo algo tan escurridizo e increíblemente peligroso es que estalla de pronto, poderosa e irracionalmente. No tiene en cuenta el futuro. No considera la seguridad personal, ni siquiera la propia. Si estuviéramos considerando un fusible *lento,* no habría problemas,

¿no es cierto? Podríamos decir: "Un momento, huelo olor a humo. Siento que el fusible se ha encendido. Voy a buscar un balde de agua para apagar la llama".

Pero no es un fusible lento. Es rápido y usted y yo debemos luchar contra eso. Y cuando alguien con un fusible rápido está detrás de la rueda de un auto que anda a más de cien kilómetros por hora o tiene a mano un revólver, o aún simplemente un puño cuando está en problemas, o una lengua elocuente, entonces el enojo se transforma en algo que lastima. Es tan viejo como el pecado y, por supuesto, ciertamente tan viejo como Caín, pero creo que hemos visto al enojo contagioso subir a niveles nuevos en nuestra generación. Hasta hace poco, no había ido detrás de ningún conductor enojado en la ruta, hasta que accidentalmente encerré a uno. No había aconsejado a estudiantes de la secundaría que hubieran visto a sus amigos ser asesinados a la entrada del colegio. No había visto la ira –ira *de la vida*– inflamarse fuera de control al punto de que estemos atemorizados de andar en público.

Pero allí está: ira *de la vida*. Hay personas que pasan su vida adulta entera enojados. Y todos sabemos que las sustancias explosivas son un peligro no solamente para los blancos a quien van dirigidos, sino también para aquellos que las llevan y para los inocentes que pasan ocasionalmente. El enojo es el ácido que puede dañar la vasija en la cual se guarda, y más allá de la persona a quien va dirigida. Si lucha con el enojo contagioso, entonces usted es quien está en el mayor de los peligros.

Tenemos mucho para aprender en la Palabra de Dios sobre la epidemia del enojo.

## RECONOCER EL ENOJO QUE NO ES PECADO

Efesios 4:26-27 es simple y profundo, quizás un poco sorpresivo:

> *"Airaos pero no pequéis; no se ponga el sol sobre vuestro enojo, ni deis lugar al diablo".*

¡Jamás esperaríamos una orden bíblica de estar enojados! Hemos visto todo el daño que puede causar el enojo. Reconocemos que es un producto del pecado. Entonces ¿por qué Pablo nos dice *"airaos"*, especialmente cuando está por escribir, en el versículo 31, que debemos apartarlo de nosotros? ¿Es una especie de contradicción?

No, por supuesto que no. La indicación es que tratamos con un diferente tipo de enojo. ¿Podría existir algún tipo de forma positiva y no pecaminosa, si Pablo nos esta recomendando *"airaos"*? Eso exactamente es de lo que Pablo habla cuando nos dice que nos enojemos, pero sin pecar. Vamos a mirar más detenidamente al máximo modelo de ese principio: Jesucristo mismo. Es posible utilizar la ira en forma positiva, y Él nos mostró cómo. Por otra parte, dejemos claro un punto del enojo. Algunas personas utilizan este pasaje para justificar el "dar rienda suelta" a su ira –actuando físicamente– como una terapia positiva.

Los psicólogos modernos aman dar este consejo, particularmente esa nueva raza conocida como terapeutas de radio. "¡No se repriman!" "¡Suéltenlo! ¡Encuentren al que los despreció y que los escuchen!" Y no es extraño, por supuesto, que esos doctores de la radio sean populares. Adornan el oído con recetas placenteras. Recordemos que prefieren tener alto *rating* antes que rectitud elevada. La televisión, la radio y las películas entienden que saboreamos el enojo –como veremos– y les encanta incitar a las personas para que den rienda suelta a sus pasiones carnales.

### Enojo bíblico

La Biblia, por supuesto, no nos ofrece opción para dar rienda suelta al enojo. De hecho, La Biblia aún nos prohíbe que le demos lugar en nuestras mentes. En su paráfrasis popular *The Message*, Eugene Peterson escribe Mateo 5:21 de esta forma: "Conocen la orden dada antiguamente 'No asesinarás'. Les digo que cualquiera que esté aunque sea enojado con un hermano o hermana es culpable de asesinato"[1]

Y hay muchas otras condenas escritas sobre el enojo:

- En Gálatas 5:20, la ira está en la lista de pecados de naturaleza malvada.

- Proverbios 29:11 nos dice: *"El necio da rienda suelta a toda su ira, mas el sabio al fin la sosiega"*.

- Santiago 1:19-20 agrega: *"Por esto mis amados hermanos, todo hombre sea pronto para oír, tardo para hablar, tardo para airarse, porque la ira del hombre no obra la justicia de Dios"*.

- El Salmo 37:8-9 instruye: *"Deja la ira, y desecha el enojo; no te excites en manera alguna a hacer lo malo (...) Porque los malignos serán destruidos"*.

Hemos llegado a un punto en el cual los expertos seculares comienzan a replantearse cuán saludable puede ser dar rienda suelta al enojo. En su libro *Anger; The Misunderstood Emotion*, (Enojo: la emoción malentendida) Carol Travis escribe que tratar de dar una razón psicológica para expresar nuestro enojo, no resiste el menor análisis. El peso de la evidencia –dice– indica precisamente lo opuesto: que expresar nuestro enojo únicamente lo aumenta, que solidifica un espíritu hostil y un hábito dañino.[2]

¿Por qué, entonces, Pablo nos dice *"airaos"*? ¿Existe el enojo sin pecar? Creo que encontramos esa respuesta si investigamos la vida y las emociones de Jesús. Él es nuestro modelo en todo, incluido el enojo.

## El enojo de Jesús

Jesús expresó enojo en más de una ocasión. Puede ser que usted piense en la ocasión más famosa, su encuentro con los cambiadores de dinero en el Templo. El apóstol Juan ubica el relato de este hecho exactamente al final de la introducción de su Evangelio, en el capítulo 2. Allí vemos que Jesús vino a la grandiosa casa de Dios y descubrió un emprendimiento de negocios floreciente: la venta de ovejas y bueyes, el cambio de dinero, y la fabricación de fortunas. Jesús cuidadosamente construyó un látigo hecho de cuerdas, y salió a echar a todos los proveedores de la industria del sacrificio. No solamente eso, dio vuelta las mesas e hizo que el dinero cayera al suelo (Juan 2:14-15).

Este pasaje, por supuesto, es un maravilloso antídoto a la concepción popularizada por el arte victoriano y algunas viejas canciones de aquel "Jesús gentil, manso y humilde". No hay nada manso y humilde en un hombre que camina por el Templo con un látigo, aterrorizando a humanos y animales por igual.

Para comprender el enojo de Jesús tenemos que entender a los cambistas de dinero. Practicaban una especie de extorsión eclesiástica en la más santa tierra del mundo. Este era el único lugar donde las personas podían venir a adorar a Dios en los días santos, y tenían la instrucción de traer un sacrificio. Debían presentar lo mejor de sus ganados, las ovejas sin mancha, solo para entregarlas a la inspección de los sacerdotes. Los sacerdotes, por supuesto, tenían un trato hecho con los hombres de las mesas de dinero que justamente tenían mercadería "aceptable", garantizada para pasar la inspección. Los precios eran como de concesión en un estadio o teatro moderno: altísima ausencia de competencia o controles. Así las personas venían a adorar a Dios, y eran engañadas institucionalmente.

Pero hubo otras cosas que alzaron la ira de Jesús. Los mercaderes habían puesto un negocio en el atrio de los gentiles. Esta era en la parte exterior del Templo, el único lugar destinado para que los que no eran judíos adoraran. No es necesario decir, que era algo especial tener gentiles que vinieran a adorar al único Dios, e históricamente este atrio estaba especialmente separado y protegido. Pero los mercaderes lo habían eliminado. Lo habían llenado con toda clase de mercaderías y bultos, y otros elementos de sus negocios. Los gentiles no tenían otro lugar para ir. Y Jesús, que sabía que había venido a buscar y salvar a los perdidos –incluyendo a los gentiles perdidos– de ninguna manera podía aceptar algo así.

Ahora podemos ver por qué el enojo entró en ebullición dentro del Hijo de Dios. ¿Pero qué fue lo notable de su enojo? ¿Qué lo hizo santo en comparación al suyo o al mío? La clave está en el objeto de su ira. Jesús no estaba enojado ante las injusticias que le habían hecho. No vemos ninguna clase de enojo cuando fue arrestado y enviado ante Pilato, cuando fue golpeado o burlado, no vemos enojo cuando una multitud lo hizo retroceder hasta un acantilado al comienzo de su ministerio. Su enojo no era por Él, sino por Dios. ¿Con cuánta frecuencia podemos decir eso de nuestro propio enojo?

Tristemente nos enojamos muchísimo por nuestros temas personales, pero muy poco por las cosas que tienen que ver con Dios y lo que son sus intereses. Sentimos poca emoción por los niños sin hogar y los que mueren de hambre, por la persecución de los cristianos en otros países o por las personas que mueren sin escuchar el Evangelio. El enojo correcto jamás es sobre nosotros, siempre es olvidando nuestro yo.

Podemos también observar que Jesús tenía una respuesta racional mesurada –no temperamental– a la injusticia. Observe que cuidadosamente construye las cuerdas, luego muestra una resolución práctica al limpiar el atrio de los gentiles. No fue un berrinche sin control, sino una acción redentora.

Hay otro ejemplo que ilustra el enojo de Jesús. Un día le trajeron un hombre con una mano seca. Jesús sintió inmediata compasión por el hombre discapacitado y lo sanó allí mismo. Pero se levantó una controversia acerca del Sabat, ya que sería una violación técnica de esta ordenanza. Marcos 3:5 nos dice con términos muy claros: "*Mirándolos alrededor con enojo (...) entristecido por la dureza de sus corazones...*".

Estaba frustrado porque la gente no había entendido, no comprendían en absoluto de qué se trataban las leyes hebreas, no comprendían la compasión ni el amor redentor que superaba la impresión perfecta de la ley hebrea, y ni siquiera comprendían quién era el mismo Jesús. Así que Él estaba enojado, *correctamente* enojado.

Aristóteles lo expresó en una buena frase: "Un hombre que está enojado en su derecho, contra la persona exacta, de la manera correcta, en el momento justo y durante la extensión de tiempo correspondiente, merece gran alabanza". El enojo de Jesús cumplía todas las cláusulas de esa declaración.

Existe el enojo correcto, no pecaminoso. Pero acérquese a él con cuidado; mire en lo profundo de su corazón antes de aceptarlo usted mismo. El tipo correcto de enojo es admirable, pero lo contrario es abominación.

## RENUNCIE AL ENOJO PECAMINOSO

Ahora miremos la otra cara del enojo, la especie a la cual Pablo se refiere luego en el mismo capítulo. Lo describe más detalladamente y describe algunas de las formas que probablemente tome:

*"Quítense de vosotros toda amargura, enojo, ira, gritería y maledicencia, y toda malicia"* (Efesios 4:31).

Este es el tipo de enojo que usted y yo conocemos tan bien. Todos reclamamos estar expresando "indignación justa" de tiempo en tiempo, pero la mayoría del tiempo de lo que realmente hablamos es tipos comunes de enojo: amargura (rezongos), ira (enojo), clamor (rabietas) y un lenguaje equivocado (una lengua cargada de veneno). Todos tenemos nuestras debilidades, nuestras "s especiales" que nos toman y trabajan nuestras emociones hasta que nos encontramos luchando con el enojo. Tenemos que vivir en un mundo que nos lastima. Hay mucho de qué enojarse. ¿Qué podemos hacer? ¿Cómo podemos manejar nuestro enojo? Veamos algunas recetas positivas.

### No acumule enojo

Recuerde que en cierto momento, estar enojado es una elección. Vimos este mismo principio referido a la tentación en el capítulo anterior –el momento cuando la "válvula de escape" se abre–. En un momento definido podemos elegir apartar los sentimientos impuros, como Pablo nos aconseja hacer, o podemos construir un pequeño nido. En el momento que notamos un impulso de enojo y nos negamos a dejarlo ir, acabamos de poner la primera ramita en el nido. Y todos sabemos lo que sucede tarde o temprano en un nido: algo se cría y sale a volar.

La Biblia nos dice que no dejemos que el Sol se ponga sobre nuestro enojo. Esa es simplemente una manera elocuente de decir que vaciemos nuestras cuentas antes de que termine el día, y comencemos una nueva jornada con los libros en blanco. Como máximo mantenga doce horas los sentimientos de resentimiento; luego de eso, deben ser borrados completamente como Dios hace con los pecados suyos. No estoy consciente de ninguna paráfrasis bíblica que tenga como autora a Phyllis Diller, pero sé que ha dicho: "Nunca se vaya a la cama enojado. ¡Manténgase levantado y luche! Espero que esto quiera decir, traiga las cosas a la luz y tome una resolución correcta. Empezar de nuevo no es lo mismo que barrer las cosas debajo de la alfombra".

Si tan solo fuera fácil aceptar este consejo... pero puede ser que se haya dado cuenta que de todos los siete pecados mortales, la ira es la que mejor sabor tiene. Es una que en realidad gustamos; tal vez la palabra es que *saboreamos* nuestro enojo. Lo albergamos, le damos la bienvenida, le construimos un nido –luego fantaseamos con discursos, pensando cómo empatar con el otro, trazamos planes de ataque–. Pedro, el policía con cuya historia abrimos este capítulo, ilustra el peligro de alimentar un enojo.

¿Qué sucede cuando esas fantasías toman forma? Es posible que se transformen en más que fantasías. Piense en todos los discursos enojados que ha planificado mientras se daba vueltas y movía de un lado al otro de su cama. ¿Qué pasaría si dijera todas las cosas que le vinieron a la mente? ¿Le gustaría que fueran publicadas en un libro para que sus amigos y familia pudieran leerlas? Me alegro que este editor no me hiciera ese pequeño favor, *ese* no es un libro que esté ansioso por publicar. Me causaría una enorme pena y aflicción. Sin embargo, nos encanta componer esos discursos encubiertos y que jamás diremos; saboreamos nuestro enojo. Es muy difícil dejarlo de lado.

Un amigo en el ministerio aconsejó a una mujer que había estado divorciada durante muchos años. Luego de todo ese tiempo, aún asistía a seminarios para recuperarse del divorcio. Aún estaba salpicando toda su ira y amargura sobre el esposo que la había abandonado por otra mujer. El líder le preguntó:

– ¿Por qué razón no puede seguir adelante con su vida? ¿Por qué no puede dejar de lado su enojo?

Su respuesta fue:

– Porque es la única historia que tengo.

Ese es un triste comentario. Algunas veces necesitamos escribir "Fin" en la historia, aunque el final no sea feliz, y comenzar otro capítulo nuevo y fresco. El enojo alimentado no es forma de vivir. La queja es una especie de cáncer que ataca el alma y trae sentimientos de oscuro cinismo. Esa es la razón por la que decimos que el enojo es *tóxico*, se transforma en veneno que eventualmente mata el espíritu. Hebreos 12:15 nos advierte para que seamos jardineros atentos: no debemos permitir que ninguna raíz de amargura brote y produzca problemas y contamine el jardín de nuestras relaciones.

Borre todas las cuentas a la caída del Sol. Sea consciente de que si alguien le debe, probablemente usted también es deudor –y esté contento de quedar a cuentas en el libro de las relaciones–. Tenemos que recordar que La Biblia nos dice que evitemos cualquier otra deuda que no sea de amor.

## No dé rienda suelta a su enojo

Usted y yo conocemos personas a las que les encanta contar en detalle su enojo. Son prácticamente artistas del enojo, usan palabras de resentimiento como instrumentos. Tal vez sea la única historia que tienen, o tal vez su enojo les impide tener otras historias. "¡Si supieras lo último que sucedió!", dicen mientras se apuran por la entrada de su casa para acercarse. El enojo los consume de tal manera, que han perdido la visión de lo profundamente desagradable que es el enojo en una persona.

Cuando yo era joven, al comienzo de mi ministerio escuché un discurso de Henry Brandt sobre este tema. Él creía que era una falacia decir que otra persona "nos hace enojar". De acuerdo a Brandt, nadie puede hacer eso. Si nos enojamos es porque ya teníamos enojo dentro de nosotros, y le permitimos a otra persona hacerlo surgir. Pero nadie nos puede *hacer* enojar.

A medida que el tiempo pasa he visto la sabiduría de sus palabras. Hay personas que mantienen sus propias pequeñas fábricas de enojo internas, y tienen un pequeño suministro constante a mano. Casi todos pueden enojarlos, pero lo mismo dicho o hecho a otra persona, ni siquiera los molesta. Algunos simplemente tienen más botones para presionar. Algunas personas son *nada más* que botones.

El proceso principal de una fábrica de enojo, por supuesto, es *repasar* constantemente. Una y otra vez recordamos lo que dijo alguien. Comenzamos a encontrarle nuevos significados a lo que dijo. Lo agrandamos tanto que al principio quizá ni nos hubiera molestado, pero alimentamos el fuego hasta que las llamas crecen.

Recordar el enojo es algo peligroso.

## No hable sobre su enojo

La boca es un arma mortal; no le permita ser promotora de enojo. Efesios 4:29 nos dice: *"Ninguna palabra corrompida salga de vuestra boca"*. Esa palabra *corrompida* lleva el significado de cortante. No permita que ningún comentario cortante se le escape.

Desafortunadamente, casi se ha constituido en un deporte de puertas adentro en nuestra cultura contemporánea. Es una era cínica, de bocas punzantes en la cual vivimos, ¿se dieron cuenta? Utilizamos tanto la falta de respeto que hasta hemos abreviado la palabra "respeto" (N. del T. En inglés *disrespect*: se utiliza solamente *dis*). Pasamos mucho tiempo hiriendo al jefe, al pastor, a los niños, a los padres, a los vecinos… la lista, por supuesto, está compuesta por todos nuestros conocidos. Algunos actualmente están deseosos de hacer comentarios hirientes en público sobre sus esposas. Por mucho que esté extendido el sarcasmo, no hay lugar para él en el vocabulario cristiano, no si nos guiamos con la autoridad del Nuevo Testamento.

Hubo un tiempo que tuve un amigo que era maestro en comentarios hirientes. Tenía sus cuchillas muy afiladas. Nos encontrábamos para almorzar, y comenzaba conmigo. Yo lo tomaba con buen humor porque así debía ser. De hecho, decidí que podía combatir el fuego con fuego y comencé a contestarle igual, todo en broma. Pero, con el paso del tiempo, esta burla se transformó en un patrón para nuestra relación, y finalmente comencé a sentir un cambio en el espíritu de mi amigo. Un día observé que no se interesaba en mí, ni siquiera me miraba a los ojos. Ahora solamente se ocupaba de las comidas que compartíamos. Finalmente lo confronté.

Mi amigo inmediatamente me señaló una conversación que yo había olvidado completamente. Le había hecho una observación bromeando acerca de él sin querer. Pero lo había molestado. Lo tomó en forma muy personal, lo alimentó en su corazón y desarrolló un espíritu de amargura. El comentario, tan inocente como fue de mi parte, había envenenado nuestra amistad.

Es mismo día hice un pacto delante de Dios que, en cuanto fuera posible de mi parte, iba a eliminar completamente ese estilo de conversación de mi vida. Las palabras son demasiado poderosas para ser usadas descuidadamente. De allí en adelante comencé a utilizar palabras para decir exactamente lo que quería decir, ni más, ni menos. Cuando se trata de palabras y usted combate fuego con fuego, alguien siempre termina quemado.

Estoy agradecido que exista algo mejor para nosotros. De acuerdo a Efesios 4:29, nuestra alternativa es decir *"la que sea buena para la necesaria edificación, a fin de dar gracia a los oyentes"*. Eso suena más atractivo, ¿no es cierto? En lugar de quitarles valor a las personas, podemos pasar el mismo tiempo edificándolas, utilizando la lengua como instrumento de gracia. Esa es una de las marcas de un cristiano.

También tenemos que mantener en mente que la conversación es infecciosa. Si usted se rodea de un grupo sarcástico, ese espíritu se filtrará en usted tarde o temprano. Eso es lo que Proverbios 22:24-25 trata de decirnos: *"No te entremetas con el iracundo, ni te acompañes con el hombre de enojos, no sea que aprendas sus maneras, y tomes lazo para tu alma"*. ¿Ha considerado esto? Las relaciones que elija pueden tender una trampa a su alma.

### No disperse su enojo

Proverbios 19:11 dice: *"La cordura del hombre detiene su furor, y su honra es pasar por alto la ofensa"*. El enojo pecaminoso no es reprender a alguien, sino permitirnos una rabieta.

Las rabietas del temperamento, por supuesto, tienen que ver con los niños pequeños. Mi nieto es angelical y me gustaría tener espacio para mostrar fotos de él en este libro, pero en ocasiones he visto algunas de sus rabietas, también. Ocasionalmente David Todd quiere algo que no es posible darle. Así que hace lo que hacen todos los niños de su edad: chilla, extiende sus puños, zapatea, da vueltas en la alfombra... Expresa cada gramo de enojo y frustración en su interior, porque no ha alcanzado la edad donde el dominio propio es posible.

La mayoría de nosotros alcanzó esa edad. Dominamos nuestras emociones en diferentes grados. Algunos adultos se permiten tener rabietas de adultos. Puede ser que no den vueltas por la alfombra ni chillen, pero dan rienda suelta a sus emociones en sus propios términos.

Cuando debe tratar con el enojo, nunca lo albergue; no lo repase, no hable de él, no lo disperse. En vez de eso, debe actuar a la inversa.

### Revierta su enojo

¿Enojo a la inversa? ¿Qué significa eso? Todos hemos hecho cosas que deseábamos poder revertir. Rompimos, dijimos o hicimos algo, y hemos deseado rebobinar la película de la vida y revertir el daño. Pero el tiempo es irreversible. La Biblia ofrece una alternativa para cambiar las cosas.

De hecho, Las Escrituras están llenas de estas recetas. Sencillamente parece locura para el mundo —en esas raras ocasiones cuando el mundo lo ve—. Si alguien nos enoja, ofrecemos amor como respuesta. Si alguien nos amenaza dañarnos, sentimos compasión por lo que ha forzado a esa persona a ser así. En vez de responder, ofrecemos redención.

Romanos 12:20 dice: *"Así que, si tu enemigo tuviere hambre, dale de comer; si tuviere sed, dale de beber; pues haciendo esto, ascuas de fuego amontonarás sobre su cabeza".*

Este era un versículo que me confundía. Se suponía que le ofreciera *comodidad* al enemigo ¿y con *qué* propósito? ¿Amontonar ascuas de fuego sobre su cabeza? Decidí llegar hasta el fondo de este pasaje, y lo que descubrí me fascinó. Descubrí una antigua costumbre egipcia. Si una persona cometía algún tipo de error y sentía la necesidad de expresar su vergüenza y constricción, para mostrar a todos la vergüenza quemante dentro de su corazón, esta persona se ponía un recipiente de carbones encendidos en la cabeza.

Este es el trasfondo real de este pasaje mal interpretado del Nuevo Testamento. Si alguien le hace mal de alguna forma, vea lo que sucede cuando usted le devuelve bien por mal. La vergüenza de la otra persona se hace tan visible como un recipiente de carbones chirriante sobre su cabeza. De hecho, la imagen mental puede en sí ser suficiente ¡para cambiar su gruñido en sonrisa!

Esto es lo que significa revertir su enojo. Damos vuelta las reacciones humanas cabeza abajo. Pagamos con lo contrario de lo que podemos sentir, o lo que nos hicieron. ¿Esto es fácil? No, para nada. Se necesitan dosis saludables de sabiduría, madurez y dominio propio. Pero los resultados valen la pena. Descubrí eso un día, no hace demasiado tiempo.

Era un día muy ocupado, tenía que almorzar a las corridas, así que manejé hasta la ventana del local de comidas rápidas. Supongo que tenía mi mente en lo que había pedido, y no vi venir a la mujer que se acercaba a la cola de autos desde la otra dirección.

Aparentemente le corté la ruta que tenía intención de seguir. Fue completamente sin intención, pero ella no lo vio así; estaba furiosa. La mujer bajó la ventana y me dijo de todo.

Gritó algunas obscenidades que hacía tiempo que no escuchaba, utilizó gestos con sus manos, me tocó bocina... fue una presentación multimedia; y para decir lo mínimo, uno de las más *detalladas* exposiciones de enojo que haya visto. Cuando llegó el momento en que su volcán se quedó sin lava, se ubicó detrás de mí en la línea de espera. Admito que cerré las puertas del auto.

Pero también tuve una idea repentina. Mientras me daban la comida, pedí la boleta de gastos total de la señora que estaba detrás de mí. La joven que atendía me preguntó:

– ¿Es de su familia?

– ¡No, para nada! –de solo pensarlo me pasó un frío por la espalda–. Pero, igual quisiera pagar su comida.

– Bueno, eso es muy amable de su parte –dijo la encargada.

Así que pagué por los dos. Confieso que no pude evitar esperar cerca y ajustar furtivamente mi espejo retrovisor, porque quería ver la respuesta de la mujer.

Estaba completamente impactada cuando volví a verla. Era como si hubiera visto algo sobrenatural –y tal vez fue así–. Acababa de atacar a un extraño con sus garras, y él le compró su almuerzo. Fue inversión a escala mayor.

Invertimos no solamente lo que podríamos haber hecho, sino seguramente como vamos a sentirnos después. No sé cómo se siente ella hoy –si son carbones encendidos o lava hirviente– pero yo me siento bien por el incidente. Siento que probé la verdad de la receta bíblica. Cualquier teórico del fútbol le dirá que cuando hay presión en el medio, puede pedir inversión.

Demostramos que no tenemos esas cosas guardadas en nuestro interior; estamos libres de ira mundana, más bien tenemos guardados montones de amabilidad amante, ternura y perdón. Otorgamos gracia en abundancia y el beneficio de la duda. Encontramos alguna manera o acción para favorecer al agresor. Y mientras hacemos todo esto, puedo garantizarle que no hay enojo que pueda levantarse en su alma, que no será disuelto por el poder de la gracia.

## PUNTUACIÓN DE LA ORACIÓN

La gracia no es la forma natural de comportarse; es la sobrenatural. El mundo debería esperar de los cristianos algo más allá de lo natural. Capaces de soportar todo lo malo, lo malvado y la persecución que el mundo pueda hacer, y enfrentarlo con una doble dosis de amor y compasión, esta es la evidencia visible de Dios. Es el testimonio más poderoso que posiblemente pueda ofrecer. Es un cuadro viviente que vale por miles de palabras.

Rubin "Huracán" Carter era un boxeador que estuvo en los titulares de Hollywood. Fue acusado erróneamente por tres asesinatos. Pasó dos décadas en prisión, pagando el precio de un crimen que otro había cometido, hasta que finalmente ganó su libertad. Un libro y una película cuentan la historia de sus desgracias.

¿Cómo se hubiera sentido usted si le sucedía esto? Sentado en esa celda, solo, durante veinte años, ¿qué pensamientos y emociones hubieran circulado por su mente?

Dejemos que Rubin le relate sus pensamientos sobre esta experiencia de pesadilla:

"Invariablemente uno se hace la pregunta, la hizo antes y se la hará después: 'Rubin ¿estás amargado? Y en respuesta a eso diré: 'Después de todo lo que se ha dicho y hecho, la realidad de que la mayor parte de mis años productivos de la vida entre los veintinueve y cincuenta, me fueron robados; el hecho de que fui privado de la posibilidad de ver crecer a mis hijos. ¿No creen ustedes que me daría el derecho de estar amargado? ¿No podría alguien bajo esas circunstancias tener el derecho de estar amargado? De hecho, sería muy fácil estar amargado. Pero esa nunca ha sido mi naturaleza o mi forma de ser, la de hacer las cosas que salen más fácil. Si he aprendido algo en mi vida, es que la amargura únicamente consume el recipiente que la contiene. Y para mí dejar que la amargura me controle o me infecte la vida en cualquiera de sus formas, sería permitir a aquellos que me pusieron en prisión que se lleven aún más de los veitidós años que ya me sacaron. Hacer eso ahora me transformaría en su cómplice".[3]

Rubin Carter Podría haber arremolinado un huracán de emociones dentro de él –la mayoría de las personas lo habría hecho–. Pero sabía que un crimen era suficiente. ¿Para qué perpetuarlo? En algún lugar todo lo malo, todo lo equivocado debe recibir la correcta puntuación. Alguien debe colocar un punto en lugar de una coma; de otra manera la vida es una larga oración sin fin. Rubin sintió que su oración ya había sido suficientemente larga. Así que caminaba como un hombre libre, libre no solamente de las barras de acero, sino de aquellas que nos imponemos nosotros mismos.

El enojo puede tener puntuación. Lo hacemos cuando lo invertimos y se lo entregamos a Dios. Un día, hace muchos años, un hombre fue golpeado y torturado. Lo escupieron y robaron. Soportó cada insulto imaginable, entonces fue clavado en una cruz. Colgando de allí en oscuridad y burla, sangrando de casi cada parte de su cuerpo. Podría haber gritado maldiciones a todos sus asesinos. De hecho, podría haber hecho mucho más que eso. Tenía un poder asombroso a su alcance.

Pero Jesús revirtió la maldad. La cargó toda sobre su cuerpo doliente y ofreció una oración de perdón: *"No saben lo que hacen"* dijo. ¿Y acaso eso no es cierto la mayoría de las veces en que nos dañan? La gente no sabe lo que hace.

Cuando Jesús eligió esa reacción, el más grande de todos los milagros sucedió. El pecado no fue ignorado, fue sanado. La misma muerte fue destruida. Una larga cadena de maldad desde la época de la creación fue quebrada. Y aún más –un nuevo modelo se estableció–. Usted y yo debemos ser ejemplos de ese modelo. *Bien* por *mal*. *Bendiciones* por maldiciones. *Compasión* en lugar de agresión. El día que hacemos esto comienzan los milagros. El día que hacemos esto somos liberados de una prisión impuesta por nosotros mismos, y se nos garantiza la libertad de vivir en paz y gozo.

Pedro estaba delante de su revolver, aceitando, lustrando, planificando. Sus planes habían sido destruidos, y alguien tenía que pagar. Estaba al borde de transformarse en lo mismo que él se había pactado luchar en contra. Pedro escuchó el ruido metálico de las balas que giraban en la cámara. Su mente estaba llena de voces enojadas que lo empujaban, excepto una. Esa era diferente a las demás.

¿Qué era eso? Había un sonido, la sensación de *oración* dentro del zumbido de su cabeza. Era algo sin sentido. De alguna manera, en alguna parte Pedro *oraba* mientras el resto de él planificaba. Se detuvo, escuchó, y se encontró abrazando las palabras que parecían venir directamente de su alma:

"Por favor, Dios ¡párame! No me permitas quitarle la vida a este hombre. No me permitas deshonrar a mi esposa y mi hijo que aún no ha nacido. Te pido, Señor, retén mi mano".

Y simplemente así, el espíritu de venganza fue quebrado. Cualquier cosa que estuviera en el interior de Pedro inclinada al mal, ahora había huido, Pedro se arrodilló, tembló y lloró. Luego apartó los revólveres, los planes y la ira. Salió hacia la puerta para encontrar un nuevo trabajo.

Pero no encontró ningún trabajo. Y para ser honestos, había mucha amargura dentro de él, pero era amargura más *racional* ahora, eso era todo. Aún no había arreglado las cosas con Dios. En las semanas siguientes, mientras continuaba buscando una nueva carrera, su esposa estuvo de parto. Como muchos primerizos, este vino con gran dolor y trabajo. El parto duró las más extensas doce horas de la vida de Pedro, y oró casi cada instante: "¡Señor, ayuda a mi esposa! ¡Ayuda a mi hijo!" Mientras hablaba con Dios simple, honestamente, era como si Dios le contestaba algo.

De pronto se dio cuenta que no había conocido a Dios antes en absoluto, y que sin Él, jamás podría haber paz en su vida. Allí en el hospital entregó su vida al Señor, completamente.

Luego de que llegó el bebé, Pedro estuvo haciendo llamados telefónicos para dar a conocer la noticia. Trataba de llamar a sus padres, pero marcó sin querer el número de su propia casa, y aprovechó para revisar los llamados. Un hombre había tratado de encontrarlo para ofrecerle un trabajo. El trabajo comenzaba el día siguiente. ¿Pedro estaba interesado en tomarlo? Sí, por supuesto.

El entrenador de Pedro resultó ser un hombre que amaba al Señor intensamente, un hombre que rápidamente advirtió lo que sucedía en el alma de su colaborador. Entrenó a Pedro mucho más que en el trabajo en las siguientes semanas. El mismo Dios que detuvo la mano de Pedro había enviado un ángel para nutrir su alma. "Dios me debe amar mucho", pensó Pedro. Costaba entenderlo.

Actualmente Pedro es un nuevo hombre. Un esposo comprometido, un padre amante de sus hijos, un hijo de Dios en crecimiento. Cada aspecto de su vida es floreciente. Hay un milagro en cada uno de ellos. Y cada trocito fue casi destruido por el enojo.

¿Está enojado? Entregue su enojo a Dios. Vea las cosas milagrosas que pueden venir de Él. Dios lo ama tanto como ama a Pedro

# RESISTA A SU RESENTIMIENTO

## 8

Puede ganar la batalla y vivir victorioso

eonard D. Holt era un "integrante de una compañía" al viejo estilo. Había dedicado diecinueve años de intenso trabajo en el mismo molino de papel en Pennsylvania. Cuando no estaba de turno
allí como técnico de laboratorio, uno podía encontrarlo en la ciudad di-
rigiendo una tropa de Boys Scouts. O pasando tiempo con sus hijos. O
como voluntario de los bomberos de su barrio. Leonard era un miembro activo de su iglesia y un modelo de ciudadano completo, la misma
personificación de lo solícito y participante de la comunidad.

Todos en la ciudad admiraban a Leonard, hasta el día en que guardó
dos pistolas en los bolsillos de su saco, manejó hasta el molino, y caminó
por el medio de la planta baleando metódicamente a amigos y colaboradores de tanto tiempo. Hasta que el ataque finalizó su sangriento curso,
Leonard disparó treinta balas mortales y dejó innumerables víctimas.

La comunidad solamente pudo responder con una incredulidad per-
pleja y dolor. ¿Por qué el líder de su iglesia, su maestro del grupo de
Scout, su vecino leal hizo tal cosa? Si un hombre como Leonard fue capaz de hacer esto ¿quién era digno de confianza?

Pasó algo de tiempo para comenzar a entender la compleja incógni-
ta de la caída de Leonard. Detectives amigos y vecinos comenzaron a
reunir las piezas de una vida que auxilió a una ciudad antes de destro-
zarla en pedazos. ¿Quién o qué demonio se había apropiado de Leonar?
Mientras las personas de la ciudad hablaban, comparaban notas y ponían las piezas en su lugar, vieron un cuadro que siempre había estado
allí. Solo que nadie eligió verlo. Había algo detrás de todo aquel trabajo duro, sonrisas de vecino y el voluntariado.

Encontraron el demonio y su nombre era: "resentimiento".

La pieza clave de este rompecabezas estaba en el trabajo de Leonard. Durante los diecinueve años en el molino, siempre había dado lo mejor de sí; sin embargo, hombres que estaban debajo de él habían sido promovidos por encima de él. Nadie había prestado demasiada atención a los sentimientos de Leonard acerca de eso, pero ahora, muchos de los hombres promovidos eran los mismos que estaban enterrados en el cementerio. Otra pieza del misterio la dio el transporte que hacía de sus compañeros. Algunos habían decidido dejar de ir porque la forma en que Leonard manejaba era imprudente y peligrosa. Ahora surgía claramente que algo había carcomido su interior de ida y vuelta al trabajo, y probablemente también durante todas las horas intermedias. Nadie sospechaba que un demonio de amargura venenosa había atrapado el alma del hombre.

Después de todo, Leonard era simplemente otro rostro en la multitud, un rostro que llegado el momento apareció en la revista *Times* con el titular: "Responsable, respetable, resentido".[1]

Tal vez la mejor caricatura del poder del resentimiento quedó registrada por la pluma del autor Charles Dickens en su novela *Grandes expectativas*. Allí encontramos el personaje inmortal de la señorita Havisham, a quien dejaron plantada en el altar muchos años antes. Tiempo atrás estaba vistiéndose para su boda, esperando que llegaran las nueve de la noche, cuando su novio llegaría y el bendecido evento comenzaría. La inmensa torta de bodas, junto con una comida suntuosa, la esperaban.

Y precisamente diez minutos antes de las nueve, un mensaje llegó a la mansión de la señorita Havisham. Cada reloj de la casa quedó parado a las nueve menos diez a partir de ese día. Ni el guardarropa de la vieja señorita Havisham cambió: seguía llevando el vestido de bodas y el velo, ahora desgastado, amarillento con el paso del tiempo, y andrajoso. Las ventanas de la mansión en ruinas estaban totalmente recubiertas para que la luz del sol jamás pudiera volver a entrar. Durante décadas la torta y la comida se pudrieron en las mesas, la mayoría se la habían llevado las ratas y las arañas. Podía escucharse el ruido de las ratas detrás de los paneles de la pared. "Dientes más filosos que los de las ratas me han mordido a mí", decía Miss Havisham.

Y, por supuesto, tenía razón. Los dientes del resentimiento cortan mucho y en profundidad, y puede dejar deshecha la existencia que Dios diseñó como un festejo y celebración de la vida abundante. Las almas resentidas cuelgan las tapicerías y a propósito bloquean el sol.

En el capítulo previo exploramos las emociones del enojo; el resentimiento es el enojo multiplicado con el tiempo. No se disipa como el enojo, sino que está al acecho debajo de la superficie, imposible de encontrarlo por ningún aparato detector. El autor Lewis B. Smedes escribió: "Podemos aparentar que estamos en paz mientras las furias de la ira están en el interior, debajo de la superficie. Allí, escondido y reprimido, nuestro odio abre las fauces subterráneas del veneno que a su tiempo infectará todas nuestras relaciones de maneras impredecibles".[2]

Mi buen amigo Gary Inrig contó la historia de un hombre que fue mordido por un perro y que luego descubrió que estaba rabioso. Los exámenes del hospital lo confirmaron: el hombre había contraído rabia. Este era un tiempo cuando no había demasiado para hacer luego que se contraía la rabia, no se había desarrollado su cura. El doctor tuvo la ingrata tarea de darle las malas noticias a su paciente.

– Señor –dijo– se hará todo lo posible para que esté cómodo, pero no podemos ofrecerle ninguna falsa esperanza. Mi mejor consejo es que ponga sus asuntos en orden lo más pronto posible.

El hombre desahuciado cayó en depresión y estaba conmocionado, pero finalmente reunió suficiente fuerza para pedir una lapicera y un papel. Comenzó a escribir furiosamente. Una hora después, cuando el doctor regresó, la lapicera del hombre todavía estaba funcionando. El doctor dijo:

– Bueno, veo que aceptó bien mi consejo. Me imagino que está trabajando sobre su testamento.

– No es el testamento, doctor –dijo el hombre– es la lista de personas que tengo planeado morder antes de morir.[3]

Los resentidos son aquellos que han sido mordidos y canalizan su energía mordisqueando a otros. El resentimiento nos transforma en personas permanentemente enojadas; graba profundas líneas en nuestros rostros. Agrega pesadez a nuestros mismos pasos. Esta no es forma de vivir; ¿por qué hay personas que la eligen como un estilo de vida?

La Biblia pinta un retrato detallado del malvado gigante llamado resentimiento. Miremos en forma más detenida.

## EXAMINEMOS AL RESENTIMIENTO

No encontrará la palabra *resentimiento* en la Concordancia de su Biblia. Es un término moderno, pero la idea no es nada nueva. Pablo sí utiliza una frase que se acerca mucho al significado. La encontramos en un lugar sorprendente y descubrimos que tiene un sentido sorprendente.

Se encuentra en 1 Corintios 13, el capítulo clásico sobre el amor. Como recordarán, Pablo describe el amor *ágape* así: *"[El amor] no hace nada indebido"* (v. 5). La porción de esa frase que nos da el sentido es la palabra griega *logizomai*. Es poco probable que sepa de dónde se originó esta palabra. Proviene de los contadores. Realmente significa "calcular o estimar". El contador público certificado del primer siglo podía anotar una cuenta en su libro mayor, y calculaba o estimaba qué número de elementos tenía. La palabra para su computación sería *logizomai*.

Por lo tanto *logizomai* tiene que ver con anotar en su libro mayor, hacer una entrada con tinta permanente. En el Nuevo Testamento esto es generalmente una cosa *buena*. Estamos organizados cuando mantenemos buenos registros. Pero existen registros que es mejor no encontrar en los libros. En Romanos 4:8 Pablo declara: *"Bienaventurado el varón a quien el Señor no inculpa de pecado"*. La idea es que Dios mantiene un libro mayor, y usted es verdaderamente bendecido si Dios no ha registrado nada al lado de su nombre. Si se ha entregado a Cristo, por supuesto, su sangre ha lavado toda la línea donde está su nombre y sí, usted es verdaderamente una persona bendecida.

En 2 Corintios 5:19 encontramos: *"Dios estaba en Cristo reconciliando consigo al mundo, no tomándoles en cuenta a los hombres sus pecados"*. Él desecha el libro mayor. Para muchos de nosotros, la imagen de Dios con un libro así no es una idea nueva en absoluto; algunas personas tienen la concepción de Dios trabajando, registrando cada pequeño pecado. Es necesario que sepa que Él ha quitado su pecado y lo ha puesto tan lejos como está el oriente del occidente. Merecíamos que nos tiraran el libro *delante* de nosotros, pero en vez de eso lo han arrojado *lejos* de nosotros.

Cuando llegamos al tema del registro de los impuestos, los papeles de negocios y las transacciones de su familia, es altamente recomendable llevar un registro. Pero cuando se trata de las transacciones que llamamos relaciones, necesitamos descartar los libros. La práctica de *logizomai* es veneno cuando se trata de esposos y esposas, padres e hijos, amigos y compañeros. El amor, nos dice Pablo en 1 Corintios 13, no lleva libros. No publica ninguna tabla de posiciones. No hace listas para ver a quién va a morder. El amor se acuerda de olvidar.

Crisóstomo, el líder de la iglesia del siglo IV, una vez dijo que si al amor le hacemos algo malo es como tirar una chispa en un océano que lo ahoga. El resentimiento echa combustible a las llamas de la vida y el amor. Venera el fracaso y el mal, y no permite que nadie se olvide.

## EL EJEMPLO DE RESENTIMIENTO

David, el ejemplo de textos de tantos asuntos del corazón, es naturalmente un modelo de resentimiento al mismo tiempo. Era el hombre según el corazón de Dios, pero tenía muchas fallas. En su lecho de muerte el rey David hizo entrar a su hijo Salomón al cuarto para darle un consejo final; en 1 Reyes 2:5-6, nos ha quedado un registro de sus palabras:

> *"Ya sabes tú lo que me ha hecho Joab hijo de Sarvia, lo que hizo a dos generales del ejército de Israel, a Abner hijo de Ner y a Amasa hijo de Jeter, a los cuales él mató, derramando en tiempo de paz la sangre de guerra, y poniendo sangre de guerra en el talabarte que tenía sobre sus lomos, y en los zapatos que tenía en sus pies. Tú, pues, harás conforme a tu sabiduría, no dejarás descender sus canas al Seol en paz".*

Piense en el hombre más grande de su época en todo el mundo, que se prepara para ir al encuentro de su Dios. ¿Y qué sabiduría imparte? Un viejo rencor de muchos años, un elemento del libro mayor de un rey, y la perpetuación generacional de una falla de carácter. Porque David le está pasando un legado de venganza a su hijo, el mismo que quiere que sea rey sabio y piadoso. "No permitas que Joab muera de muerte natural, hazlo de cualquier manera –le dice–. Ocúpate de que pague con su vida por el dolor que me ha causado."

Este es el lado de David que preferiríamos no ver. Tal vez es un lado que nosotros mismos tenemos y preferimos no enfrentar. El resentimiento es una criatura horrible y deformada. El poeta Stephen Crane la describió así:

> En el desierto
> vi una criatura, desnuda, bestial,
> quién, agazapada sobre la tierra,
> guardaba el corazón entre sus manos,
> y lo comía.
> Dije: "¿Le gusta, amigo?"
> "Es amargo, amargo –respondió–
> pero me gusta
> porque es amargo,
> y porque es mi corazón."

Demasiadas personas se transforman en ese personaje horrible, encorvado, que se come su propio corazón y cree que le gusta el sabor. Pero lo que no se dan cuenta es que el resentimiento dentro de ellos no queda siempre igual. En realidad se parece más al cáncer que entra y luego es el que manda. Como escribió Helen Grace Lesheid: "Crece. Distorsiona la realidad. Nos mantiene encadenados al pasado. Como el aire malo, no solo contamina a la persona amarga, sino a aquellos que toman contacto con ella".[4]

Una cadena, un cáncer, una pequeña y horrible criatura, aire contaminado. La amargura y el resentimiento se describen a través de muchas palabras ilustrativas, pero tal vez la más perdurable es la que encontramos en Hebreos 12:15. Es la metáfora de la raíz de amargura: *"Mirad bien, no sea que alguno deje de alcanzar la gracia de Dios; que brotando alguna raíz de amargura, os estorbe, y por ella muchos sea contaminados."*(subrayado agregado).

Pregunte a cualquier jardinero sobre los yuyos. Le dirá que una vez que los yuyos se adueñan, pueden ser verdaderamente difíciles de sacar. Los yuyos se adueñan y ahogan el pasto hermoso y las flores pensadas para esa parcela de tierra. Eso es exactamente lo que hace el resentimiento.

"Déjeme tener mi resentimiento –podría decir alguien–. No es el problema de nadie, solamente mío." ¿Por qué no ignora ese yuyo desviado? Si no lo mira de muy cerca puede pasar por pasto. La respuesta, por supuesto, es que tanto uno como el otro se extienden y envenenan su medio ambiente. Su amargura contra un ex marido o el jefe del trabajo empañará todas sus relaciones. Se extenderá a su matrimonio, a sus amistades, aún a su relación con Dios. Asfixia todo lo que toca.

## EL COSTO DEL RESENTIMIENTO

Los psicólogos nos dicen que la raíz de amargura se cultiva a gran costo. Cuando elegimos aferrarnos a nuestro resentimiento, renunciamos a controlar nuestro futuro. Cambiamos la frescura de un nuevo día y todas sus posibilidades, por el dolor del pasado. Con demasiada frecuencia nos comemos el corazón, mordisco a mordisco, de alguien que puede estar lejos y totalmente inconsciente de nuestros pensamientos, totalmente olvidado de lo que sucedió, y seguramente ignorante completamente de cualquier cosa que podamos pensar o hacer. El resentimiento –dijo alguien– es tomar nosotros el veneno y esperar que la otra persona se muera.

Hemos arriesgado no solamente nuestra salud espiritual, sino también la física. De hecho, Dick Innes ha escrito sobre un médico cuyo paciente estaba sufriendo toda clase de síntomas: estrés, úlceras, alta presión sanguínea.

– Si no deja de lado sus resentimientos –dijo el médico a su paciente impactado– tal vez tenga que cortar parte de su intestino.

Eso atrajo la atención del hombre. Se fue a su casa y cortó bastante su porción de resentimiento, e hizo todos los arreglos posibles para poner en orden sus relaciones y sentimientos. En su próxima cita el doctor pudo decirle que su condición había mejorado; ahora era un hombre sano.[5]

Cuando elegimos apegarnos a la amargura, es como si nos ubicáramos bajo una maldición maligna. Solamente el antiguo y piadoso remedio del perdón quitará esa maldición. En nuestro tiempo el libro definitivo sobre ese tema es de Lewis Smedes, que nos entregó el clásico: *Forgive and Forget* (Olvide y perdone). Smedes relata una obra de teatro que ilustra el poder del resentimiento. Esta obra es la historia de un general alemán y un periodista francés. Herman Engel, el general capturado, es sentenciado a treinta años de prisión por la Corte de Nuremberg luego de la Segunda Guerra Mundial. Morrieaux, el periodista, está furioso. Su familia fue masacrada por las tropas de Engel durante la guerra, y quiere que Engel pague con su vida, no con una sentencia a prisión. Durante treinta largos años realiza su propio ritual de pena de muerte en la cámara de ejecuciones de su corazón, vez tras vez.

No vive para nada más en este mundo que esperar el día en que puede llevar a cabo el castigo en la vida real.

El viejo general, Engel, sobrevive a su larga prisión y sale, un hombre cansado y quebrado. Solamente quiere que lo dejen solo y lo olviden; por lo tanto él y su esposa edifican una cabaña en los bosques cercanos a Alsacia. Allí tenían el propósito de vivir el resto de los años que les quedaban, quieta y discretamente. Pero no saben que Morrieaux ha seguido los movimientos de la pareja. Está en una ciudad cercana y trata de incitar a una movilización de fanáticos que se levante y tome venganza contra el viejo nazi. Su plan es venir de noche, quemar la cabaña y dispararle a Engel y su esposa.

Pero hay una pieza sin acabar en el asunto. Morrieaux, como periodista, siempre quiere saber más sobre lo que realmente había sucedido a la comunidad de su familia. Decide hacer una visita a Engels el día anterior a la muerte, solo para hacer algunas preguntas.

Morrieaux visita al desgastado Engel y comienza a preguntarle sobre cada masacre, cada atrocidad. Pero no está preparado para ver al débil viejo con que se encuentra, el que lucha para recordar viejos detalles. Este hombre no es un monstruo, sino meramente un viejo en el invierno de su vida, que solo espera morir. Morrieaux no está enojado como pensaba, no después de su encuentro cara a cara. Repentinamente disuelve todos los planes para el día siguiente, y ofrece llevarlos a los bosques y salvarles las vidas. Engel escucha y contesta: "Iré con usted con una sola condición. Iré si me perdona".

Morrieaux duda. Es una pregunta difícil para un hombre que ha construido su vida alrededor de la esperanza de destruir a su adversario. Ha matado al viejo alemán en su corazón muchas veces durante tres décadas. Asombrosamente, Morrieaux descubre que es perfectamente capaz de rescatar a su viejo enemigo, y que está más que deseoso de evitar la ejecución.

Pero *¿perdonarlo?* Eso no podía hacerlo.

Los Engels no se van. Y la tarde siguiente mueren en manos de una multitud enfurecida.[6]

Nos queda este enigma: ¿por qué es más fácil perdonar con nuestras manos que con los corazones? ¿Por qué un hombre es capaz de rescatar a otro pero incapaz de perdonarlo? La respuesta es que la amargura es un cáncer que desarrolla raíces tan profundas que no puede ser arrancado con facilidad, sus dientes se hincan demasiado profundamente. Puede comenzar alimentando una queja menor, y si la nutre, esta crece hasta llegar a ser un resentimiento poderoso. Llega el momento en que tiene vida propia, y es imposible no continuar alimentándola, nutriéndola. Finalmente, ya no es más algo que usted tiene, es algo que lo tiene a *usted*. Su vida entera se define y ordena alrededor de los principios del odio.

Ninguno de nosotros deseamos vivir así. Si pudiéramos verlo anticipadamente, haríamos casi cualquier cosa para evitar caer bajo la maldición demoníaca del resentimiento. ¿Qué podemos hacer? ¿Cómo podemos resistir?

## CINCO PASOS PARA RESISTIR EL RESENTIMIENTO

### 1. Piénselo

¿Por qué la mayoría de las personas albergan resentimiento contra otras? La repuesta podría ser sorpresiva. Los médicos creen que el resentimiento les da a las personas un sentido de superioridad sobre aquellos a quienes odian. Seguir pensando en el error que hizo esa persona los hace aparentemente inferiores, y a la persona amargada, superior. Queda claro que las personas que tienden a pensar menos de sí mismas, son aquellos que se inclinan por el resentimiento, porque les da una manera –*insana*– de ubicarse un poco más alto en la jerarquía.

El resentimiento ubica a un individuo enojado en el asiento del juez, que golpea con el martillo. Lo transforma en jurado y el ejecutor también. Hay un sentido de poder al fantasear la ejecución de lo que parece, en nuestra imaginación por lo menos, algo justo. Con cada nuevo episodio de nuestras fantasías interiores, la historia se pone mejor, el antagonista se hace más malo, el castigo es más dramático. ¡*Esa persona recibe lo merecido!* Alguien ha dicho que nuestras fantasías de amargura producen placer neurótico y orgullo espiritual. En nuestras mentes, por lo menos, somos dos cosas: altos y poderosos.

Lo primero que hay que hacer, entonces, es simplemente pensar. ¿Es este el tipo de vida que me gustaría llevar? ¿Es esta la dirección en la que quiero proyectar mis pensamientos? ¿Es este un uso correcto de la energía emocional? Un poco de pensamiento racional curará mucho resentimiento desubicado.

## 2. Escríbalo

Una de los más útiles dones que Dios nos ha dado es el talento de operar una lapicera sobre el papel. Podemos usarlo en la oración; para preservar memorias; para alentar a otros. Podemos también utilizarlo para organizar nuestros pensamientos y sentimientos.

Es interesante tratar de llegar hasta el fondo de una enemistad. Los historiadores hace largo tiempo han estado fascinados por la famosa enemistad entre los clanes de Hatfield y McCoy. Fue una batalla sangrienta entre dos familias establecidas en la ladera de una montaña, y persistió durante generaciones y a expensas de muchas vidas. Con todo, ninguno tenía demasiado claro cómo había comenzado la enemistad. Todos tenían una historia diferente. No había nada ambiguo; sin embargo, sobre los resultados. Uno de los dos patriarcas originales, "Randell" McCoy, perdió cinco de sus hijos, todos ellos con armas de fuego. Casi se había vuelto completamente loco por la pena, y a veces se lo veía caminar por las calles de Pikeville, West Virginia, contando y recontando la historia de la enemistad a quien quisiera escucharlo. Su contrapartida, "El diablo Anse" Hatfield, luchaba con la culpa y el remordimiento por la enemistad. A pesar de su nombre, "Diablo Anse" finalmente se entregó a Dios, dejó de lado su amargura y se bautizó en las aguas de Island Creek.

Algunas veces estamos dispuestos a pelear hasta la muerte por una causa que ya no podemos ni siquiera formular, si es que alguna vez pudimos hacerlo. Hay familias que perpetúan malos sentimientos largo tiempo después que las causas han sido olvidadas y los antagonistas originales ya están muertos. Por esa razón, lo mejor que puede hacer es *escribirlo*. Exteriorice esos sentimientos, póngalos en papel ante su vista, y mírelos a la luz. Tal vez se sorprenda de lo que ve. Podría ser que eso, esa persona, esa situación, no valga en absoluto la energía emocional que está gastando. Con demasiada frecuencia los enemigos de nuestros panoramas emocionales no saben lo que hacen.

Las palabras tienen una manera de traer precisión a los sentimientos vagos y amorfos. Cristalizan nuestros pensamientos y nos muestran lo que está por debajo. La situación es como el pequeño niño que estaba asustado en la oscuridad. Algo lo mira desde la puerta del armario, y cada noche parece más y más terrible. Pero cuando sus padres se lo muestran a la luz ¡es nada más que su viejo saco, uno que tiene un pájaro verde! ¡Quién puede sentirse alterado por un saco que tiene un pájaro verde!

Eso es lo que sucede cuando trae su amargura de la oscuridad hacia la luz. Lo mejor que podemos hacer es escribirlo, cuidadosa y honestamente. Charlie Shedd y su esposa tuvieron un gran altercado, y él se fue de la casa. Cuando regresó había una nota en el refrigerador que decía: "Querido Charlie, te odio. Con amor Martha". Sea así de honesto. Comience su ensayo: "Estoy lleno de resentimiento porque...". Luego agregue todos los detalles y cuando haya terminado lea su ensayo en voz alta. Vuelva después y léalo nuevamente. ¿Aún está resentido?

## 3. Resuélvalo

Una pareja estuvo casada durante cincuenta años. En la fiesta de aniversario alguien les preguntó el secreto. El esposo dijo: "Hicimos un pequeño acuerdo cuando nos casamos. Cada vez que ella estuviera molesta por algo, tenía que decirlo y olvidarlo. Y yo, cada vez que me enojara debía salir y caminar". Concluyó: "Supongo que pueden atribuir nuestro éxito matrimonial al hecho de que he tenido una gran vida al aire libre".

En realidad, hay un tema que es cierto. Hay algo bueno acerca del ejercicio físico. No existe una solución psicológica completa a lo que es un problema espiritual —seamos muy claros— pero un poco de aire es bueno para las emociones fuertes. Le quita el filo al enojo reciente. Provee una salida. Se transforma en una válvula de escape para que no acumulemos amargura.

No se siente en un cuarto oscuro a pensar. Salga y camine vigorosamente. Traspire algunas de sus emociones.

## 4. Háblelo

Puede considerar sus sentimientos con amigos confiables. Puede considerarlos con su familia. Pero, por favor, no deje de hablarlo con Aquel que más lo ama, y el que tiene el poder de renovarlo a usted, su mente y su corazón completamente a nuevo. Vaya al Señor y dígale todo. Traiga ese ensayo, no importa cuántas páginas le llevó escribirlo. Aún si es del tamaño del libro *La guerra y la paz*, está bien. El Señor nos se duerme. Escuchará cada palabra.

Sea tan honesto con Dios como lo fue en los papeles. Eso es difícil para algunas personas que se ponen las ropas de domingo antes de acercarse a Dios en oración. Es bueno reconocer la santidad de Dios, pero también es importante ser auténtico en la oración. Si está furioso, tiene remordimiento, está frenético, angustiado, cualquier emoción que tenga, tráigala a Dios. Venga como está. No es posible esconder nada de Él, de todos modos. No existe un solo cabello de su cabeza que no conozca; no hay molécula dentro de la maravilla de su cuerpo que Él no haya puesto allí. Cuéntele todo a Él, y Él comenzará a indicarle ciertas cosas, como la gracia y el perdón.

Hebreos 12:15, tal como vimos, ofrece una frase contundente: *"Mirad bien, no sea que alguno deje de alcanzar la gracia de Dios"*. ¿Qué significa eso? Aquellos que tienen resentimiento en sus corazones están carentes de gracia. Necesitan acercarse a Dios y recuperar lo que han perdido, porque Él es la única fuente verdadera. Experimentar la gracia y el perdón de Dios, es descubrir que tenemos también una gran cantidad para dar a otros. De otra manera, seguiremos jugando con las normas del mundo. Continuaremos manteniendo nuestros libros mayores y anotando cada pequeña palabra dolorosa y cada hecho que percibimos que alguien ha interpuesto en nuestro camino.

Hay una historia de dos hombres que estaban atravesando las junglas en Birmania: uno era visitante y el otro un misionero residente. Durante su recorrido llegaron a una pequeña laguna muy sucia y las aguas llegaron a sus cuellos mientras cruzaban. Cuando los dos salieron al otro lado, el visitante estaba cubierto de sanguijuelas sobre los brazos, piernas y torso. Comenzó a arrancarse desesperadamente los gusanos, trataba de quitárselos. Pero el misionero le dijo:

– ¡No, no haga eso! Si tira muy repentinamente, una parte del insecto quedará debajo de su piel, la herida se infectará, y estará en peor condición.

El otro hombre contestó:

– ¿Y qué hago entonces?

– Tenemos que hacerle tomar un baño de bálsamo, lo más pronto posible –dijo el misionero–. Al sumergirse en el baño eso hará que la sanguijuelas suelten sus garfios y quedará libre.[7]

El resentimiento profundo es la sanguijuela que se mete en su corazón. No puede tironear y descartarla simplemente tomando una resolución, leyendo un libro o cualquier otra simple acción. Sabe por experiencia que va a necesitar algo más; esos sentimientos tienen sus garfios en usted. Pero hay una cosa que puede hacer: sumergirse en la gracia lujosa de Dios. Cuando haga eso, muchas fortalezas comenzarán a dejar su espíritu.

Cuando contemple el perdón que Él le ha dado, sus quejas impiadosas comenzarán a desvanecerse y serán nada. Cuando sienta las maravillas de su gracia limpiadora, se queda en ese baño hasta que las aguas se levantan y rebalsan. Comienzan a sumergir a los que lo rodean, sus antagonistas, rivales y enemigos. De pronto, aquello por lo que estaba resentido ya no parecerá que valga la pena tenerlo en cuenta.

Simplemente se reduce a esto: podemos perdonar porque Dios nos ha perdonado. Si no ha recibido el perdón de Dios por sus pecados, luchará para perdonar a otros. No conocerá otra forma que la ley estricta del libro mayor. Pero si ha encontrado el camino de la gracia, descubrirá cuánto deleite y recompensa puede haber cuando deja de llevar las cuentas.

Hable con Dios. Pídale que lo ayude a ver la profundidad de su amor, de su misericordia, de su gracia y de su perdón. Pídale llenar su copa con eso. Luego pase un tiempo expresando su agradecimiento por que Él ha hecho eso. Siento que, después de hacerlo, la maldición se habrá quebrado. Ya no se sentirá más a merced de la falta de misericordia.

Y todavía hay otra cosa que debería hacer.

## 5. Déjelo ir

Siempre acuérdese de olvidar. Dos niños habían peleado mientras jugaban a atajar la pelota con los guantes. Juancito cerró con un golpe la puerta de la cocina y le dijo a su madre que nunca más quería ver a

Roberto. Y, sin embargo, al día siguiente, mientras iba camino de la puerta para salir con la pelota y el guante, dijo:

– Estaré en casa de Roberto.

– Pensé que habías dejado de ser amigo de Roberto para siempre –dijo su madre.

Juancito dijo:

– ¡Ah no!, Roberto y yo somos grandes olvidadizos.

Sea un olvidadizo generoso, minucioso. Tal vez ha sido una "rata guardadora" emocional, pero ahora es tiempo de conseguir un cesto de residuos de proporciones inmensas y limpiar todo lo que está en su memoria. Una pequeña amnesia selectiva nunca daña a nadie; realmente evita un montón de miseria. Si está enojado con su jefe, es como si lo llevara sobre la espalda a todas partes donde va. Si está enojado con su suegra, ella también va allí. ¿A cuántos puede llegar a llevar en su espalda? Luego de un tiempo, su carga se hace pesada. Es mucho más fácil caminar si sencillamente suelta todo eso.

Hay una sola parte que se repite en la oración de Jesús, y es la del perdón: *"Perdona nuestras deudas, como nosotros perdonamos a nuestros deudores"*. Entonces, al final de la oración, encontramos esta afirmación: *"Porque si perdonáis a los hombres sus ofensas, os perdonará también a vosotros vuestro Padre celestial, mas si no perdonáis a los hombres sus ofensas; tampoco vuestro Padre os perdonará vuestras ofensas"* (Mateo 6:14-15). Al acercarse a su Padre quítese la carga de esas quejas. Al terminar sus oraciones e ir al mundo, quítese las cargas nuevamente. Viaje liviano y por primera vez lo disfrutará. Es la única forma de viajar.

Después de todo, esa es la marca registrada de los hijos de Dios, gente que bendice a sus enemigos, que devuelven bien por mal, que nunca pelean por el mejor puesto, sino que busca el recipiente más necesitado. Contra todas las desventajas, Dios dio vuelta las balanzas de la justicia y encontró una manera de perdonarnos. Eso permite un hermoso compañerismo entre Dios y usted, y entre usted y los demás. ¿No le gustaría vivir bajo ese gobierno de gracia y perdón? ¿No desea simplemente dejar ir las cosas? *"Antes sed benignos unos con otros, misericordiosos, perdonándoos unos a otros, como Dios también os perdonó a vosotros en Cristo"* (Efesios 4:32).

Considero a Corrie Ten Boom una de las más notables cristianas del siglo XX. Su vida siempre me ha fascinado e inspirado. No fue hace demasiado tiempo que tuve el privilegio de viajar por su patria y ver el lugar donde creció. Tal vez ustedes recuerdan que ella y su familia pagaron un alto precio por albergar judíos en su casa durante la persecución nazi. Ella y su hermana fueron hechas prisioneras en el campo de Ravensburck, donde su hermana murió; su padre murió en otro campo de concentración. Cuando Corrie fue liberada, no tenía familia. Decidió que el mundo sería su familia. Las atrocidades de los alemanes habían sido suficientemente trágicas.

Pero Corrie estimaba que el pecado de resentimiento de parte de los sobrevivientes, lo único que haría sería perpetuar la tragedia a través de las generaciones por venir. En alguna parte todo tiene que terminar, alguien tenía que decir "Basta". Así que se dedicó a viajar por todos aquellos lugares que podía para predicar gracia, perdón y olvido voluntario.

Un domingo por la mañana Corrie daba su testimonio en Munich. Rápidamente pudo reconocer al hombre que caminaba hacia el frente del auditorio para saludarla. ¿Cómo podría olvidar a ese hombre? Era el mismo guardia que hizo duchar a las mujeres mientras que las miraba, observándolas con insinuación y burlándose. También había sido salvajemente cruel con la hermana de Corrie, Betsy. Había participado en su muerte.

Ahora ese mismo hombre estaba delante de ella pero, claramente, no la había reconocido. Dijo:

– Señora, es maravilloso que Jesús perdone todos nuestros pecados tal como usted dice. Mencionó Ravensbruck, yo fui un guardia allí, pero me he hecho cristiano después de aquellos días. Sé que Dios me ha perdonado, pero me gustaría escuchar que usted también lo hace. Señora ¿me perdonaría?

Al igual que el periodista francés Morrieaux, Corrie estaba allí, paralizada por esa palabra *perdón*. En su mente este hombre era un monstruo. Algo dentro de ella decía que *no podía* perdonar. Él la había cubierto de vergüenza y miseria cada día, era el instigador de una pesadilla interminable, impensable. Betsy, su preciosa hermana, había muerto en sus manos. Sin embargo, ahora sentía profundo remordimiento por ella misma y su fe. ¿Cómo podría predicar con tanto fervor sobre algo que justamente allí, en ese momento, no podía practicar? Pudo pensar en una sola cosa para hacer. Miró a los cielos y oró silenciosamente: "Padre, perdóname, por mi incapacidad de perdonar".

Inmediatamente las cosas comenzaron a cambiar. Empezó a sentir la poderosa sensación del perdón de Dios que se movía en su interior. No pudo recordar después cómo sucedió, pero sintió que su mano fue hacia delante para tomar la mano del viejo guardia, y la apretó con firmeza mientras le decía:

– Está perdonado.

El hombre quedó libre. Pero aún más, aquel día, Corrie ten Boom misma fue libre. Sintió cómo el peso de su espalda se caía desde los hombros."[8]

La vida es mucho más fácil cuando permitimos a Dios hacer esto por nosotros. El mundo es mucho más brillante, sus colores más vívidos, está lleno de mucho más gozo cuando no estamos enceguecidos por el mezquino resentimiento. Es una lección que nuestro mundo nunca aprende. El resentimiento hace que las familias se quiebren, las comunidades se deshagan bajo la violencia, que las naciones sigan en guerra durante generaciones enteras. Inyecta sus dientes en incontables almas de los que caminan entre nosotros, de modo que vidas que podrían haber sido productivas, de bendición, se consumen por el odio auto destructivo. Nos impide conocer la bondad de Dios. Nos impide ser padres fieles, hijos fieles, buenos vecinos.

No necesitamos vivir así; no *debemos* vivir así. Todo lo que necesitamos hacer es pedir a Dios que nos libere de las cadenas del libro mayor. Comenzamos recordando una historia de Charles Dickens. En otro de los relatos del mismo autor, el personaje llamado Ebenezer Scrooge se ha retorcido bajo todas las formas del resentimiento, de su padre, de su novia, de todos y de todo. Entonces el fantasma de un viejo amigo, Jacob Marley, viene a visitarlo en vísperas de Navidad.

¿Recuerdan qué distinguía la apariencia de Marley? Su pierna estaba encadenada a una larga cuerda de libros de contaduría, *logizomai*, y le dice a Scrooge que aún en ese momento había atado de forma invisible a la pierna de él un libro contable, y cada día se hacía más largo e impedía su progreso.

¿Cuántos libros contables acarrea usted? ¿No le gustaría que Cristo los cortara para siempre? Tire los libros, camine libre y con el corazón aliviado, y vivirá en una atmósfera de gracia y gozo que nunca pensó que fuera posible.

Resista su resentimiento. Disipe cada rasgo de amargura. Viva en la ley liberadora de la gracia, y acuérdese de olvidar.

# DESARME A SUS DUDAS

## 9

Puede ganar la batalla y vivir victorioso

Cuatro centímetros. ¿Cómo podrían cuatro pequeños centímetros hacer tanta diferencia, causar tanto sufrimiento?

¿Cómo podían cuatro marcas en un centímetro castigar tan profundamente a una familia, agotar un matrimonio y poner en cuestionamiento la misma bondad de Dios?

"Su hija tiene una enfermedad llamada microcefalia –dijo el doctor–. Su cabeza debería tener una circunferencia de treinta y cinco centímetros, pero solo llega a treinta y uno."

Durante varios días Susana se sentó en el hospital considerando esas siniestras palabras. Por ahora, nada estaba seguro. Mandy podría llegar a llevar una vida feliz, normal, después de todo. Pero la incertidumbre era cruel, casi intolerable. Marshall, su esposo, estaba fuera de la ciudad. ¿Cómo podía estar lejos en un momento como este, cuando los médicos usaban palabras como *retardo* y *severo*?

Durante semanas los Shelley oraron intensa, desesperadamente y sin parar. Incontables amigos se les unieron en oración. Marshall era el editor de una exitosa revista cristiana, conocido y querido por muchas personas. Pero Dios no parecía ofrecer favores especiales a los editores cristianos; las semanas solamente confirmaron los más profundos temores que todos tenían. La tercer hija de los Shelley aparentemente nunca podría caminar o hablar, sentarse, o aún reconocer a sus cuidadores. Su vida estaría definida por ataques, rondas de hospitalización y una infinita serie de medicaciones.

A los tres meses se le detectaron cataratas en los ojos de Mandy. Se realizó cirugía correctiva, ¿pero importaba realmente? Susana no podía estar segura de que su hija alguna vez pudiera ver su rostro o escuchar su voz debido a eso.

La vida familiar estaba totalmente dominada por el cuidado de la pequeña que sufría y no respondía, era una emergencia constante, una crisis jamás resuelta. A veces se requerían ocho horas simplemente para alimentar a Mandy. Ir al hospital tarde por las noches ya era rutina.

Mientras tanto las tensiones cada vez crecían más entre el esposo y la esposa. ¿Dónde estaba Dios? "Sería más que bienvenido si se mostrara, en cualquier momento estaría bien", pensaban Marshall y Susana.

Fue allí, en medio del cuidado de Mandy que vino la sorpresa. Susana estaba nuevamente embarazada. Finalmente, allí había una rayo de sol, un mensaje que Dios probaba su fe fuerte en medio de tiempos difíciles. El hijo sería su primer varón.

En el quinto mes Susana fue a ver al doctor para hacer un ultrasonido. Este les presentó el siguiente informe: "El feto tiene el corazón malformado. La aorta está incorrectamente adherida. Hay porciones faltantes del cerebro. Pie deforme, paladar partido, labio leporino. Posiblemente una espina bífida. Esta es una condición incompatible con la vida". El pequeño niño probablemente sería un aborto espontáneo, pero en cualquier caso no sobreviviría largo tiempo fuera del vientre. El doctor sugirió una "terminación", pero Susana, igualmente honrando a Dios quien da y quita la vida, llevó el embarazo a término. El único momento que tendría para conocer a su pequeño, reflexionaba ella, podría bien ser las pocas semanas que le quedaban en el vientre.

Los Shelley se pusieron a orar para que aquel niño sobreviviera y se sanara. Nuevamente la comunidad de fe los rodeo de intercesión y sostén. El pequeño nació, tomó un hondo respiro y se puso azul. Dos minutos después de entrar al mundo, quietamente partió otra vez. Su nombre fue Toby, del *Tobías* bíblico, que significa "Dios es bueno". No era lo que la familia sentía, pero aún era lo que creía.

Pocos meses después Mandy siguió a su hermanito al otro mundo, y fue enterrada al lado de su hermano, dos pequeños cajones, dos tumbas, dos pérdidas dolorosas.

Susana se afligió amargamente por la doble pérdida, sus oraciones eran de enojo y acusación. Si Dios no podía cuidar de sus hijos en este mundo ¿cómo podía saber que estaban mejor ahora? La gente le ofrecía todas las típicas respuestas sobre el permiso de Dios para el sufrimiento; ningunas de esas líneas eran lo suficientemente buenas ahora. Susana necesitaba algo para su *alma*. Durante tres noches estuvo despierta, pidiendo algo muy simple: saber si Mandy y Tobías estaban a salvo, íntegros y cuidados.

Una simple respuesta sería suficiente; solo un gesto de la mano de Dios, quien se supone ofrece amor; entonces tal vez ella podría quedarse tranquila. Susana oraba. Y más aún escuchaba, escuchaba a través del silencio.

## ¿POR QUÉ?

Tal vez es la pregunta definitiva para nuestras especies: *¿Por qué?* De todas las criaturas de Dios, somos las únicas que buscan entender, asegurar la razón y el razonamiento. La humanidad irá a cualquier parte simplemente para encontrar significado. Desafiamos el átomo; empujamos para entrar al espacio. Pero ese significado parece escurrirse. Más preguntas esenciales nos inquietan: *¿Dónde está el niño que perdí? ¿Por qué estoy aquí? ¿Cuál es el significado de mi vida? ¿Qué hubiera pasado si hubiera elegido el otro camino, al del matrimonio, la carrera o la fe?*

Cuando las respuestas evitan que las atrapemos y el vacío ignora nuestras preguntas, sufrimos una especie de vértigo espiritual que llamamos *duda*. Repentinamente todas las cosas que asumimos sobre las cuales hemos edificado una vida, pequeña o grande, se vuelven como una réplica de la Torre de Eiffel hecha con escarbadientes: saque uno de los palillos que la sostiene y, si está suficientemente cerca de la base, toda la estructura se derrumba. Cada creencia que tenemos es amenazada.

A la mayoría de nosotros, una vez que pasó el dolor y la conmoción nos vienen las preguntas: "¿Por qué, Señor?"

Esa palabra perturbaba cruelmente a la madre de Glenn Chambers. El 15 de febrero de 1947 el joven esperaba para abordar un DC-4 con destino a Quito, Ecuador. Glenn salía para cumplir un sueño: se había alistado como misionero a través de la organización llamada "La Voz de los Andes". Le quedaban algunos minutos extra antes de abordar, así que buscó un trozo de papel donde escribirle una nota a su madre. Luego su avión desapareció en las nubes, para no salir nunca más. Chocó contra el pico de El Tablazo, cerca de Bogotá. Consumido por las llamas, cayó desde los cielos a pique desde los 4.200 metros de altura. Las increíbles noticias llegaron a su madre, seguida, unos pocos días después, de su nota final. La había escrito rápidamente en uno de los vértices de un aviso que justamente estaba dominado por una palabra: "¿Por qué?"

Las palabras eran una burla y obsesionaban para la mamá de Glenn. Aquí estaban estas últimas palabras que parecían enviadas desde el más allá. Plenas de alegría, ignorando esas letras que aparecían detrás, negras y resonantes, que preguntaban algo sin respuesta. Las mismas letras están ubicadas como telón de fondo de nuestras propias vidas. No podemos ignorarlas para siempre. Inevitablemente dudamos.

Las palabras griegas que se traducen "duda" llevan la idea de incertidumbre. Tienen la connotación de algo no establecido, de falta de una convicción firme. La duda no es lo opuesto a la fe, sino la oportunidad de tener fe, los dolores crecientes de un espíritu dispuesto y en búsqueda. El verdadero enemigo de la fe es el descreimiento, el cual se niega a pensar. Pero la duda es un aspecto necesario del viaje. Está al borde de lo que entendimos en el pasado y se extiende dolorosamente hacia nuevas fronteras.

Dudar, entonces, es del ser humano. Leemos La Biblia y encontramos gente que dudó en todas las curvas del camino, aún entre los más grandes hombres: David, Job, Salomón, Jeremías. En el Nuevo Testamento inmediatamente nos encontramos con el hombre conocido como Juan el Bautista, que pedía fe. Proclamaba la respuesta en oratorias resonantes, pero él también tuvo su parte de preguntas.

Mientras estaba sentado detrás de los barrotes, bajo el arresto del rey Herodes, se encontró pensando profunda y oscuramente. Envió a sus hombres a ver a Jesús con una pregunta: *"¿Eres tú el que había de venir, o esperaremos a otro?"*

Juan había estado en el desierto predicando hasta quedar exhausto, proclamando la venida del Libertador; Jesús lo describió como el más grande *"entre los nacidos de mujer"*, ese era un importante respaldo (Mateo 11:11). Había pasado poco tiempo desde que Juan bautizara a Jesús. Un momento de poder sobrenatural en que Juan escuchó la voz de Dios afirmando a Jesús como el Cristo. Pero ahora, lejos de las multitudes y el río de los bautismos, dentro de la oscuridad de una celda de prisión, nada era igual. Juan no pudo evitar hacer una pregunta directamente: "¿Eres el verdadero, o todas nuestras esperanzas y sueños otra vez serán aplastados?"

Si pudo suceder con el más grande hombre nacido de mujer, entonces ninguno de nosotros está exento. Las dudas son inevitables para el débil y para el sabio. Fui criado en un hogar maravilloso con padres creyentes, pero tuve que abordar mi parte de dudas a través de los años de adolescentes. De hecho, las dudas son algo garantizado en los hogares cristianos. Las cosas básicas de la fe están tan incorporadas, las damos tan por descontado, que tenemos que examinarlas antes de hacerlas propias.

No, el espíritu que cuestiona no es pecaminoso, sino simplemente un recorrido ritual que todos debemos atravesar mientras avanzamos hacia una fe más profunda. Dios entiende. Él está más complacido cuando preguntamos y desafiamos las cosas asumidas, que cuando aceptamos, de segunda mano y en forma prefabricada, la fe de nuestros padres. Esa no es una fe viviente, que respira, sino una reliquia para exponer en alguna esquina del living con las otras antigüedades. Su Padre desea que busque su salvación con temor, temblor, confrontación, lágrimas y cualquier otra cosa que pueda requerir la nutrición de una auténtica amistad personal con el Dios viviente.

La mayoría de nosotros necesita volver a instalar la palabra *duda* como algo amistoso, no como un enemigo. Pero hay otra palabra que necesitamos examinar: *descreimiento*. Podemos decir que la duda hace preguntas, pero el descreimiento se niega a escuchar las respuestas. Lo primero trata con los kilómetros difíciles de un buen viaje; lo último es una calle sin salida, una negación a continuar el viaje hacia adelante.

## TRATE LAS DUDAS

Juan capítulo 20 nos lleva delante de la presencia del más notable dudoso de la historia. Su nombre era Tomás. La Biblia con frecuencia se refiere a él como Tomás el *Dídimo*. Muchas personas asumen que el significado es "Tomás el que duda", pero en realidad significa Tomás "el mellizo". *Dídimo* a través de los años llega a nuestro lenguaje como *ditto* –el doble–. No tenemos idea de lo que le sucedió al mellizo de Tomás, pero sabemos que con frecuencia el estaba "entre dos pensamientos", lo cual es una definición de duda.

Es el clásico escéptico, obstinado, no dispuesto a aceptar ningún rumor, no antes de hacer una o dos preguntas filosas. Tal vez en nuestro tiempo sería abogado. Pero había un toque de melancolía en Tomás también, un poco de pesimismo. Puede ser que usted y yo no lo ubiquemos en la breve lista de los ejecutivos del gabinete de Jesús, pero el Señor seleccionó a Tomás como uno de sus amigos más cercanos. Tal vez necesitaba un discípulo de mente difícil, tal como todas nuestras organizaciones lo necesitan.

Desearía tener tiempo para revisar todas las referencia a Tomás en los Evangelios. Pero una tendrá que ser suficiente. Fue aquella tarde inolvidable cuando Jesús y sus seguidores se encontraron en el Aposento Alto para su cena final, registrada en Juan 14:4-5. Jesús con gentileza estaba preparando a sus discípulos para el sufrimiento y la tragedia que se avecinaba, y dijo en esencia: "Ustedes saben a dónde voy, y saben lo que debe suceder".

Tomás fue el primero en responder, que podríamos expresar con una paráfrasis: "Señor, no tenemos idea a dónde vas. ¿Cómo podríamos saber algo así?" Los escépticos no aceptan fácilmente referencias sutiles e indirectas. Son amantes del lenguaje directo, las palabras claras y las respuestas duras.

Ese es el Tomás de Las Escrituras: práctico, escéptico, no da nada por descontado, pero no descreído. Tomás iba a todos lados donde iban los doce. Vio, sintió y escuchó todos los hechos milagrosos. Sabía quién podía caminar sobre el agua, quién podía levantar a los amigos muertos, quién controlaba los mismísimos vientos de la tormenta.

Seguramente la vida de Tomás había sido transformada junto con el resto. Pero aún así dudaba. Podemos tener fe, ver milagros y aún así tener preguntas. De hecho, el creyente pensante solamente aumentará la cantidad de preguntas a medida que fluyan los milagros.

El momento de definición en la vida de Tomás se encuentra en Juan 20. Para Pedro, ese momento vino mientras freían pescado, cuando Jesús lo perdonó y lo envió a cambiar al mundo. Pero para Tomás sucedió aquí, en el cuarto donde los discípulos se habían reunido apretadamente, ingresando temerosos y saliendo con fe. Este es el cuarto donde la duda fue vencida y el escepticismo sorprendido.

Entremos a ese cuarto ahora y aprendamos los secretos sin tiempo de la duda y la fe.

## La duda se desarrolla en soledad

Juan 20:24 nos da la clave al pasaje: Tomás se había perdido los fuegos artificiales. Jesús había aparecido en medio de sus amigos, mostró sus heridas y señaló hacia el futuro. Gran gozo y celebración había estallado en ese cuarto. ¿Jesús *vivo*? ¿Puede ser cierto? Sí, porque estuvo aquí en carne, pero Tomás no estaba, y ese fue el punto significativo.

Diez hombres se reunieron, como es costumbre, con los que están abrumados. Cuando alguien cercano a nosotros muere, nos reunimos en algún hogar, llevamos comida, sonrisas gentiles y palabras de consuelo. La soledad no es recomendable, porque necesitamos el aliento que se encuentra en el intercambio de nuestros espíritus. Pero Tomás, pensador independiente como era, se había aislado y por lo tanto perdió no solamente la consolación, sino también el milagro.

La duda florece en la oscuridad. Es un poco parecida a esos hongos que crecen en las bodegas húmedas. Florece en la soledad fría, oscura, del espíritu humano.

En soledad, las preguntas parecen más largas, más siniestras, menos esperanzadas. ¿Dónde estaba Juan el Bautista cuando comenzó a cuestionar el contenido mismo de todas sus predicaciones? En una celda oscura, lejos de la muchedumbre, allí en el calabozo donde crecen los hongos. La oscuridad alimenta la duda; la luz del día tiene una manera de despejar lo peor de ella.

Esa es la razón por la cual la duda es una ocasión sabia para examinar nuestros sentimientos. Algunas veces nuestras preguntas tienen menos que ver con los enigmas teológicos que con la sencilla melancolía. Nuestras almas y cuerpos viven en compañía tan cercana que tienden una a tomar las enfermedades del otro. La enfermedad física apaga al alma y la depresión emocional produce fatiga corporal. C. S. Lewis admitió que luchaba con la duda cada vez que estaba de viaje o en alguna posada o cama extraña. Amaba su hogar y su círculo de amigos, y la ausencia frecuentemente le traía un poco de vértigo a su alma.

Siga conectado con las personas, y será más probable que siga conectado con su fe.

### La duda demanda evidencia

La verdadera duda nunca se aleja de los hechos, hacia cualquier lado que se dirija.

Obstinadamente persigue la verdad. Es Galileo cuestionando que el mundo es plano; Chuck Yeager insistiendo que la barrera de sonido no es una barrera; Tomás pidiendo que le presenten evidencias.

> *"Si no viere en sus manos la señal de los clavos, y metiere mi dedo en el lugar de los clavos, y metiere mi mano en su costado, no creeré"* (Juan 20:25).

Considere la perspectiva del que duda. Cuando Jesús le había mostrado el itinerario al grupo, Tomás había hablado contra Jerusalén. Según él lo veía, era simplemente demasiado peligroso como lugar para visitar, Jesús iba a morir, y tal vez los discípulos morirían con Él. Sin duda, sus predicciones sobre Jesús se habían confirmado. Si solamente lo hubieran escuchado a Tomás, un maestro en pronosticar desastres.

Los escépticos tienen una satisfacción melancólica en decir estas palabras "Te lo dije".

Ahora, cuando los discípulos se atropellaban para salir, gritaban que le avisaran a Tomás las increíbles noticias –porque a todos nos encanta ganarle a los pesimistas– ¿cómo responde Tomás? Exactamente como era de esperar: recitó el Credo de los escépticos: "Voy a creer cuando lo vea –dice–. En realidad borren eso, creeré cuando lo *sienta*, me tendrán que perdonar por no aceptar *sus* palabras. Tengo que hacer mi propia evaluación, si a ustedes no les molesta".

Tanto como nos encanta castigar a Pedro por fracasar en su intento de caminar sobre las aguas –más allá de que nosotros ni nos hubiéramos animado siquiera a salir del bote– estamos demasiado dispuestos a condenar a Tomás simplemente porque insistió en validar la noticias. Por lo menos fue honesto: lo consideraría cuando lo viera. Nunca llamó imposible a lo que los discípulos le dijeron; nunca descartó los milagros. Simplemente quería examinar la evidencia *personalmente*.

Tal como veremos, Jesús fue al encuentro de Tomás en el punto exacto de sus cuestionamientos. Pregúntele a Dios con un corazón honesto, y Él siempre le responderá.

## La duda nos lleva de nuevo a Cristo

Escena: el mismo cuarto, pero ocho días después. Durante más de una semana el tema había separado a Tomás de sus amigos. ¿Habían sido testigos del más grandioso evento de la historia, o fueron cruelmente engañados?

Es significativo que Tomás, a pesar de su reserva, se quedara entre ellos. Esta es otra de las diferencias entre la duda y el descreimiento. La duda dice: "Me quedo e investigo". El descreimiento se aleja airadamente y dice: "Sí. Seguro, ustedes sigan creyendo lo que quieran. Yo me voy de acá". Tomás se queda para hacer las preguntas, y por eso recibe las respuestas.

*"Ocho días después estaban otra vez sus discípulos dentro, y con ellos Tomás. Llegó Jesús, estando las puertas cerradas, y se puso en medio y les dijo: 'Paz a vosotros'"* (Juan 20:26).

El cristianismo trata finalmente con algo más que preguntas teológicas. Al final se trata de una Persona, no de una propuesta. Las preguntas están al comienzo del viaje, pero la respuesta viene finalmente con la experiencia, al extendernos, tocar, sentir y nosotros mismos ser tocados por el poder de las manos con marcas de clavos. Esta es la experiencia de Tomás, que preguntó lo correcto y cuyas dudas lo mantuvieron en la comunidad de la fe, y lo guiaron cuando atravesó el cuarto hacia la presencia del Salvador.

Las preguntas todavía quedan, por supuesto. Estoy seguro de que si pudiéramos hablar a los discípulos, serían incapaces de explicar plenamente los misterios de la resurrección en el cuerpo de Jesús aquel día, una que le permitía moverse a través de las paredes mientras podían verse las cicatrices de su ejecución física. Luego de un tiempo, estas preguntas enmudecen. Ante la irradiación de un hombre nuevo que acaba de conquistar la muerte, quedamos sin palabras y olvidamos preguntar los pequeños detalles. Con demasiada frecuencia nos enredamos en algún elemento de minucias doctrinales, y olvidamos los milagros que trascienden los detalles. Sospecho que si Pedro o Juan pasaban y captaban algo de nuestros argumentos podrían decir: "¿Cuál es el punto? Jesús descendió a los infiernos, quebró las cadenas y destruyó el poder de la muerte. ¿Por qué buscar cosas triviales ante la presencia viviente de Jesús?"

## La duda profundiza nuestra fe

Considere esto: en los años siguientes, ¿cuál de los discípulos tuvo el testimonio más definitivo de todos? ¿Quién más puso su mano en el borde endurecido donde se había hundido la lanza? ¿Quién más pasó un dedo tembloroso a lo largo de las curvadas muñecas de la mano que los clavos habían partido al atravesar y astillar la madera? ¿Quién más llevaría en la punta de sus dedos, por el resto de su vida, la memoria táctil del cuerpo resucitado? Únicamente el que dudó. Solamente Tomás.

> *"Luego dijo a Tomás: Pon aquí tu dedo, y mira mis manos; y acerca tu mano y métela en mi costado; y no seas incrédulo, sino creyente"* (Juan 20:27).

"Pero Pedro —podría haber dicho alguien— tus ojos te jugaron una mala pasada."

"¿No entiendes, Juan? —podrían haberle contestado—. Estamos viendo lo que tanto habíamos deseado."

Pero Tomás *sabía*, porque sus ojos y sus manos tenían la información concreta. El Hombre frente a él era el amigo a quien había amado como a un hermano, el compañero cuya muerte fue un asunto serio.

La seguridad es la recompensa del que busca insistentemente, y Jesús la afirma en una aparición por separado, posterior a la resurrección.

> *"Pero él les dijo ¿Por qué estáis turbados, y vienen a vuestro corazón estos pensamientos? Mirad mis manos y mis pies, que yo mismo soy, palpad y ved, porque un espíritu no tiene carne ni huesos, como veis que yo tengo. Y diciendo esto les mostró las manos y los pies"* (Lucas 24:38-40).

Lea bien esas palabras, porque Jesús mira más allá de la página hacia sus ojos y le hace el mismo ofrecimiento. "¿Está inseguro?" Venga y siéntalo usted mismo. Le muestra sus manos y pies –solamente si se extiende y toca–. Jacob fue lo suficientemente temerario como para pelear con un ángel, y el ángel también luchó. Dios es suficientemente grande para manejar las preguntas que lo preocupan. Simplemente sea *honesto* con sus dudas. La Biblia no afirma aquellas dudas que usted deja guardadas dentro de una caja en una estantería, sin utilizar, sin examinar, que usted saca cada vez que alguien lo invita a la iglesia. Las dudas son inútiles en y por sí solas; solamente son útiles cuando nos llevan a alguna parte.

Alabo al que dijo que debemos creer nuestras creencias y dudar nuestras dudas. Eso puede ser que le suene trivial, pero encuentro cierta sabiduría en esa frase. La duda reprimida, guardada en el armario, puede transformarse en una tajada para el diablo. Es como esa carta de la oficina de impuestos que usted teme abrir. Luego de un tiempo, el peso emocional excede cualquier peligro que el sobre pueda contener.

No bloquee sus dudas, más bien examínelas cuidadosamente; cámbielas de lugar en su mente; discútala con amigos sabios y pacientes. Tenga el coraje de las convicciones –por las que lucha–. Dios ha sobrevivido a miles de años de campeones de la duda, alineados para preguntar sus desafíos. Aún no ha escuchado una que no pudiera responder, y la suya probablemente no va a tirarlo del trono celestial. Pero si la esconde debajo de la alfombra o en el armario junto con esa carta de la oficina de impuestos, se quedará al acecho en la parte posterior de su mente y criará una familia completa de dudas. Producirá intereses hasta llevar su fe a la bancarrota.

No permita que eso suceda. Tráigalo a la luz y "quítese la duda".

## La duda define nuestra fe

Cada vez que logra resolver un signo de pregunta ¿qué le aparece? ¡Un signo de exclamación, por supuesto! Las preguntas honestas nos llevan a declaraciones poderosas.

*"Entonces Tomás respondió y le dijo: ¡Señor mío, y Dios mío!"*
(Juan 20:28).

Es muy difícil para mí leer este pasaje sin sentir una emoción poderosa. Es uno de los supremos momentos cruciales de toda La Escritura, tal vez la primera resonante declaración del poder transformador de la resurrección en una vida individual. El más poderoso testimonio en la corte es el de un testigo hostil. Tomas, el escéptico, reemplaza sus preguntas por una exclamación: *"¡Señor mío, y Dios mío!"*

Sé que todos hubiéramos querido estar allí para ver el asombro y el brillo de adoración que salían de sus ojos. Sé que nos hubiéramos unido a él para caer de rodillas a adorar al Rey conquistador.

## DESARME SUS DUDAS

Confronte sus dudas en forma directa, como lo hizo Tomás. Pero deseará manejarlas cuidadosamente. Descubramos cómo desarmarlas.

### Admita sus dudas personalmente

¿Alguna vez le sucedió esto? Se desliza en el banco de la iglesia, es tarde, se siente cansado, al borde, y posiblemente soporta un resfrío. Del otro lado del santuario hay personas de pie que dan testimonio. "Gané cinco almas más para el Reino de Dios", escucha decir a alguien. "¡Y estoy seguro que algunos de ustedes han ganado muchas más!" No sé usted, pero yo siento la dulce presencia de Dios cada momento, cada día. Todos a su alrededor están riendo, aplaudiendo y diciendo "¡amén!"

¿Ganar cinco almas para el Señor? Casi ni puede entrar al estacionamiento de la iglesia sin hacer sonar su bocina porque alguien le sacó el lugar. Le gustaría ponerse de pie y dar *su* testimonio. "Hola, todos. Permítanme contarles *mi* semana. No he sentido absolutamente nada excepto un dolor de cabeza por la sinusitis y una tonelada de dudas. No he sentido a Dios en mi vida durante un largo tiempo. Apenas me estoy manteniendo en el trabajo, mi vida familiar está en caos, y para ser absolutamente honesto con ustedes, no he visto a Dios hacer demasiado". Entonces usted se sienta, sabe que no debe esperar demasiados "amenes", sino simplemente el tipo de mirada fija que con frecuencia le dedicamos a los gorilas en el zoológico; posiblemente las mismas miradas que se ganó Tomás en esa sala llena de discípulos.

Pero sería mucho mejor que se pare y salpique en público antes que ahogue sus emociones mezcladas con sonrisas sanitarias durante meses y años. Si piensa atravesar los tiempos malos y finalmente encontrar la bondad de Dios, debe comenzar con honestidad. Debe admitir que *no* todo está bien en su alma.

## Exprese claramente sus dudas

No puede salir del paso diciendo simplemente: "Bueno, soy un dudoso por naturaleza. Supongo". No, tendrá que hacer algo mejor que eso. Tendrá que cristalizar su pensamiento y poner su dedo precisamente en lo que le causa la inseguridad. La duda innombrable es la que no puede albergar. Identifíquela, descríbala con claridad y trátela. ¿Lucha con la historicidad de la resurrección? Tenemos excelente fuente de materiales para recomendar. ¿Lucha cuerpo a cuerpo con el problema del mal?

Grandes mentes antes que usted se habían hecho esta pregunta y están dispuestas a estar de acuerdo con sus pensamientos. ¿Se pregunta si un tipo de fe es diferente a otra? Compare.

Sepa expresar *cuál* es su duda y *por qué* duda. ¿Qué le produjo esa duda? ¿Fue algo que alguien dijo, tal vez un estudioso o un escéptico? ¿Hay algo fuera de lugar en el ámbito de sus emociones? Clarifique estos temas; barra por completo esas nubes.

## Reconozca sus dudas con oración

El escritor cristiano Mark Littleton encontró una pequeña fórmula que me gusta. Dice así:

Transforme sus dudas en preguntas.
Transforme sus preguntas en oraciones.
¡Traiga sus oraciones a Dios![1]

¿Cree que podemos traer nuestras dudas directamente a Dios? ¿Se ofenderá? No, de acuerdo a los precedentes bíblicos.

- Considere el caso de Gedeón:

*"Y el ángel de Jehová se le apareció, y le dijo: Jehová está contigo, varón esforzado y valiente. Y Gedeón le respondió: Ah, señor mío, si Jehová está con nosotros ¿por qué os ha sobrevenido todo esto?¿Y dónde están todas sus maravillas, que nuestros padres nos han contado diciendo: ¿No nos sacó Jehová de Egipto? Y ahora Jehová nos ha desamparado, y nos ha entregado en mano de los madianitas"* (Jueces 6:12-13).

Las dudas de Gedeón salieron a la superficie ante la misma presencia de un ángel. El ángel testificó que Dios estaba presente, pero Gedeón se animó a decir: "¡Me debes estar haciendo una broma! Si Dios está con nosotros, ¿por qué nuestra tierra ha sido tomada por pandillas criminales? Si Dios está con nosotros, ¿dónde están todos esos milagros que nuestros abuelos decían? Desde *mi* punto de vista Dios está del lado de los madianitas".

Debe haber conseguido la atención de Dios, porque la siguiente voz que escuchamos no se identifica como la de un ángel, el texto nos dice que Dios contestó *personalmente* a Gedeón. Él puede manejar nuestra frustración y nuestras preguntas.

- Sara, la matriarca del pueblo elegido, tuvo un poco de ese borde filoso. Dios prometió un niño, luego parecía que durante *décadas* se hubiera olvidado. ¿Quién puede culpar a Sara de volverse un poco del lado de los comprobadores? Igualmente ya estaba llegando a los cien. De cualquier manera tenía no solamente sus dudas, sino también una buena risa durante el trato. Delante de la promesa de Dios, se rió, sin darse cuenta que Dios estaba presente y que, por supuesto, siempre está.

- Si Sara pudo reírse, Jeremías pudo llorar. Tal vez usted no haya leído Lamentaciones hace un tiempo, pero el "profeta llorón" venía directamente con preguntas duras. Y Dios siempre las respondía.

- David, en los salmos, con frecuencia apuntaba con un dedo enojado a Dios y lo acusaba de abandono.

- Job era un hombre de inmensa fe, pero algunas veces flirteaba con las dudas más profundas.

Los mejores en La Biblia y los más brillantes no eran héroes porque no tuvieran dudas; fueron héroes porque las confrontaron y las conquistaron.

## Analice la evidencia con diligencia

¿Por qué nosotros no queremos confrontar nuestras dudas? Porque en lo más profundo tenemos miedo de que las dudas ganen. De alguna manera pensamos que el cristianismo es más débil que sus acusadores.

Los jóvenes aceptan la noción de que la evolución debe ser un asunto comprobado, simplemente porque la corriente más importante de académicos lo proclama. Pero he visto a los creacionistas y evolucionistas debatir los temas –y jamás los he visto ganar–. Pocas personas se detienen para darse cuenta que la teoría de la evolución es como todas, "el niño nuevo en el barrio", solo tiene un siglo de aceptación bajo su cinturón. La idea de un mundo creado por Dios siempre ha estado con nosotros. Nuestras doctrinas fundamentales proveen un fundamento fuerte, construido no solamente para durar a través del tiempo, sino por la eternidad.

Las proposiciones bíblicas estarán aquí cuando todas las tendencias teóricas del momento hayan pasado. En el siglo XIX Friedrich Nietsche proclamó: "Dios está muerto". Doscientos años después Dios proclama que Friedrich Nietsche está muerto. Así es. No se encuentran grietas en la Palabra de Dios, se encuentran en usted.

Un abogado de nombre Frank Morrison se dedicó a derrumbar la loca idea de la resurrección de Jesús de una vez por todas. Examinó la evidencia histórica con toda su lógica legal y las evidencias de los expertos. Morrison husmeó cada posibilidad con que podía contar para la desaparición del cuerpo de Jesús, y se quedó con la explicación bíblica. Al final, escribió un libro *¿Quién movió la piedra?* La única cosa que derrocó fue su escepticismo. Su libro se ha transformado en un texto clásico de apología de la resurrección histórica de Jesucristo. Como Tomás, el que dudaba, Morrison trajo sus preguntas honestas y su disposición para investigar. Y Dios movió la piedra que estaba en el corazón de Morrison.

## Acepte las dudas con humildad

Hay otra cosa que debemos tener en cuenta: las limitaciones al considerar la duda. Finalmente, algunos misterios quedan. Si así no fuera, nos quedaríamos sin la santidad, sin un Dios de trascendencia. La fe debe al final abrazar su propio grado de misterio.

*1. Acepte sus propias limitaciones.* Me sonrojo al admitir esto, pero cuanto más viejo me pongo y más aprendo, más me doy cuenta de mi propia ignorancia. En el momento que pienso que soy bastante inteligente, doy una mirada más cuidadosa y descubro las limitaciones de mi conocimiento. Todo lo que tengo que hacer es encender la televisión en el Canal "Discovery", leer el último libro del mundo de la ciencia o escuchar a alguno de los afilados jóvenes del círculo cibernético de nuestra iglesia –y caigo al polvo rápida y desesperanzadamente–. Allí es cuando descubro que soy un viejo ábaco en un mundo computarizado. Y si usted no sabe qué es un ábaco, más demostrada queda mi edad.

Ante las ilimitadas limitaciones, todo lo que puedo hacer es postrarme con humildad ante el asombroso Dios y decir: "Señor, conoces mis deficiencias. Sabes la capacidad limitada del disco duro que me pusiste en mi interior. Ayúdame a entender que nunca tendré todas las respuestas".

*2. Acepte las limitaciones bíblicas.* Puede ser que en este tema me arriesgue donde aún los ángeles temen pisar. Es un tema sensible, y espero que lea atentamente esta sección antes de enviarme una carta furiosa.

Acepto a La Biblia como La Palabra inspirada de Dios, y considero cada palabra como verdadera, desde la tapa de la cubierta hasta la contratapa. Puede ubicarme entre la multitud que sostiene la plena inspiración verbal, y estoy orgulloso de estar entre ellos. La Biblia es mi autoridad total y completa.

La Palabra de Dios tiene cada trozo de verdad que necesitamos para nuestras vidas en este mundo, pero no tiene en cuenta cada pregunta. Hay muchos temas que Dios no vio como convenientes para cubrir en su Palabra. Lo que se nos entregó es carne espiritual y agua viviente, los requerimientos mínimos diarios para los hijos de Dios. Los temas colaterales deben esperar para otro día.

Algunas veces enfrentamos preguntas difíciles. Las personas vienen a mí y me preguntan: "¿Qué dice La Biblia sobre esto?" Necesitamos aceptar el hecho de que, ocasionalmente, La Biblia opta por el silencio. Dios tiene una respuesta, pero debemos confiar en el Espíritu y nuestra propia mente al hacer las decisiones.

*3. Adáptese a la complejidad del universo.* Cuanto más aprendemos sobre este mundo, más complejidad descubrimos. Nuestros bisabuelos no sabían nada de moléculas, átomos o electrones en movimiento. Nuestros hijos develarán aún maravillas más profundas que están sin descubrir. Y, por otro lado, sabíamos que el espacio era infinito, pero de alguna manera pareciera que sigue creciendo a medida que aprendemos. Hoy es posible para los astrónomos mirar a través de un telescopio y ver increíbles distancias cruzando la galaxia, y se nos dice que la extensión es únicamente el equivalente de un dedal humedecido en el borde de un océano, tan vasto es nuestro universo. Teniendo en cuenta el detalle del mundo microscópico y la infinidad del mundo telescópico, llegamos a una apreciación más profunda de la majestad de Dios. Finalmente, en humildad, estamos contentos por saber que nuestras mentes son demasiado pequeñas para abarcar la maravilla de todo esto.

Por lo tanto, tendremos esos momentos en que miramos a las estrellas con nuestras preguntas y nos damos cuenta de que no existe una respuesta sencilla. Somos finitos, seres físicos con espíritus inclinados a extenderse hacia lo infinito. Buscamos conocerlo. Entender el universo creado por Dios. Buscamos respuestas a todo lo que vemos y tocamos, adentro y afuera. Pero por ahora debemos descansar en la suficiencia de lo que nos es dado. Algún día, en un mejor lugar, nos responderán todas las preguntas, todas las lágrimas serán enjugadas y todas las dudas finalmente irán a descansar.

Pero por ahora podemos unir nuestras manos con Pablo para abrazar lo infinito:

*"¡Oh profundidad de las riquezas de la sabiduría y de la ciencia de Dios! ¡Cuán insondables son sus juicios, e inescrutables sus caminos! Porque ¿quién entendió la mente del Señor? ¿O quién fue su consejero? ¿O quién le dio a él primero, para que le fuese recompensado? Porque de él, y por él, y para él son todas las cosas. A él sea la gloria por los siglos. Amén"* (Romanos 11:33-36).

O quedarnos con Isaías y escuchar el gentil descargo de Dios:

*"Porque mis pensamientos no son vuestros pensamientos, ni vuestros caminos mis caminos, dijo Jehová. Como son más altos los cielos que la tierra, así son mis caminos más altos que vuestros caminos, y mis pensamientos más que vuestros pensamientos"* (Isaías 55:8-9).

Nunca tendremos el manejo de la naturaleza de Dios. Nunca encontraremos una caja para guardarlo. Agradezca que tenemos lugar para adorar, para extendernos hacia algo mucho mayor que nosotros mismos. Qué aterrorizante sería si estuviera en manos de los seres humanos, con toda nuestra violencia y necedad, representar la más alta autoridad y el consejo más sabio que este universo tuviera para ofrecer. En vez de eso somos libres para ser niños, que felizmente delegamos en un Padre que se ocupará de todo. Si hay necesidad podemos traerle nuestras preguntas y estar seguros de recibir, si no son precisamente las respuestas que esperamos, seguramente las respuestas que verdaderamente necesitamos.

Susan Shelley, que vio marchar para siempre a dos de sus hijos, siguió golpeando a las puertas del cielo, demandando algún tipo de respuesta. Durante tres noches consecutivas le pidió a Dios algún tipo de seguridad de que sus pequeños se encontraban bien y cuidados. La tercera noche, mientras le preguntaba nuevamente a Dios, escuchó el sonido de pequeños pasos en el pasillo. Sus dos hijas, de siete y cuatro años con frecuencia venían y se deslizaban en la cama de sus padres. Pero esta vez los pasos llegaron hasta la puerta se detuvieron y luego retrocedieron hacia la sala.

A la mañana siguiente, Domingo de Ramos, a Susana le costó despertar a la hija más grande. Y Stacey estaba demasiado somnoliento. Su madre le preguntó: "¿No sabes nada de alguien que caminó a medianoche y vino hasta la puerta de mi dormitorio anoche, no es cierto?"

– Oh, sí, dijo Stacey –reanimándose–. Era yo. Vine a tu cuarto para decirte que Dios me habló, pero estabas dormida. Así que volví a la cama.

Susana quiso saber qué había dicho Dios.

– Dijo que Mandy y Toby están muy ocupados, preparan nuestra casa, y que hacen guardia en su trono.

Una corriente de frío recorrió la espalda de Susan.

– ¿Cómo te lo dijo Dios?

– Habló a mi mente –dijo Stacey con sencillez–. Luego, como pensé que estabas dormida, volví a mi cama y repetí las palabras una y otra vez para poderlas recordar y decírtelas. Me pareció un mensaje importante.

Susan Shelley no supo qué pensar. ¿Era la respuesta a su oración? ¿Podía Dios realmente haber hablado a través de una niña de siete años? Esa, por supuesto, era aún *otra* pregunta; nunca se terminan. Todo lo que importa es que Susana, a partir de allí, no sintió más preocupación por los dos pequeños hijos que había perdido. De la boca de los niños había venido la seguridad y la bendición, consistente con todo lo que

La Biblia nos dice del otro mundo. ¡Sus niños estaban muy ocupados! ¡Hacían guardia en el trono! Y preparaban el lugar donde la familia un día iba a reunirse completa y gozosa.

La pena, por supuesto, no se disipó, y la pregunta "¿Por qué?" permanecía. Pero lo que Dios había provisto fue suficiente, más que suficiente. De la fuerza que procedía de esa sabiduría, Marshall y Susan se animaron a seguir agrandando su familia. Un año después de la muerte de Mandy le dieron la bienvenida a este mundo a un niño. Lo llamaron Bayly, como se llamó un sabio cristiano que conoció mucho de tristezas. Él está bien; toda la familia está bien y feliz.

El dolor se queda en esta vida, porque las preguntas de los Shelley, más que las que nosotros podamos tener, no se terminan. Pero Dios es bueno. Le decimos lo que queremos, y Él nos da lo que necesitamos. Y al final solamente podemos quedarnos junto a Tomás, buscando entender por nosotros mismos el impenetrable misterio, y susurramos, "*¡Señor mío y Dios mío!*"

# POSPONGA SU POSTERGACIÓN 10

## Puede ganar la batalla y vivir victorioso

**E**s el primer día en que Mel comenzará a trabajar desde su casa. ¡Cuánto tiempo ha esperado esto!

Mel va a probar este asunto de "trabajar desde casa", luego de habérselo pedido al jefe durante dos años. La hora entera de traslado le robaba energía productiva, e insistió en que podría aumentar la productividad por lo menos en un quince por ciento si simplemente utilizaba una oficina en casa.

– Permítame probar durante tres meses –dijo– y si mis números no aumentan regresaré a mi escritorio y me olvidaré del asunto.

El jefe finalmente aceptó. Ahora estaba en una oficina lista en su casa, con la computadora instalada, y la línea telefónica preparada para la acción. A las 08:30 Mel estaba listo para empezar a trabajar. ¡En camisa! ¿No es grandioso esto? Dio un profundo suspiro, hizo sonar sus nudillos y se dispuso al lanzamiento.

A las 08:35 Mel decidió hacer un recorrido hasta el sacapuntas. Para mayor eficiencia, llevó con él una caja completa de lápices.

A las 08:45 regresó a su escritorio y se preparó para tomar el trabajo. Pero tuvo un pensamiento: ese sacapuntas necesita ser vaciado ¿no es cierto?

A las 08:46 Mel comenzó a hacer la rutina de mantenimiento al sacapuntas. Vació los restos de madera, repasó la base con una toalla de papel, y luego limpió el tambor. Algunos restos de madera quedaron fuera del cesto, así que buscó una escoba y barrió el área. Luego tomó el cesto de residuos y lo llevó afuera para volcarlo en el basurero. Después llevó la basura hasta el borde de la calle y tuvo una linda charla con la Sra. Murgatroyd, la vecina de enfrente. Es bueno hacer relaciones públicas para la compañía

A las 09:32 Mel regresó a su escritorio y se preparó para retomar el trabajo.

A las 09:33 decidió que un rápido juego en la computadora estimularía su vigor creativo un poco más.

A la 11:14 Mel logró su mejor récord en ese juego. Ahora su vigor creativo fluye completamente.

A las 11:15 hizo un llamado de ventas. La línea estaba ocupada. Decidió que es el momento para tomar un descanso.

A las 11:32 Mel regresó desde la cocina con una taza de café. Para tener eficiencia extra, leyó sus correos electrónicos mientras tomaba el café. Reenvió el simpático chiste del pingüino a cuarenta y tres de sus amigos. Mientras estaba en línea, sintió que este sería el mejor momento de comparar precios de nuevos sacapuntas para oficinas en casa.

A las 12:31 logró una lista de precios de sacapuntas. Hizo un alto para el almuerzo. Para tener eficiencia extra, leyó los mail mientras masticaba su sándwich de atún. Veintidós amigos habían respondido a su gracioso chiste sobre el pingüino, muchos de ellos con otros chistes propios. Mel se tomó tiempo para responder a cada uno, lo cual significa buenas relaciones públicas para la compañía.

A la 13:53 Mel dio un profundo suspiro y se preparó para retomar su trabajo.

A la 13:54 llamó a ese número otra vez. Aún sigue ocupado.

A la 13:55 Mel manejó hasta la librería para comprar un sacapuntas. Mientras salía, se detuvo en el parque y jugó al béisbol con dos lindos muchachos a quienes nunca les habían enseñado a batear y sacar desde atrás. Estas son buenas relaciones públicas para la compañía. En el camino de regreso, detuvo el auto para lavarlo luego de comprar un nuevo vidrio para reemplazar el de la ventana que se rompió por una pelota de béisbol.

A las 16:43 Mel llegó a casa y decidió terminar el día. ¡Esta rutina de la oficina en casa es aún más agotadora de lo que esperaba!

Cierta vez un estudioso investigó Las Escrituras para descubrir las palabras más significativas de toda La Biblia. Quería encontrar las palabras más tristes, las más felices, las más emotivas y otra más. Cuando buscó la palabra más peligrosa, la identificó como "mañana". Esa palabra es un ladrón, dijo, que roba a los soñadores de sus sueños y a los talentosos de sus más grandes logros. Impide que los hombres y mujeres vengan a Cristo y descubran la clase de vida que Dios desea que tengan. El príncipe de los predicadores, Charles H. Spurgeon, estuvo de acuerdo: "¡Mañana, mañana, mañana! –escribió–. ¡Ay de mí! ¡Mañana nunca llega! Ese no es un calendario, sino el almanaque de los tontos."[1]

## EL LADRÓN DE TIEMPO

Larry, un amigo de nuestro ministerio radial, quería trabajar en forma independiente igual que Mel. Pero Larry siguió adelante: formó su propio servicio de poda y transporte de árboles. Y a diferencia de Mel, no tenía problemas para hacer su trabajo. Dedicó largos y exhaustivos días de trabajo físico para su carrera y su familia. Pero, en lo profundo, sabía que había algo que faltaba: no trabajaba para Cristo. Había orado para que Dios bendijera su nueva compañía; iba a la iglesia cada domingo. Pero ser creyente no era una diferencia significativa en su vida; sabía dentro de su corazón que Cristo quería más de él.

Larry, sin embargo, fue criado para tener auto confianza. ¿Cuál era la frase favorita de sus padres? "Hazlo por ti". Así que se concentró totalmente en su trabajo y el negocio floreció, hasta que llegó el día cuando Larry desmontó su último árbol.

Era una maniobra de rutina; nada diferente. Larry tenía un pino listo para hacer caer, y él estaba en un claro. Pero hubo un desliz, y el pino chocó violentamente con otro árbol al borde del claro. Repentinamente comenzó a caer en una dirección diferente, en el lugar donde Larry había decidido correr para estar a salvo.

Antes de que pudiera darse cuenta, Larry estaba aplastado contra la tierra, en un mundo de dolores. Apenas dijo con voz ronca: "Dios, ayúdame". Sabía que la muerte estaba cerca.

No sentía temor, pero ¿cuál era esa otra cosa que parecía llenar su espíritu? El lamento. Sus pensamientos comenzaron a ir hacia lo que se aproximaba: un encuentro cara a cara con Jesús. Y eso no le daba ningún gozo a Larry. ¿Cómo podría explicarle a Jesús una vida entera en la que ignoró su voz? Sabía que Dios tenía cosas especiales planificadas, pero él había ido permanentemente por su propio camino. Siempre había un después: después de que su negocio comenzara a andar bien, después de formar su familia, después que sus hijos se hubieran ido… después.

Pero ahora estaba en el después. Ahora debía pararse y dar cuentas delante del trono de la gracia. Ahora deseaba tener una segunda oportunidad.

Luego de que el cuerpo destrozado de Larry fue encontrado, pasó tres días en una condición crítica, luchando entre la vida y la muerte, peleando por una segunda oportunidad. Se hizo una cadena de oración a su favor que comenzó con su familia y se extendió a amigos y asociados. Los signos vitales de Larry volvieron a recobrarse. Los médicos arreglaron sus piernas, a duras penas evitaron su amputación. Asombrosamente, no hubo ningún daño en su espina dorsal. Volvió a su casa para su cumpleaños treinta y siete con una gran torta y el corazón lleno de gratitud hacia Dios. Larry se había decidido a caminar otra vez con su familia y, sobre todo, con su Señor. Había comenzado un negocio por sí solo. Pero a partir de ahora, respondía a una autoridad muy superior.

La postergación es el ladrón del tiempo. Tal vez no tenga que enfrentarse tan trágicamente como le sucedió a Larry, pero no hay duda que en algún momento tendrá que enfrentarse de alguna manera, de tiempo en tiempo. ¿Qué valor tendría una vida humana para una persona que pudiera utilizarla sin postergar nunca? Esa vida sería increíblemente exitosa. Antes de descubrir algunas formas en que podemos movernos hacia ese nivel de mayordomía del estilo de vida, exploremos algunas razones por las que la postergación es un vicio tan mortal.

## La postergación le roba oportunidades de servicio

¿Cómo era de estricto Jesús sobre el tema de perder el tiempo? Tome este ejemplo para pensar:

> *"Y dijo a otro: Sígueme. Él le dijo: Señor, déjame que primero vaya y entierre a mi padre. Jesús le dijo: Deja que los muertos entierren a sus muertos; y tú ve, y anuncia el reino de Dios. Entonces también dijo otro: Te seguiré, Señor; pero déjame que me despida primero de los que están en mi casa. Y Jesús le dijo: Ninguno que poniendo su mano en el arado mira hacia atrás, es apto par el reino de Dios"* (Lucas 9:59-62).

Pareciera una estricta forma de reclutar jóvenes ¿no es cierto? ¿No tenemos que dedicar tiempo para funerales? ¿No debemos tener la cortesía de avisar a nuestras familias que nos vamos?

Por supuesto, el punto de Jesús es que debemos mantenernos atentos y controlar nuestra propia tendencia de poner las cosas grandes a un lado y hacer las menores. Es lo que Charles Hummel llamó la "tiranía de lo urgente", poniendo lo más importante detrás de lo más inmediato. En cualquier momento necesitamos estar conscientes, de la manera más sabia posible, de invertir el momento que tan brevemente tenemos entre las manos. Demasiado fácil se va una vida entera, y hacemos poco o nada de valor eterno. Pare de atender ese funeral y descubrirá cinco razones para cambiar su manera de pensar sobre cómo seguir a Jesús; háblelo con su familia y es posible que lo convenzan para que no concrete su nueva resolución. Jesús simplemente destaca que un compromiso con Él significa volver a ordenar las prioridades de los valores de una vida: lo efectivo inmediatamente.

Era un tema que Jesús enfrentó cada momento. ¿Cómo podía ayudar a las personas a entender la magnitud de lo que significaba seguirlo? Si usted encuentra la perla más fina, dijo Él, vendería todo lo que tiene para poseerla. Si tropieza con un tesoro enterrado, esto será lo más importante. Volvería a reordenar su vida completamente (Mateo 13:44-46). El tiempo es la boleta que registra su voto sobre lo que más le importa en la vida.

Aún el círculo íntimo de Jesús luchaba para entender estas enseñanzas. En Mateo 26 Jesús trajo consigo a Pedro, Santiago y Juan al Jardín de Getsemaní. Dejó a los otros ocho detrás. Jesús les dijo a sus amigos que tenía tristeza hasta la muerte misma. Les imploró que se quedaran con Él y oraran. Entonces se fue unos pocos pasos más adelante y entró en un tiempo de oración profunda, apasionada.

Cuando Jesús fue a ver a sus discípulos, no lo sostenían en su suplica; habían caído en un sueño. Así que los amonestó para que velaran y oraran, para no caer en tentación. "El espíritu está dispuesto –les dijo– pero la carne es débil." Qué cierto es realmente esto, deseamos servir a Dios correctamente, pero nuestra humanidad siempre se interpone.

Dos veces Jesús realizó la misma batalla espiritual, agonizó sobre la crisis de su destino humano. Trataba con nuestro pecado, con nuestro castigo, su sumisión a la voluntad del Padre. El diablo lo debe haber golpeado con cada arma de su arsenal demoníaco. Jesús lo enfrentó solo.

Anhelaba que su círculo de amigos cerrara sus brazos y lo sostuvieran en oración. Pero cada vez que iba a verlos, estaban durmiendo. Se durmieron en los últimos –y más significativos– momentos con Jesús antes de la crucifixión. En este mismo jardín, el destino de la raza humana estaba en la balanza. Los tres amigos no podían saber; no podrían haber comprendido las implicaciones espirituales de aquel instante. De todas maneras, dieron lugar a la debilidad. Se durmieron cuando debían velar.

A su tiempo cada uno de ellos escribió libros sobre Jesús y el significado de su encarnación. Cada uno de ellos haría milagros y se entregaría devotamente para extender el evangelio. Dos o tres iban a dar sus vidas en martirio por su Maestro. Seguramente que redimieron su momento de debilidad. Pero mientras vivieron deben haberse lamentado de las tristes memorias del atardecer perdido en el jardín, la oportunidad derrochada de sostener a Jesús cuando Él más lo necesitaba, la oportunidad de hacer los últimos momentos antes del arresto un poquito menos dolorosos, y ser parte de un momento singular donde el tiempo se mezclaba con la eternidad. El agua derramada jamás vuelve a la copa.

Aplastado debajo de un árbol, Larry entendió el poder de esta verdad. Sabía que llegaría el momento cuando debemos pararnos y dar cuenta de cada instante de nuestra vida, lo que hemos hecho, tanto como lo que no hicimos. Está escrito a través de todas las parábolas de Jesús una y otra vez. Su tiempo es su tesoro; páselo con cuidado. ¿Qué puede hacer para Dios? ¿Cómo puede invertir esta hora?

Creo que algunas veces Dios nos da instrucciones explícitas para el momento que tenemos delante. Sé que lo hace por mí, no escucho voces, pero en medio de todas mis ocupaciones y distracciones la suave, pequeña voz se abre paso: "¿Por qué no llamas a este amigo en particular? ¿Por qué no vas a este lugar?" Creo que es común en la vida de los ministros. Algunas veces obedezco lo que sé que es la voz de Dios. En otras oportunidades, para mi vergüenza, dejo que el momento pase; en esencia le digo a Dios: "Déjame ir a enterrar a mis muertos primero". Y sé profundamente que me he perdido una cita divina. Es un sentimiento de vacío el comprender, mucho después, que he perdido algo especial que Dios tenía para que yo hiciera.

Necesitamos aprender a escuchar su voz, especialmente cuando se refiere al uso inmediato de nuestro tiempo. Si podemos hacer eso, aún moderadamente bien, el fruto de nuestras vida será un huerto lo suficientemente grande para alimentar al mundo. Pero vamos ocupando el tiempo, ¿no es cierto? Nos empezamos a ocupar con lo urgente antes de lo esencial.

Charles Hanson Towne escribió un poema que quema mi alma de convicción cada vez que lo leo:

### A la vuelta de la esquina

A la vuelta de la esquina tengo un amigo,
en esta enorme ciudad sin fin;
sin embargo los días pasan, las semanas vuelan
y sin darme cuenta, un año se va.
Y no vuelvo a ver el rostro de mi viejo amigo.
Porque la vida es una carrera rápida y terrible.
Él sabe que lo quiero siempre igual
como en los tiempos en que llamaba a su puerta
como él a la mía.
Éramos más jóvenes entonces,
ahora somos hombres ocupados y cansados;
cansados de jugar un juego tonto,
cansados tratando de hacernos un nombre.
"Mañana" digo "llamaré en la casa de Jim"
solo para mostrar que pienso en él.
Pero mañana llega… y mañana se va.
Y la distancia entre nosotros crece y crece.
A la vuelta de la esquina y con todo a kilómetros de distancia…
"Un telegrama, señor". Jim ha muerto hoy.
Y eso es lo que conseguimos, y merecemos al fin.
A la vuelta de la esquina, un amigo desapareció.[2]

Montones de personas, oportunidades y tal vez milagros desaparecen cuando el ladrón del tiempo entra en la casa. Podemos disfrutar de la bondad de una simple amistad. Podemos bendecir nuestras vidas mutuamente. Podemos enriquecer nuestras propias vidas, pero la postergación nos retiene.

En este mismo momento podría hacer una lista de cincuenta usos valiosos de su tiempo durante las próximas dos o tres horas. Sin siquiera pensarlo mucho, podría nombrar cincuenta maneras de servir a Dios sin tener que viajar siquiera cinco minutos de su casa. Algunas involucrarán directamente a su familia, otras a sus buenos amigos. Algunas a la gente que no conoce y que necesita el toque de Cristo en sus vidas. Algunas directamente el ministerio bíblico. Otra será un simple vaso de agua fría.

¿Qué pasaría si usted hace esa lista? ¿Qué pasaría si toma este párrafo literalmente, escribe sus puntos de acción y comienza a tachar los que realiza en los próximos dos meses, cada día cumpliendo uno más? ¿Cree que su vida cambiaría? Ahora piense en las vidas que usted toca

–en su hogar, en el trabajo, en la iglesia– personas que no leen este libro que observaran sus movimientos. ¿Cree que sus vidas cambiarían? ¿Quién sabe? Quizás usted podría comenzar un avivamiento.

No es una vergüenza que leamos párrafos como el que leyó recién, pensemos por un momento y después demos vuelta la página. ¿Por qué no actuamos? Porque postergamos. Y debido a que postergamos, nos robamos a nosotros –y a otros también– bendiciones de las que nunca estaremos conscientes.

La postergación le roba oportunidades de servicio.

## La postergación le roba oportunidades para ser exitoso

No necesita ser un cristiano para entender este punto. Necesita ser cristiano para entrar al cielo, vivir la vida abundante y escapar al castigo, pero este punto en particular sigue siendo verdadero para todo ser humano, sea salvo o no. No existe una persona exitosa que postergue.

Espero que se le haya grabado eso. Porque si se describe a sí mismo como alguien que posterga de manera crónica, es otra manera de decir: "Planifico cómo evitar tener una vida exitosa". James Gordon Gilkey ha señalado el popular concepto equivocado de que estamos cada uno de pie en medio de un gran círculo lleno de tareas, cargas, problemas, dificultades y responsabilidades que nos presionan todas a la vez. Hay demasiadas cosas para hacer simultáneamente, así que estamos sobrecargados, agobiados y exhaustos. De acuerdo con Gilkey, todo es un mito. Él lo substituye con una metáfora más adecuada:

¿Cuál es el verdadero cuadro de su vida? Imagine un reloj de arena sobre su escritorio. Tiene conectado el recipiente de la parte superior con el de la base por un tubo tan pequeño que únicamente un grano de arena puede pasar por vez. Ese es el verdadero cuadro de su vida, aún en un día muy ocupado. Las horas más ocupadas llegan a usted de una a la vez. Esa es la única forma en que pueden venir. El día puede traer muchas tareas, problemas, exigencias, pero invariablemente vienen en fila de a uno.[3]

Uno de los secretos más grandes del éxito es simplemente tomar cada momento como viene, e invertirlo de la mejor manera posible. John Keeble, un cristiano destacado y primer fundador de la industria financiera planificada, construyó una carrera exitosa con un simple plan:

evitar cualquier posibilidad de postergación. En primer lugar, decidió que necesitaba hablar a cuatro o cinco potenciales compradores por día de venta. Se había comprobado que cualquiera que hace eso consistentemente tiene una alta probabilidad de éxito. Entonces Keeble dedicó los viernes íntegramente a la meta de hacer esas citas. Tuvo que hacerse una promesa estricta de que usaría los viernes con el único propósito de hacer los llamados y arreglar los encuentros.

¿Qué era lo más grandioso de esto? Keeble sabía que una vez que se había encerrado a sí mismo con veinte citas personales para la semana siguiente, no le quedaría otra opción de ninguna diversión, de ninguna salida para gastar el tiempo. Se encerró en el manejo del tiempo y tiró la llave de salida. Sobre ese fundamento, Keeble se transformó en un millonario, un fundador de industrias y un amado filántropo cristiano.[4]

Lea las historias de hombres y mujeres que han encontrado el éxito, e inevitablemente descubrirá que fueron hombres y mujeres que tomaron el tiempo con seriedad. Había un consultor de empresas hace algunos años, llamado Ivy Lee. Charles Schwab, director de Aceros Bethlehem, lo contrató para que viniera y le ayudara a ser más productivo. Lee sonrió y le dio un plan de abrumadora simpleza. Le dijo: "Cada tarde, escriba las seis cosas más importantes que debería hacer al día siguiente. Póngalas en orden de importancia. A la mañana siguiente venga y haga lo que encabeza la lista. Cuando haya terminado con eso, continúe con lo que viene después".

Schwab le preguntó a Lee cuánto le iba a cobrar por ese consejo. Lee contestó: "Utilice el plan estrictamente durante varios meses. Luego decida sobre el valor de mi plan y envíeme un cheque". En su momento Lee recibió un cheque de $ 25.000.- de parte de Schwab, por ese simple consejo, una muy buena cantidad de dinero para comienzos del siglo XX.

Puede ser que no se haya impresionado por la historia ¿pero probó el plan? Si alguien escribe una lista de "cosas para hacer", que además de lo que debería ser, muestre aquello en que *realmente* usa el tiempo, ¿le agradaría esa lista? ¿Mostraría primero las cosas para disfrutar al principio y las importantes pero desagradables siempre al final y siempre empujadas hacia abajo cada vez que amenazan subir en la lista? Mantengo mi lista de "cosas para hacer" en un cuaderno de notas amarillo, y no sé qué haría sin él. Si puedo mostrar disciplina al decidir la tarea más importante, y mantenerla primera en la lista, entonces mi día será un éxito.

¿Todo tiene que ver con el tiempo, verdad? Arnold Bennett dijo: "El tiempo es la inexplicable materia prima de todo". Es la estructura molecular espiritual de nuestro mundo. Su carrera está compuesta de tiempo. Su relación con Dios se mide en tiempo. ¿Le gustaría la "lista de uso del tiempo" de su vida si tuviera que dar un informe?

## La postergación roba la oportunidad de la salvación

Esta, por supuesto, es la posibilidad más peligrosa de todas. Cada año, cada día, cada momento, la postergación hace que muchas personas no lleguen a las puertas del cielo. Y tal vez el relato bíblico más grande sobre esto se encuentra en Hechos 24. Este pasaje nos muestra un modelo clásico de tiempo trágicamente malgastado; comenzamos con el elenco de personajes.

*La identidad del que postergó.* La primera porción de Hechos 24:24 ubica la escena:

> *"Algunos días después, viniendo Félix con Drusila su mujer, que era judía..."*

¿Quiénes eran estas personas? Vamos a detenernos y averiguar un poco más.

- *Félix,* cuyo nombre real era Antonio Félix, era griego de nacimiento. Tenía fuertes lazos con el Imperio Romano y fue nombrado procurador de Judea por su hermano. Por causa de ese nombramiento, Félix tuvo que escuchar el caso de Pablo cuando el apóstol fue acusado equivocadamente de sedición. Como veremos, Pablo utilizó la oportunidad para anunciarle el Evangelio.

- *Drusila, la esposa de Félix.* Se sorprendería de saber algo sobre la familia de Drusila. Era una de las tres hijas de Herodes Agripa I, y Félix se la había robado a su esposo para hacerla su tercera esposa. Su hermana estaba casada con el rey. El padre asesinó a Santiago, el hermano de Juan y trató de matar a Pedro. Su tío abuelo Herodes Antipas degolló a Juan el bautista. Y su bisabuelo Herodes el Grande instituyó el asesinato en masa de bebés en Belén, en un esfuerzo para erradicar al recién nacido Mesías. Esta era la familia de Drusila, una línea distinguida y diabólica.

Ahora, cuando entramos en la historia, Pablo comparece ante Félix. Se sugiere que este fue el único arreglo inicial; todo terminó cuando Félix apareció ante Pablo. Verdaderamente debe haber sido una audiencia mucho más vívida que una de procedimiento legal, porque Pablo casi no perdió tiempo hablando de sí mismo. En lugar de eso, se lanzó en la defensa de Jesucristo, el Hijo de Dios y la salvación de los hombres.

A Pablo no le importó demasiado dónde se encontraba, lo que estaba enfrentando o qué perspectivas podría haber. A cualquier lado que iba, anunciaba el Evangelio. El mundo era su púlpito. Veo algo de eso en mi querido amigo Franklin Graham. A cualquier lado que va, siempre habla de Jesús. No importa a quién tenga delante, rápidamente el Evangelio pasa a ser el tema más importante. Y su mensaje es simple y directo, de modo que llega a cualquiera en cualquier lugar y tiempo. Este es el estilo de Pablo: una urgencia por predicar a Cristo, porque no hay un solo momento adecuado para postergar.

*La instrucción del que postergó.* Me encanta que Lucas, el autor de Hechos, le da a Pablo el boceto del sermón.

> *"Llamó a Pablo y le oyó acerca de la fe en Jesucristo. Pero, al disertar Pablo acerca de la justicia, del dominio propio y del juicio venidero, Félix se espantó y dijo: Ahora vete, pero cuando tenga oportunidad te llamaré"* (Hechos 24:24b-25a).

Como predicador le puedo decir que es un inspirado plan de sermón de tres puntos.

Considere su desarrollo:

*1. Justicia.*

*2. Dominio propio.*

*3. Juicio venidero.*

Si piensa por un momento sobre la audiencia de Pablo, estará de acuerdo que este fue un boceto elegido estratégicamente. Félix y Drusíla eran *injustos*; no tenían *dominio propio* y enfrentaban el *juicio venidero*.

La pareja real, por supuesto, no podían haber esperado escuchar algo así. Era muy raro que viniera un prisionero con un sermón evangelístico organizado. Esperaban escuchar una disertación comparando y contrastando el cristianismo y el judaísmo pensados como sistemas. En vez de eso, el prisionero vino con sus armas evangelísticas encendidas.

Punto uno, *justicia,* pasó sin mayores incidentes. Los oyentes deben haber respirado con alivio. ¿Quién iba a discutir que la justicia no es agradable?

El punto dos lleva el título de *autodominio.* Estos dos llevaban vidas de destrucción seria de matrimonio y concubinato, y debe haber unos cuantos nervios irritados en este punto. El Espíritu Santo seguramente trabajaba, daba poderosa convicción. Cuando terminaba el segundo punto, podemos imaginar a Félix y Drusíla rechinando los dientes, visiblemente inquietos.

Punto número tres, por supuesto no era exactamente un aterrizaje suave, *el juicio venidero, el día para pagar.* El punto uno introdujo el tema espiritual. El punto dos lo enfocó en el blanco y lo dirigió. ¡El punto tres disparó el fuego! El procurador y su esposa estaban sentados detrás del asiento del juez donde comenzó su encuentro, pero ahora se sentían más bien en la mesa de los acusados, una mesa que había sido puesta para Pablo.

*El impacto sobre el que postergó.* En los primeros años de América, nos dicen los libros que los grandes predicadores –hombres como Jonathan Edwards– hablaban con tal poder, creaban tal convicción, que los que oían se aferraban a los bancos. Edwards tenía un sermón llamado "Pecadores en las manos de un Dios airado", en el que describía a los hombres pecadores como pequeñas arañas que se balanceaban sobre las llamas. La historia dice que la gente sentía emociones tan profundas, convicción tan fuerte, que hincaba las uñas en la dura madera de los bancos, ¡trataban de evitar de que sus cuerpos cayeran en el abismo del fuego del infierno!

Ese es el poder de convicción cuando el Espíritu Santo entra en un lugar, y esto no lo vemos con frecuencia en estos días. Aún puede ir a algunas de esas antiguas iglesias de Nueva Inglaterra y ver las "marcas de las uñas" grabadas en la madera de pino.

Este era el tipo de reacción que trajo el sermón de Pablo a Félix. Una traducción dice que Félix estaba aterrorizado. Otra dice que temblaba. La voz de Dios vino, fuerte y clara al corazón de Félix, y lo redujo a su mera esencia espiritual. Y allí estaba el procurador de Judea temblando delante de su propio pecado y culpa.

*La intención del que postergó.* Ahora llega el momento de la verdad y tristemente es así la mayoría de las veces.

*"Félix se espantó y dijo: Ahora vete; pero cuando tenga oportunidad te llamaré" (Hechos 24:25b).*

¡Mire esas palabras tan familiares! "¿Me podrías llamar después, Pablo? Este no es buen momento. No me llames; yo te llamo." Las palabras de Félix son absolutamente contemporáneas. Usted las ha usado; yo también. Son las palabras favoritas de la postergación en todo lugar.

Encontrará muy cerca dos palabras en el diccionario: *enterrar* e *intención*. La primera significa "sepultar". La segunda con frecuencia significa exactamente lo mismo. Meramente tener la intención es sepultar cualquier posibilidad de hacer algo, enterrar en el cementerio del "Podría-haber-sido". El camino al infierno, después de todo, está asfaltado con buenas *intenciones*. Y Félix pone el primer ladrillo de su avenida en dirección al infierno en este versículo. Es importante señalar que Pablo compareció ante Félix por lo menos una vez más. Pero no fue lo mismo; el momento de la verdad había pasado. El hombre que había temblado se volvió frío en su corazón, hacia el evangelio.

Cuando la voz de Dios lo llama, nunca cometa el error de dejarlo para mañana. Como veremos, eso puede ser un error fatal.

## DOS GRANDES PROBLEMAS DE LA POSTERGACIÓN

La postergación interfiere en el servicio, en el éxito y posiblemente aún en nuestra salvación. Descubramos los dos errores más grandes que hacen aquellos que utilizan mal el tiempo.

### 1. La postergación no tiene en cuenta la incertidumbre de la vida

Cierta vez Spurgeon predicaba sobre la vida eterna, y vio a una mujer piadosa, sentada cerca del frente. Había estado en su iglesia muchos años y Spurgeon sabía que su fe era muy fuerte. Había un brillo especial en sus ojos aquel día; Spurgeon no lograba saber con seguridad qué significaba, pero los predicadores se afirman con poder y aliento frente a los rostros atentos. La miró en repetidas ocasiones mientras predicaba sobre el paraíso hasta que se le ocurrió algo que podía estar sucediendo. Spurgeon detuvo la predicación y pidió al hombre que estaba al lado de esta mujer que controlara su pulso. No tenía pulso. La mujer se había ido a la otra vida con el brillo del cielo en sus ojos.

En su caso, todos pudieron alabar a Dios por la seguridad de su salvación y la manera pacífica y apropiada de su muerte. Pero ¿y usted? ¿Qué tarea le queda aún por hacer? ¿Cuenta con el día siguiente, el mes próximo, el próximo año sin estar realmente seguro de que eso sea posible?

Mañana es una propuesta incierta. *"No te jactes del día de mañana; porque no sabes qué dará de sí el día"* (Proverbios 27:1). La Biblia señala este punto en varias ocasiones. Solamente el día de hoy te entregaron en tus manos; Dios te ha ubicado en el tiempo. Te ha encerrado en el presente y te separa del pasado y del futuro. La Biblia emplea dieciocho metáforas para recordarnos la brevedad e incertidumbre de la vida. Es como un vapor, por ejemplo, que aparece por un momento antes de disolverse para siempre. Usted planifica un picnic para *mañana*, y llueve. Espera pagar sus facturas *mañana* y uno de sus hijos se enferma. Mañana comenzará una dieta; mañana pasará tiempo con Dios; mañana llamará a sus abuelos… Paremos con esto.

¿Alguna vez deseó que un trozo de ayer volviera –un pequeño pedacito– para poder hablar con alguien que ya ha partido? ¿Hay cosas que desearía haberle dicho a sus padres que ya no están? ¿Un hermano o hermana que ha perdido? ¿Una cariñosa abuela a quien nunca le agradeció? ¿Una pregunta que le hubiera gustado hacerle?

Si apila la suficiente cantidad de mañanas, terminará con un montón de ayer vacíos.

Santiago fue uno de los tres hombres que se durmió en el jardín mientras Jesús agonizaba en la noche de su pasión. Luego de la ascensión de Jesús, Santiago sabía lo que significaba perder a la más importante persona del mundo, anhelaba decir, en la carne, las cosas que quedaron sin decir. Vivió para escribir una carta sobre la vida cristiana. Tal vez la más urgente de todas las epístolas, eficientemente incluye una orden cada dos versículos. Dentro de los sabios consejos de Santiago está este:

*"¡Vamos ahora! Los que decís: Hoy y mañana iremos a tal ciudad, y estaremos allá un año, y traficaremos, y ganaremos, cuando no sabéis lo que será mañana. Porque ¿qué es vuestra vida? Ciertamente es neblina que se aparece por un poco de tiempo, y luego se desvanece"* (Santiago 4:13-14).

Mañana –nos dice Santiago– es la palabra más mortal de La Biblia. Es perezosa. Es presuntuosa. Imprudente. La Palabra de Dios prefiere el hoy. Hebreos 3:13 nos advierte que mejor que nos exhortemos unos a otros "mientras es 'hoy'". Antes de que el pecado endurezca nuestro corazón. Le sucedió a Félix. Puede sucederle a usted.

Pero, aún así, aunque tuviéramos el control del mañana, habría un problema con la postergación.

### 2. La postergación no tiene en cuenta lo incomparable de la convicción

La vida tiene momentos definitivos para cada uno de nosotros, momentos cuando Dios entra en el tiempo y el espacio y trata con nosotros directa y personalmente. Usted y yo hemos conocido tiempos así. Tal vez el día que se encontró con Cristo hubo un sentido casi tangible de la presencia de Dios. Escuchó su voz, fuerte y clara. Le habló a su mente. A medida que nos hacemos más sabios en la fe, estos momentos se hacen más frecuentes. Vamos hacia un tiempo cuando su voz se vuelve casi en todas las oportunidades, clara y discernible.

Tal vez hay un mañana. No podemos estar seguros de nada, pero a cada ayer le siguió uno hasta este momento. Con todo, puede ser que nunca más escuche la voz de Cristo tan claramente como hoy; puede ser que nunca tenga el mismo mandato fuerte para obedecerlo. Es posible que nunca más pasemos por este camino otra vez... casi seguro que no. Cuando Dios habla, el momento es ahora. Su horario y planes son perfectos y no para nuestra conveniencia personal.

Dios persiste, pero la vida suya es menos predecible. Su mente puede estar llena de otros pensamientos. Quizás usted no sea tan sensible mañana. O la necesidad ministerial puede evaporarse para ese momento, y la ventana de la oportunidad puede cerrarse.

Mañana cambia todo. Hoy es el día que Dios eligió para captar su atención, y con Dios no hay coincidencias. De igual manera La Biblia menciona este punto una y otra vez. ¡No se tarde! No vaya para atrás. No pierda el momento. Agustín dijo: "Dios prometió perdón si usted se arrepiente, pero no ha prometido un mañana para que lo postergue". Isaías 55:6 dice:

> *"Buscad a Jehová mientras puede ser hallado, llamadle en tanto que está cercano".*

Dios nunca deja de hablar; nosotros dejamos de escuchar. Hay momentos definitivos cuando sus labios y nuestros oídos están sincronizados, exactamente en un momento de claridad, justo en un momento de urgencia. Y ese es el momento de actuar. Como lo dice el Salmo 119:60:

*"Me apresuré y no me retardé en guardar tus mandamientos".*

Y Salomón, que fue dotado de sabiduría piadosa, pero que se desvió espiritualmente con el paso del tiempo, nos dio esta visión:

*"Acuérdate de tu Creador en los días de tu juventud, antes que vengan los días malos, y lleguen los años de los cuales digas: No tengo en ellos contentamiento"* (Eclesiastés 12:1).

Sabemos que Dios nos llama a cada uno. Nos llama a salvación. Nos llama al servicio. ¿Qué perdemos cuando escuchamos sin oír? La salvación puede perderse para siempre, como sospechamos que habrá sucedido con Félix o como habrá sido el caso del joven rico que se encontró con Jesús; tuvo su momento de definición, y tristemente se fue. No hay ningún relato de un cambio de corazón del joven rico.

Billy Graham estaba en un hotel en Seattle, muy dormido, cuando de pronto se despertó con una enorme carga para orar por Marilyn Monroe, la actriz y *sex symbol*. Graham conocía algo sobre la urgencia del empuje del Espíritu. Comenzó a orar, y al día siguiente la carga era tan fuerte que intentó que sus asistentes lograran conseguir un contacto con Marilyn por teléfono, pero su agente lo complicó. Ella estaba demasiado ocupada, dijo el hombre, pero se encontraría con el Reverendo Graham alguna vez, "ahora no" dijo el agente. "Tal vez dentro de dos semanas".

Dos semanas eran demasiado poco y demasiado tarde. Dos semanas después los titulares de América gritaban las noticias de que Marilyn Monroe se había suicidado. Nunca tendría esa oportunidad para encontrar paz para su alma.[5]

D. L. Moody, el famoso evangelista predicaba el 8 de octubre de 1871 en Chicago. Era una de las más grandes multitudes que jamás se habían reunido, y su tema era: "¿Qué va a hacer con Jesús?" Hizo hincapié sobre la decisión que enfrentó Pilato, y Moody concluyó diciendo: "Desearía que considere seriamente este tema, porque el próximo domingo voy a hablar sobre la cruz. Luego haré la pregunta: "¿Qué va a hacer con Jesús?"

El servicio terminó con un himno, pero nunca terminaron el himno, el rugido de los bomberos llenó el auditorio. Las calles estallaron en pánico. El famoso fuego de Chicago de 1871 empezó esa misma noche y casi elimina a la ciudad del mapa.

Ese sermón sobre la cruz jamás se dio. Moody con frecuencia decía después: "Nunca más me animé desde entonces a dar a una audiencia una semana para pensar sobre su salvación".

La pregunta lo perseguía: ¿Cuántos estaban listos? ¿Cuántos estaban escuchando la voz de Dios y hubieran entregado sus almas delante de Cristo aquella tarde? ¿Cuántas ventanas de oportunidad se cerraron con el primer chirrido de los carros de los bomberos?"[6]

Mientras termina de leer este capítulo, hay una pregunta para enfrentar: ¿qué espera?

• ¿Es el momento de rendirse a Cristo, que lo ama y murió por usted? ¿Es tiempo de dejar la vieja vida de pecado que solamente puede llevarlo a la miseria y la destrucción?

• ¿Es el momento de decir sí a algo que el Espíritu de Dios ha atado a su corazón para que haga, alguna misión, ministerio, llamado de Dios que Él ha apartado grabado con su nombre? ¿Cuánto tiempo continuaremos atados? ¿Cuánto más antes de que las brasas de su corazón se reduzcan a cenizas?

• ¿Es tiempo de poner su casa en orden? ¿Tiempo de arreglar los malentendidos con su esposo, esposa, hijos? ¿Tiempo de guiar a su familia de nuevo a los brazos amantes de Cristo y reedificar el hogar amoroso que Él quiere que tenga?

• ¿Es tiempo de comenzar a agradar a Dios con la obra de sus manos? ¿A honrarlo mejor en su lugar de trabajo y eliminar esas prácticas que lo afligen?

Jonathan Edwards llevó una vida notable. Entró en la Universidad de Yale a los trece años. Como adulto, su predicación produjo el lanzamiento de los primeros dos avivamientos que barrieron América, incluidos el Gran Avivamiento. Al final llegó a ser el primer presidente de la Universidad de Princeton. Se lo respetaba como uno de los más grandes intelectuales que nuestro país haya producido jamás. Antes del siglo XX, se decía frecuentemente que únicamente dos americanos habían hecho impacto en el mundo a través de sus filosofías: Benjamín

Franklin y Jonathan Edwards. Sus libros todavía se imprimen y siguen influenciando, después de doscientos cincuenta años. Edwards había hecho el siguiente pacto consigo mismo:

"Resuelvo vivir con toda mi fuerza mientas viva.

Resuelvo no perder jamás un momento de tiempo y

mejorar mi uso del tiempo para que sea lo más fructífero posible.

Resuelvo no hacer jamás nada que no haría si esta fuera la última hora de mi vida".[7]

Este gigante espiritual ha tenido muchos admiradores con el correr de los años, y uno de ellos decidió estudiar el árbol familiar de la familia de Edwards. Ubicó a 1.394 descendientes y entre ellos encontró:

- 13 presidentes de universidades
- 65 profesores universitarios
- 3 senadores de los Estados Unidos
- 30 jueces
- 100 abogados
- 60 médicos
- 75 oficiales de la armada y navales
- 100 predicadores y misioneros
- 60 autores prominentes
- 1 vicepresidente de los Estados Unidos
- 295 graduados universitarios, incluyendo gobernadores de Estados y embajadores

Algunos de los más grandes nombres de la historia americana están incluidos en ese árbol familiar.[8] Se ha dicho que una mirada más detenida de los grandes líderes de negocios de América del siglo XX, mostraría las huellas digitales de Jonathan Edwards en todas partes. Su vida personifica la verdad final en nuestro estudio de la postergación, la cual es:

"Si usted trata bien al tiempo, él le devolverá el favor".

Maneje el presente con honor y será honrado en el futuro. Lo llamamos legado. Como el linaje de Abraham, cuyos hijos serían como la arena del mar y las estrellas de los cielos; rico será el legado de un hombre que honra a Dios e invierte los preciosos momentos que Él le ha dado. Esa persona llegará al cielo para ver con nuevos e ilimitados ojos, su enorme impacto en la historia, su ministerio en expansión en la Tierra y escuchará una voz que le dice: *"Bien buen siervo y fiel".*

¿Qué tipo de legado deja para el futuro, esta semana, en este día, en este momento? Todo está hecho de tiempo, y en este mismo momento está entre sus manos. ¿Qué espera?

# ENFRENTE SU FRACASO

# 11

## Puede ganar la batalla y vivir victorioso

Jerry era un trabajador persistente. Hacía el único trabajo que le gustaba hacer, y constantemente se apresuraba para mantenerse al día con las demandas. Estaba contento con la vida. Fue entonces que vino el colosal giro.

Casi de la noche a la mañana todo cambió en su empresa. Griffin, su jefe, fue expulsado de la compañía. Jerry estaba conmocionado y desilusionado. Griffin era un hombre que él apreciaba y confiaba. El anciano le había dado su oportunidad, lo había promovido a la gerencia intermedia. Desde el fondo de su gratitud Jerry lo había servido con fidelidad. Se había concentrado en su trabajo y evitó los chismes contra el jefe.

Ahora Jerry pagaba el precio por esa lealtad. Podía ver el escenario completo que se desarrollaba a su alrededor. No lo invitaban a reuniones claves que tenían que ver con su departamento. Otros parecían ignorarlo. Ahora eran ellos los favoritos de la gerencia. Las notas para Jerry estaban cuidadosamente redactadas, casi metódicamente. En ellas detallaban hasta la más pequeña falla de la división de Jerry. Alguien construía un minucioso recorrido con los papeles.

Jerry sabía que era el objetivo de un posible despido. Lo que realmente le dolía era darse cuenta que la seguridad de su trabajo había dependido mayormente de un hombre: el jefe, que se había ido. Comenzó a darse cuenta que no era irreemplazable. Había luchado con aspectos de su trabajo durante largo tiempo. Al mirarse a sí mismo a través del impiadoso grupo nuevo de la gerencia, pudo ver que se había transformado en alguien a disposición.

El nuevo grupo claramente esperaba provocar una renuncia, pero Jerry no era alguien que se rendía. Lo habían contratado para hacer un trabajo, y tenía la intención de mantenerse haciéndolo. Decidió simplemente ignorar todas las maquinaciones políticas y dedicarse al trabajo en forma honorable. Continuó con más constancia que nunca. Tal vez si se hacía aceptable, ellos cambiarían su pensamiento y lo dejarían. Jerry oraba mucho por eso.

Pero las personas poderosas no cambian su pensamiento con demasiada frecuencia, y Dios no intervino. Solamente fue una cuestión de tiempo, hasta que recibió la palabra: le daban dos meses, hasta el 31 de diciembre, para encontrar un nuevo trabajo.

Jerry no pudo evitar perder un poco de su compostura cuando escuchó estas cosas. Entró enojado a la oficina del vicepresidente, el hombre que había orquestado su despido, Jerry demandaba saber por qué, después de todos estos años, ya no era lo suficientemente bueno para la compañía. El vicepresidente tomó un archivo grueso y comenzó a leer cuidadosamente notas recopiladas sobre problemas en la división de Jerry. "Y dado que irrumpió así y trajo el tema –dijo el vicepresidente– puede dejar su escritorio libre hoy mismo."

Jerry nunca olvidará el sentimiento que tenía mientras reunía sus pertenencias personales. Todos se paraban para ver; podría haberse escuchado caer un alfiler en aquella oficina. Estos eran sus amigos, su familia del trabajo. Había pasado tiempo con estas personas, confió en ellos, pasaron juntos las mejores horas del día. Ahora se habían transformado en observadores de un choque en una avenida, boquiabiertos, ante el giro que tomaba su carrera.

Así se sentía Jerry, por supuesto, un completo desastre. Había chocado e incendiado, y en la parte superior de su currículum se leía: fracasado.

El delgaducho y silencioso muchacho no tenía demasiadas opciones. Tuvo que trabajar desde los siete años, cuando su familia se quedó sin casa. Su madre murió dos años después de eso.

A medida que se hacía adulto, el joven tuvo una serie de pequeños trabajos hasta los veinte años: lo echaron cuando era empleado de un negocio. Pero la idea de tener un negocio lo entusiasmaba. A los veintitrés años sacó un crédito que le permitiría comprar un pequeño negocio. Pero la mala suerte continuaba: su socio murió tres años después. Ahora la deuda del joven era más que el doble, y parecía que deberían pasar muchos años solamente para pagarla.

No le iba mejor con las relaciones. Cerca de los treinta aún era un soltero. Le pidió matrimonio a una joven luego de cuatro años de noviazgo, pero ella lo rechazó. Era otro fracaso... ya estaba acostumbrado.

Dos veces se propuso para el Congreso y, como era predecible, perdió. Para decirlo con amabilidad, sus credenciales no impresionaban a nadie. Pero a la edad de treinta y siete, con más de la mitad de su vida hecha, finalmente fue elegido para un puesto, ¡tan solo para inmediatamente ser sacado! Fracasó en dos campañas para el Senado. Fracasó en un intento para llegar a ser vicepresidente. Nadie estaba más consciente de su legado de fracaso. "Ahora soy el más miserable de los hombres vivientes –dijo–. Si voy a ser mejor, no sé decirlo."

Alguien podría pensar que no sabía retirarse, y la mayoría de nosotros estaríamos contentos de que no lo hiciera. Porque a la edad de cincuenta y un años, Abraham Lincoln se transformó tal vez en el más grande de todos los presidente de los Estados Unidos.

Si existe algo que nos fascine más que una historia de éxitos, tal vez es lo opuesta: un retrato del fracaso. El más amado de los dibujantes, Charles Schulz, capturó los corazones de América con aquella inolvidable creación "Charlie Brown", que nunca llegó a pegarle bien a la pelota que tenía delante. Nunca se ganó el amor de la pequeña pelirroja. En béisbol, nunca llegó a la base final sin que sus medias, zapatos, gorra y camisa lo impidieran antes de llegar. Aún Snoopy, su propio perro, no podía recordar su nombre, y sus mejores amigos lo llamaban "sonso".

Charlie Brown dijo una vez: "Estoy aprendiendo a detestar un día por vez", y usted y yo sabemos exactamente cómo es eso. Sabemos cómo es volver al banco de espera después de hacer tres tiros y no poder batear ninguno.

También simpatizamos con el pobre hombre de Coca-Cola, el que convenció a una de las más orgullosas corporaciones mundiales para cambiar a "Nueva Coca", un humillante tiro errado. Y rápidamente perdonamos al arquitecto encargado de las torres de Pisa, y el comité de Decca Records que rechazó a Los Beattle, y a quien fue el diseñador del Edsel. ¿Se acuerda del Edsel? En los años 1950 lo llamaban el auto de la década, y la verdad que fue así. Porque la puerta no cerraba, el capote no abría y la bocina no sonaba. Alguien observó que no existe registro de que alguien se robara un Edsel.[1]

Nos reímos, pero perdonamos. Aún perdonamos a un hombre llamado Stephen Pile, que ridiculizaba los más monumentales errores de la historia en un libro llamado *El libro incompleto de los errores*. Y que al publicarlo salió con dos páginas menos y una nota pidiendo excusas por el error. Es imposible no entender el mensaje: Todos *fracasamos* alguna vez. Si alguna vez se equivocó –y todos lo hicimos– nos reimos *con* usted y no *de* usted.

Entonces, después de una buena risa, ponemos un brazo sobre su hombro y abrimos nuestra Biblia para descubrir cómo estar de pie ante el gigante llamado Fracaso.

## ENFRENTE EL GIGANTE DEL FRACASO

Cuando se abren los libros para registrarse en béisbol, todos sonríen –hasta Charlie Brown– porque todos los jugadores tienen cero error. Cada lanzador de bate tiene un promedio de mil. Todos los equipos tienen records perfectos, están anotados para ser primeros y se sienten camino a la Serie Mundial para la inmortalidad.

Pero no lleva más que un día antes que la mitad de que esos equipos se enfrenten con el pinchazo del fracaso; muchos de los bateadores han perdido 0 a 5, muchos de los que atajan han perdido. Los mejores bateadores en la liga fallan dos de cada tres. Babe Ruth ha hecho récord de corridas completas, pero también de cantidad de golpes perdidos.

### Enfrente la realidad del fracaso

El fracaso está garantizado: espérelo, pronto y con frecuencia. No es un estallido de pesimismo, sino una sana dosis de realidad. Al escribir a los corintios, Pablo se acercó al problema del fracaso y logró expresarlo en palabras poéticas:

> *"Pero tenemos este tesoro en vasos de barro, para que la excelencia del poder sea de Dios, y no de nosotros"* (2 Corintios 4:7).

¿Cuál es el tesoro? El Evangelio, por supuesto, Dios nos ha dado el más precioso don que podamos imaginar, y lo ha confiado a la fragilidad y fracaso de la humanidad. Copias antiguas de la Palabra de Dios han sido encontradas en verdaderas vasijas de barro; jarros de arcilla puestos en cuevas. La vasija se quebrará, aún la cueva se destruirá, pero la Palabra de Dios permanece para siempre. Todo en esta Tierra está destinado al fracaso, porque aún los mares y las montañas un día se habrán ido. Pero Dios nos confía derramando en nuestro interior su Espíritu y las verdades de su Palabra. Y ¿por qué? porque la luz –la "excelencia del poder es de Dios"– brilla mucho más resplandeciente desde un envase terrenal resquebrajado. Somos capaces de producir una Madre Teresa ocasionalmente, un Billy Graham y un ejército de organizaciones misioneras llena de incontables personas que derraman sus vidas con sacrificio en el servicio. Vista la corrupción de los seres humanos, la luz únicamente puede tener una fuente. La luz de Dios brilla resplandeciente a través de nuestras tinieblas, y su fuerza aparece aún más poderosa a pesar de nuestras debilidades.

Pablo continúa:

> *"Que estamos atribulados en todo, mas no angustiados; en apuros, mas no desesperados; perseguidos, mas no desamparados; derribados, pero no destruidos; llevando en el cuerpo siempre por todas partes la muerte de Jesús"* (2 Corintios 4:8-10).

Sí, estamos fuertemente presionados de todos lados. Estamos rodeados de fracaso, "derribados". Y eso es un ser humano. Como Santiago lo dice: *"Porque todos ofendemos muchas veces"* (Santiago 3:2). Ya hemos visto las listas de famosos fracasos. Stephen Pile hizo la lista en sus crónicas de fracasos: la maestra de Edison, que dijo que él era demasiado estúpido para aprender; la maestra de Einstein, que describió al muchacho como "lento mentalmente, insociable y a la deriva por siempre en sus sueños tontos". El buscador de talentos de Hollywood dijo que Fred Astaire era pelado, no podía cantar, ni bailar "ni un poco"; el editor del diario que despidió a Walt Disney porque carecía de ideas, y luego, a su vez, los ejecutivos de Disney que rechazaron *La guerra de las galaxias*, porque decían que iba a ser un fracaso de boletería.

Al contar estas historias, nos reímos burlonamente ante las maestras, agentes y ejecutivos que rechazaron a los genios. Tenemos el beneficio de ver con posterioridad. No en el momento, en el calor del rechazo, ¿no piensa que Los Beattles, Fred Astaire, Thomas Edison y Walt Disney, todos se sintieron *ellos* unos fracasados? Los mejores y más brillantes, a través de la historia, tienen esto en común: todos cayeron. El predicador escocés Alexander Whyte ofreció esta descripción de los santos: "Se caen, se levantan. Se caen; se levantan... durante todo el trayecto hasta llegar al cielo".

Dios, después de todo, no se sorprende ante nuestro fracaso. El salmo 103:13-14 nos ofrece un aspecto sorprendente:

> *"Como el padre se compadece de los hijos,*
> *se compadece Jehová de los que le temen.*

*Porque él conoce nuestra condición;*
*se acuerda de que somos polvo".*

Conoce nuestra condición: se adelanta a nuestro fracaso. Nada sorprende a Dios, y en aquellas ocasiones en que tropezamos, no mueve la cabeza en desaprobación. La Biblia nos asegura que tiene compasión de sus hijos. Desciende con poder para levantarnos otra vez. Aún Jesús sabía, cuando sus discípulos fallaron en sostenerlo en el jardín, que el espíritu está dispuesto pero la carne débil.

Y se nos dice que no tenemos un Alto Sacerdote que no puede entender nuestras debilidades –Él entiende– (ver Hebreos 4:15-16). Sabe cómo opera este mundo, y cómo estas personas caen una y otra vez.

Cuando experimente el fracaso, lo primero que debe recordar es esto: Dios *entiende*. Nunca tolera el fracaso, por supuesto –especialmente cuando el pecado está en su raíz– sino que su compasión no tiene límites.

## Enfrente la razón de nuestro fracaso

Pablo no solamente afirma la realidad de nuestro fracaso. También nos ofrece una razón:

> *"Porque esta leve tribulación momentánea produce en nosotros un cada vez más excelente y eterno peso de gloria; no mirando nosotros las cosas que se ven, sino las que no se ven, pues las cosas que se ven son temporales, pero las que no se ven son eternas"* (2 Corintios 4:17-18).

Este es un pasaje extremadamente interesante. En él Pablo une varios contrastes claves: aflicción leve y peso de gloria; las cosas visibles y no visibles. Impresiones pasajeras y realidades eternas. Y mientras abre nuestras mentes con estos opuestos, establece cuatro paradojas cruciales:

*1. Fracasamos ahora para triunfar después.* La aflicción presente significa futura gloria. Jesús lo dijo muchas veces. Tantas de sus afirmaciones enigmáticas sobre el primero y el último, el pobre y el rico, el amo y el siervo... Cristo menciona grandes contrastes y promete que si sufrimos con Él en este mundo, reinaremos con Él en el venidero. Cada lágrima es una inversión que recogerá diamantes como ganancia.

*2. Fracasamos en lo incidental para tener éxito en lo importante.* Pablo se refiere a esto como "leve aflicción" y "peso de gloria". Sí, sufrimos. Sí, sentimos humillación y dolor. Pero damos un paso atrás y una segunda mirada a la vida, desde la perspectiva del Reino de Dios. Dada la importancia del Reino, el peso de los actuales asuntos comienza a parecer pasajero. Pablo, por supuesto, tuvo su parte de dificultades. Pero veía todo, no desde los barrotes de la ventana de la prisión, sino desde las estrellas en un cielo infinito.

*3. Fracasamos en lo temporal para tener éxito en lo eterno.* Estas cosas Pablo dice, solamente duran un momento. Su preocupación presente será historia antigua aún el año próximo. Pero las verdades eternas son intemporales; nunca se desvanecen. Si nos entregamos a ellas, estamos conectados con la eternidad y libres de lo pasajero e intrascendente.

*4. Fracasamos exteriormente pero triunfamos interiormente.* Esta es una verdad que cada año veo con más claridad. Nos preocupamos tanto sobre las apariencias; y Dios se preocupa tan poco por eso. Este es otro tema al que Jesús volvía constantemente: lo superficial de lo externo, la seriedad del corazón. Todos estamos rodeados de la percepción pública, pero la mirada penetrante de Dios nunca se desvía de nuestro corazón. Dios nos ama más profundamente cuando dejamos de simular; olvidemos nuestras fachadas de personas muy importantes, y vengamos a Él no como el fariseo orgulloso, sino como el recolector de impuestos tembloroso: "*¡Señor, ten misericordia de mí, pecador!*"

Estas, entonces, son las razones del fracaso, y son muy alentadoras. Si somos sabios llegaremos a entender que el fracaso no está aislado y sin significado: es parte del proceso de la santificación. Caemos, nos levantamos. Y cada vez nos levantamos un poco más fuertes. Comprendemos un poquito más las verdades eternas.

## Enfrente el resultado del fracaso

"*Por lo tanto* —dice Pablo— *no desmayamos.*" La vida es algo miserable para los que desmayan. Pero nosotros, los creyentes, nos apropiamos de la verdad que "*antes aunque este nuestro hombre exterior se va desgastando, el interior no obstante se renueva de día en día*" (2 Corintios 4:16).

El fracaso nos hace a todos filósofos. La vista desde la cima puede cegarnos, pero mirar desde abajo con frecuencia trae sabiduría. Aprendemos a dejar de evaluar a las personas y las cosas desde afuera hacia adentro; lo verdadero se encuentra cuando observamos lo que viene desde el interior hacia afuera. Ese *"hombre exterior"*, dice Pablo, es como un traje para vestir; puede verse muy brillante y nuevo en un momento, pero pronto se volverá andrajoso y lo descartaremos. Las ropas no hacen al hombre, después de todo, porque el "hombre interior" es resplandeciente y nuevo cada uno de los días. El hombre interior está entretejido con hilo celestial, así que preocúpese cómo viste a su alma.

## ENFRENTE AL GIGANTE DE LA DECEPCIÓN

Dejamos establecido que el fracaso es algo inevitable en el mundo real, y que tenemos razones para fracasar, razones que a la larga se transforman en beneficios. Pero necesitamos un poco más que estas seguridades cuando estamos en medio de nuestros sueños destruidos, cuado el matrimonio se ha destruido, cuando el trabajo soñado ha desaparecido o los hijos nos han roto el corazón. Necesitamos algunas piedras lisas por lo menos, para tener entre las manos al enfrentar al gigante.

¿Qué municiones encontramos en la Palabra de Dios?

### Reconozca su fracaso

En primer lugar podemos ponernos de pie y admitirlo. No es bueno llamarlo de ninguna otra manera: llámelo por su nombre: fracaso. No es que usted "eligió un camino alternativo" en ese gran trabajo; ¡se equivocó! Usted y su esposa no tuvieron "diferencias irreconciliables". Su Dios ya ha salvado los puentes más apartados que pudieran existir: entre la humanidad y Él mismo. ¿Piensa realmente que sus "diferencias" eran irreconciliables en el poder del Señor? No. Y por eso el matrimonio nunca fracasa. Dios lo creó perfectamente. Es la gente que fracasa. Suena duro, es incómodo y, sin embargo, la verdad no dice que nos hará cómodos. Dice que nos hará libres.

Antes de seguir, necesitamos llamar al fracaso por su verdadero nombre, y necesitamos pedir prestado el cartelito al presidente Truman que dice: "La responsabilidad termina aquí". Hacerlo fácil para usted y pasar a otro la culpa, muestra falta de respeto por su identidad espiritual y potencial piadoso. Hágase cargo de su fracaso. Dé un paso al frente para tomar la responsabilidad. Entonces podrá moverse hacia adelante. Vivir una mentira no sirve, así que los creyentes sabios tratan con su pasado honestamente antes de apartarse de él.

De paso, al presidente Truman cierta vez le preguntaron si había sido popular en el colegio. Y contestó: "No, jamás. Los muchachos populares eran buenos en los deportes y tenían puños. Nunca fui así. Sin mis anteojos era tan ciego como un murciélago, y para decirles la verdad, era una especie de flojito. Si había la más mínima posibilidad de entrar en una pelea, me iba. Creo que por eso estoy acá".

La responsabilidad se quedaba en él ¿no es cierto? Aceptaba la verdad, tan vergonzosa como pudiera ser. Estaba más en lo cierto que lo que él mismo se imaginaba cuando decía "Por esa razón estoy acá". Increíblemente, solo aquellos que se conectan honestamente con su pasado se apartan exitosamente de él. Aquellos que huyen siempre estarán atados a él.

Mientras enfrenta sus equivocaciones, mantenga en su mente que no todos los fracasos son pecaminosos. Algunas cosas están fuera de su alcance. Son simplemente el producto de vivir en un mundo destrozado. Job perdió su familia, su hogar y todas sus pertenencias, pero se comprometió a no cometer ninguna ofensa contra Dios. Jesús fue atrapado, convicto y ejecutado; sin embargo, vivió una vida sin pecado.

Tal vez usted ha fracasado en el pasado, a pesar de sus motivos puros y acciones piadosas. El fracaso no siempre es señal de pecado, por lo menos no siempre del suyo. Por otro lado, por supuesto, si ha desobedecido a Dios de alguna manera, el Espíritu se lo hará saber. No habrá paz en su corazón hasta que confiese y se arrepienta, lo cual por supuesto es la manera de La Biblia para decir que reconoce su fracaso.

*Admita. Confiese.* Luego, entonces, puede esperar el perdón perfecto de Dios.

## Acepte el perdón de Dios

El Salmo 103:10 nos asegura que: *"No ha hecho con nosotros conforme a nuestras iniquidades, ni nos ha pagado conforme a nuestros pecados"*. Lo que implica esa idea es algo profundo para usted y para mí. Dios no trata con usted sobre la base de sus fracasos, sino a la luz de la gracia divina.

Las personas vienen a mí todo el tiempo, afligidos por algún hecho terrible de sus vidas. Muchos vienen por los pasillos de nuestra iglesia cuando llega el momento de la invitación. Con gran gozo les digo que pueden mirar más allá de cualquier falta, que Dios está dispuesto a mirar más allá. Si hay algo que podemos saber seguro sobre nuestro Padre, si algo está claro como el cristal, es que el perdón es su especialidad. Tengo la posibilidad de decirles que no importa lo que usted pueda haber hecho, no importa lo terrible que parezca, jamás superará la infinita gracia y perdón de Dios.

Solamente necesita extender su mano y aceptar el regalo. Solamente necesita venir, confesar y arrepentirse. Reconocer su fracaso, aceptar el perdón. ¡Qué cambio radical Dios ha puesto a disposición de nuestras vidas!

## Aplique las lecciones del fracaso para lograr el éxito

El fracaso es suficientemente difícil, pero el fracaso que no deja nueva sabiduría es vacío. El factor más importante del fracaso es este: tenemos una oportunidad de aprender algo que jamás podríamos aprender de otra manera. Puede ser una puerta de entrada para comprender cosas nuevas y tener nuevas oportunidades. De hecho, el fracaso intenso es un ingrediente necesario hacia la santidad. A. W. Tozer, hombre muy sabio, escribió: "Es altamente improbable que Dios pueda usar a un hombre hasta después que este haya sufrido profundamente".

Mi hijo Daniel jugaba como zaguero en su equipo de fútbol universitario. Pasó un período de tiempo donde parecía que no podía lograr velocidad en sus pases. Tiraba la pelota adecuadamente, pero no había "energía" en ella. Intentó todo, pero no resultó. Ninguno de los entrenadores tenía la respuesta. Esto, por supuesto, siempre es el pie necesario para que los padres comencemos a estudiar las jugadas.

Así que conseguí todos los videos de mi hijo y edité juntas todas sus jugadas de pase. Me senté delante de la pantalla y observé esas jugadas una y otra vez, estudiando cada forma de su curva de lanzamiento. Y como sabía lo competitivo que era Daniel, y cuánto agonizaba por este problema, comencé a orar por él. Tenía una foto grande en la pared de mi oficina, y cada vez que la miraba hacía una breve oración.

Un día, mientras miraba la foto y hacía una breve oración, algo saltó desde la foto, algo que nunca había notado: su brazo estaba en un lugar diferente que en los videos. Daniel estaba dejando atrás su brazo y perdiendo velocidad en sus pases, porque la energía arranca desde el arco del saque.

Corrí al teléfono, ¡qué entusiasmo tenía! El entrenador Jeremiah había investigado y resuelto el problema. Mi corazón estaba bombeando cuando Daniel levantó el teléfono. "Lo resolví –le dije–. ¡Encontré tu energía!" Y le expliqué que estaba dejando caer su brazo.

"¿En serio? –dijo Daniel sin darle mayor importancia–. Gracias, pa, pero no pienso que sea eso."

Casi un mes después uno de los entrenadores de Daniel me contó que había conseguido energía en sus pases. Luego agregó como un comentario: "Sí. Escuché que usted tuvo algo que ver con eso".

Le dije: "Seguro, descubrí cómo volver al éxito desde el fracaso".

Algunas veces, cuando la energía se va de nuestras vidas, necesitamos mirar los videos de nuestra mente y ver dónde andamos mal. No saque completamente esas fallas de su mente, porque pueden tener un uso productivo. Jonas Salk falló doscientas veces en sus esfuerzos para encontrar una vacuna contra la polio. Pero no lo vio como fracasos, dijo que había simplemente encontrado doscientas maneras de *no* hacer la vacuna contra la polio. Si se cae lo suficiente, en su momento aprenderá a caminar, simplemente por descarte.

Entonces es necesario mantener en la mente una importante distinción.

## Acepte el fracaso como un hecho de la vida, no como una manera de vivir

Mantenga este concepto en su frente. El fracaso es un *suceso,* no una *persona.* Es algo que nace en usted, no algo en lo que se trasforma. No permita que nadie lo llame fracasado o perdedor. Usted no es su currículum.

Si se ve a sí mismo como un fracaso, se destina usted mismo a infinitas repeticiones de lo que ha hecho. Apilará fracaso tras fracaso. Y todos estarán basados en una trágica percepción equivocada de usted mismo, porque Dios no lo ve como un fracaso. Lo ve como su hijo, aún cuando se quede sin energía.

Pedro conocía todo sobre el fracaso, Jesús le advirtió sobre su fracaso cuando estaban en el Aposento Alto, Jesús le dijo a Pedro que había tenido tres oportunidades, y había fallado en todas. Pedro no iba a creer una predicción ni un solo minuto, hasta que se hiciera cierta. Tres veces Pedro negó a su más grande amigo, su Maestro, su Salvador. La Biblia dice que cuando se dio cuenta de la verdad, lloró amargamente. Algunas personas nunca se recuperan de un suceso tan negativo.

Pero ese era solamente el primer acto de la historia de Pedro. Después, lo encontramos nuevamente en el libro de Hechos: predicó en el Día de Pentecostés. Allí dio uno de los más grandes sermones en la historia del cristianismo. Cristo había elegido a Pedro –Pedro el negador, Pedro el *fracaso*– para que entregara ese mensaje. En ese día miles vinieron a Cristo bajo su poderosa predicación.

Obviamente, algo sucedió entre el servicio fallido y el sermón ardiente. Pedro se había encontrado con su Maestro nuevamente, en un desayuno en la playa, registrado en Juan 21, y descubrió que el fracaso puede ser olvidado y superado por el perdón.

A partir de ese día fue un hombre nuevo. Se transformó en el apóstol poderoso que Jesús siempre supo que sería.

El fracaso no es definitivo. Es un hecho de la vida, pero no una manera de vivir.

## Levántese del fracaso y empiece de nuevo

No hay ningún relato de que ahogarse en autocompasión y pena por usted mismo sea una estrategia útil para nadie. Puede pasarse años reviviendo el fracaso de un negocio, de un matrimonio, de un sueño. Pero el único movimiento sabio es traer todo ante Dios, reconocerlo, y luego levantarse y continuar caminando, como un ser humano más fuerte y sabio.

Siempre me sacudió la historia de Jonás y no la del enorme pez. Lo que me encanta de la historia de Jonás es lo que encuentro en los dos primeros versículos del tercer capítulo:

*"Vino palabra de Jehová por segunda vez a Jonás, diciendo: "Levántate y ve a Nínive, aquella gran ciudad, y proclama en ella el mensaje que yo te diré"* (Jonás 3:1-2).

Puede pasar rápidamente por encima de esos dos versículos, como una simple oración de transición hacia la próxima parte de la historia, nuevamente, una cortina entre los actos. Pero encuentro esos dos versículos, increíbles, llenos de luz y de aliento. Jonás acababa de fracasar miserablemente. De hecho, había fallado en el tema de la obediencia a Dios. Fue enviado a Nínive, y se dirigió hacia la dirección opuesta.

Jonás había fallado con la obediencia. Había fallado en la compasión. En el viejo buen "sentido común", pensando por un segundo que podía encontrar algún lugar para esconderse fuera del alcance de los ojos de Dios.

¿Y qué le dice Dios a esto? *"Levántate y ve.* Aquí tienes tu mapa Jonás, esta vez asegúrate de llevar el compás."

Me imagino que debe haber un buen tiempo de contemplación de calidad, concentrada, dentro de la panza de un pez. Jonás es ahora el mismo cuadro de la obediencia, y de algo más: del éxito. Un total de ciento veinte mil ninivitas se arrepintieron por su predicación. Ese es uno de los más grandes avivamientos de la historia de la humanidad. ¿Ve el modelo en las vidas de Jonás y Pedro? Levántese. Siga andando. ¡Está a punto de abrirse paso!

Mientras sigamos escuchando la voz de Dios y no las voces de la multitud, lo mejor está aún por venir. La multitud puede llamarlo fracasado pero, irónicamente, esas voces son las que representan el fracaso, fracaso para alentar, para entender el simple principio de cómo se logra la sabiduría y cómo se lanzan los éxitos.

Recuerdo uno de mis avisos comerciales de televisión favoritos con el icono del básquetbol, Michael Jordan. La cámara sigue a Jordan mientras atraviesa un largo pasillo en una especie de cámara lenta, con un inspirador trote. Luego se escucha decir a Jordan: "He fallado más de nueve mil tiros en mi carrera. He perdido casi trescientos partidos, veintiséis veces. Confié que tenía en mis manos el tiro para ganar, y lo erré. He fallado una y otra vez en mi vida... y esa es la razón por la que... tuve éxito". Jordan ha encontrado el éxito en el ámbito de los deportes, no porque nunca fallara, sino porque se levantó de cada fracaso y comenzó otra vez.

Cualquier persona del mundo de los deportes le diría dónde se encuentran los mejores entrenadores: en los bancos, entre los jugadores que son derrotados por mejores atletas. Los terceros pueden sentarse en el banco y quedarse en su fracaso, o puede continuar intentando, trabajando y aprendiendo todo lo que se necesita sobre ese deporte. Esa es la razón por la cual los mejores entrenadores con frecuencia han sido oscuros atletas en su juventud. Caían y se ponían en pie.

## Evite juzgar los fracasos ajenos

Finalmente, necesitamos ser cuidadosos en la manera de ver a otros cuando se trata de este tema. Tal vez ha leído este capítulo y pensado: conozco a alguien a quien le vendría bien leer esto.

Espero que su amigo lea este libro, pero también espero que sea cuidadoso antes de aplicar ninguna etiqueta de fracaso a otra persona. La Biblia tiene tres historias particularmente instructivas, para ayudarle a recordar esa lección. Las reconocerá todas, y espero que las guarde de memoria. Tienen mucho de cierto para aplicar a nuestra manera de pensar.

*El rico y el mendigo.* Dos hombres entran en el santuario de su iglesia, caminando uno por la derecha y otro por la izquierda. Uno vestido con un traje que cuesta mil dólares. El otro está cubierto de harapos. Queda claro cuál es el exitoso.

Y de acuerdo a Jesús, usted está equivocado.

En Lucas 16:25 Jesús explica su punto de vista. En el otro mundo, el hombre rico descubrirá que ya ha disfrutado su recompensa; el pobre está por recibir su legado y es uno eterno compuesto de las riquezas del Reino de Dios. El hombre del traje fino se ve exitoso ante el mundo, pero en esa oportunidad Jesús describe que el hombre interior no se refleja en la apariencia exterior.

Sea cuidadoso antes de considerar a su amigo como un fracaso.

*El fariseo y el recolector de impuestos.* Sus ojos observan un contraste en el santuario de su iglesia. A su derecha se sienta un buen diácono, un hombre respetado. Y a su izquierda un negociante duro. Sabe que está sentado cerca de un hombre cercano al corazón de Dios, y está seguro cuál es ese hombre, pero nuevamente ¡se ha equivocado!

Jesús da vueltas cabeza abajo cualquier evaluación en Lucas 18. El diácono podría haber sido, en el tiempo de Jesús, un fariseo. Su oración es particularmente entusiasta en esta mañana de sabat. Lo escucha orar: "Gracias por permitirme ser el más grande contribuyente financiero de esta iglesia, y por mi programa de oración y ayuno. Pero más que nada, te agradezco porque no soy un hombre de negocios sin ética como este que se sienta allí, Señor!"

Usted se da vuelta hacia la izquierda, donde está sentado el hombre de negocios en cuestión. Los evangelios lo identifican, por supuesto, como un recolector de impuestos. No es para nada animado en su oración. No levanta manos santas ni mira hacia el techo como el diácono, pero pareciera que ora; puede escuchar pequeñas frases, y pide misericordia a Dios por causa de sus pecados. Una lágrima corre por su mejilla, y está temblando: *"Ten misericordia de mí, un pecador"*, susurra.

Jesús cierra la viñeta contando que uno de esos dos hombres sale de su iglesia perdonado, y no es el que uno pudiera suponer. *"Cualquiera que se enaltece, será humillado; y el que se humilla será enaltecido"* (Lucas 18:14).

La percepción no siempre refleja la realidad.

*Un fariseo y una prostituta.* Este se encuentra en Lucas 7:44-47 y ahora sí que estamos a prueba. Jesús pide que compare y contraste a Simón, un fariseo, un respetado líder religioso, con una prostituta común.

¿A quién invitaría con preferencia a una fiesta? ¿A quien buscaría primero en los cielos? Y, sin embargo, Jesús dice a Simón: "Visité tu casa, amigo mío, y no me consideraste. Aún te olvidaste de darme un recipiente con agua para mis pies polvorientos. Pero esta mujer –esta prostituta– no se olvidó. No lavó mis pies con un recipiente de agua, sino con lágrimas de su rostro. Me quitó el polvo no con una toalla, sino con el cabello de su cabeza. Tú te olvidaste de darme un beso en la mejilla, pero esta mujer ha besado mis pies repetidamente. Tiene muchos pecados, pero cada uno ha sido perdonado, porque su amor por Dios es muy poderoso".

¿Quién era el fracaso y quién el exitoso? Tal como Jesús evaluaba las cosas, el exitoso era la persona que amaba a Dios más sinceramente. Y no era el fariseo el que sabía todas las respuestas correctas. Era la mujer, cuya vida estaba sucia, pero su amor era puro.

Debemos tomar todas las precauciones antes de dirigirnos hacia el pequeño gabinete de nuestras mentes donde tenemos guardadas las observaciones que hacemos a las personas. Nunca debemos olvidar que vemos la realidad exterior; pero Dios mira lo de adentro, el corazón. Eso hace toda la diferencia del mundo.

Hubo un tiempo cuando las apariencias podrían haberlo engañado profundamente. Puede ser que haya estado al pie de la colina, mirando cómo los guardias arrastraban al prisionero a su ejecución. Este es el castigo que reservaban para los peores criminales, así que el prisionero debería recibir su merecido, o eso al menos parece. Los guardias lo tratan rudamente, lo escupen, lo ridiculizan. Parece que atrajo mucha atención hacia este convicto aparentemente sin importancia. Así que usted hace algunas preguntas.

Los hechos que siguen darían la impresión que este hombre fue un fracaso, un maestro que reclamaba tener grandes poderes sobrenaturales, que decía ser el triunfante Mesías, nada menos. Aparentemente no tuvo muchos amigos en el mundo. Mientras le clavan los clavos, nadie da un paso para consolarlo. El hombre se supone que tiene doce seguidores, pero no se los puede encontrar en ninguna parte. Solamente su madre y un grupito de otros –la mayoría mujeres– lloran abiertamente.

Puede ser que usted mueva su cabeza y se aleje de la escena. Este hombre fue claramente un fracaso, a juzgar por las apariencias. Mientras ahogadamente pronuncia esas tres palabras: "Esto está consumado", nunca imaginará el alcance de lo que acaba de concluir. No se trataba únicamente del hombre.

No tendrá ninguna manera de saber que la muerte fue destruida aquel día, que el "fracaso" que estaba sobre la cruda cruz de madera pronto se sentaría en un trono en el cielo, y algún día en un asiento de juicio. Ese día no será usted el que lo juzgará; se habrán invertido los papeles.

Y ahora, de vuelta al mundo moderno, no puede dejar de impresionarse por el grupo de hombres y mujeres que se paran delante de usted como un triste testimonio visual de la vida de los discapacitados. Aquí hay enfermedades de todo tipo; tal vez mueva su cabeza con pena.

Pero el sonido de un arma lo dejará perplejo en medio de su meditación, y el heterogéneo grupo arranca, se mueve por una senda en una de las actividades más increíbles, una carrera. Una carrera de los lentos y los que se mueven con dificultad. Esto, por supuesto, es la Olimpíada Especial, y destaca la competencia entre los discapacitados físicos y mentales. Aquí, en los cien metros, los corredores luchan en el andarivel, hombro a hombro. De pronto una jovencita se tambalea y cae desordenadamente sobre el polvo. Tal vez, para ser compasivo, usted aparta los ojos de esa humillación.

Pero luego, algo inesperado sucede. Es una imagen que nunca podrá olvidar. Diez o quince metros más adelante los competidores, todos los competidores se detienen y se dan vuelta. Sin hablar, sin que ninguno tenga que sugerirlo, van hasta donde está la corredora que ha caído. La levantan, le ofrecen palabras de consuelo y aliento, y luego la cargan hasta la línea final. Cada uno de ellos prefiere terminar la competición todos juntos antes que ganarla individualmente. [2]

Y tal vez entonces entenderá una verdad profunda: que la belleza puede surgir del fracaso y la victoria de la derrota. Un ser humano caído, un cuerpo malformado no se descarta, no se olvida, cuando descubrimos la belleza de la verdad de Dios. Después de todo, ¿no estamos todos en esta carrera y luchamos hacia adelante con las cicatrices y fragilidades de los caídos? El recorrido es traicionero y todos tenemos la posibilidad de tropezar. Pero encontramos un poder enorme y una victoria trascendente, cuando extendemos una mano para sostener, para dar consuelo, y terminamos la carrera hombro a hombro.

Jerry tenía mucho tiempo para pensar luego de que su nuevo gerente lo despidió de su compañía. Tal vez el punto crucial vino durante una conversación en el telefono con un viejo amigo.

– ¿Recuerdas a José en el libro de Génesis? –preguntó su amigo–. Le dijo a sus hermanos *"Ustedes hicieron esto para mal, pero Dios lo transformó para bien"*. Olvida a los gerentes, Jerry. No quiero escucharte una sola vez más mencionarlos si no es en el contexto del perdón. Es totalmente irrelevante la razón por la que te echaron o si está justificado lo que hicieron. Lo único que importa es que Dios tiene algo mucho mejor en la próxima curva. Los hombres pueden intentar cosas para el mal, pero Dios siempre tiene la última palabra. Eso es en lo único que necesitas preocuparte por ahora.

Las palabras sonaron ciertas. A partir de ese momento Jerry supo que no era un fracaso ante los ojos de Dios. Eso le evitó transformarse en alguien amargo. En los cielos no se tienen archivos minuciosos para documentar sus equivocaciones, sino solamente una carpeta con la etiqueta "Futuras bendiciones para mi precioso hijo". Casi no podía esperar más para averiguar qué decía esa carpeta.

Varios días después Jerry recibió dos llamados telefónicos. Cada uno le ofrecía una tarea libre en el área en que era más experto. Ambos proyectos llevarían cerca de un año. Cuando Jerry los sumó, cubrían un año de salario igual al de su viejo trabajo, ¡casi hasta en los centavos! Jerry reconoció la inequívoca tarjeta de bendición de Dios. Había tropezado, pero Dios lo ayudaba a enderezarse. Ahora estaba más entusiasmado que nunca por el futuro.

Jerry corría ahora su carrera con otra perspectiva. Los ganadores que conocía no eran aquellos que nunca tropiezan, sino los capaces de levantarse una vez más de las que se han caído. Entonces, después de vencer el fracaso, corren con fuerzas renovadas. O tal vez ya no corren más. Isaías dijo que remontarían alas como águilas y volarían por encimas de las dificultades y la confusión.

# VAYA MÁS ALLÁ DE LOS CELOS

## 12

### Puede ganar la batalla y vivir victorioso

"**P**or favor, Señor —oraba ella— dale a este hombre una mujer, ¡y que esa mujer sea yo!"

Era una oración directa, el deseo de su corazón. Elisa había estado enamorada de Mark casi desde el momento en que lo conoció. Pero también era una cristiana comprometida. Su más grande ambición era estar en el centro de la voluntad de Dios en las grandes decisiones de su vida.

Elisa con frecuencia y fervientemente oraba sobre su relación con Mark. "Si tú no quieres que tenga estos sentimientos, por favor cámbialos", le susurraba al Señor. Pero todo parecía tan perfecto, tan correcto. Mark era exactamente lo que ella había buscado en un hombre. Bien parecido, considerado, divertido y —lo mejor de todo— amaba al Señor igual que ella. Y si no parecía corresponderle, igual estaba bien. Elisa estaba dispuesta a dar tiempo; las cosas importantes en la vida merecían un poco de paciencia. Persistencia, esa era la palabra ahora. Las cosas buenas vienen para aquellos que esperan.

Por más de un año Elisa esperó. Tenía la esperanza y oraba para que Mark le prestara un poquito de atención. Gastó dinero en ropas que no estaban a su alcance. Invitó a Mark a compartir cenas que ella planeaba y cocinaba durante incontables horas. Quería impresionarlo con su estilo. Quería que él viera que a ella le importaban las cosas pequeñas. Tarde o temprano, tendría que haber chispas. Y continuaba orando a Dios. "Haz que se dé cuenta, Señor. Dale sentimientos que se unan a los que tengo o, si no es tu voluntad, entonces cambia mis sentimientos."

Elisa estaba en medio de sus planes para el "día de acción de gracias" cuando Dana, su compañera de cuarto, le pidió que se sentara para tener una charla. Entonces dejó caer la bomba: era Dana a quien Mark amaba; Dana, su compañera de cuarto. Dana y Mark habían salido juntos por algún tiempo, pero lo mantuvieron en secreto. Se habían preocupado por los sentimientos de Elisa.

Y tenían que hacerlo. Elisa no podía creer lo que escuchaba. Era un chiste de mal gusto o un error, algo que no podía volver atrás. Seguramente Mark no le iba a hacer esto a ella; seguramente no iba a rechazarla por su propia compañera de cuarto.

Pero, a medida que la verdad se le grabó, Elisa comenzó a temblar. El enojo se filtraba desde cada centímetro hasta que se afirmó con fuerza, y supo que se instalaría por bastante tiempo. Estaba enojada con Dana. Estaba enojada con Mark. Estaba enojada con Dios, que le permitió continuar con sentimientos que solamente podían llevarla a un terrible dolor emocional. Tal vez Él amaba más a Dana. Tal vez castigaba a Elisa por algún pecado desconocido. ¿Qué otra cosa podía ser?

Cuando vio lo desesperanzada de su situación, Elisa le pidió a Dios que le quitara el amor romántico que sentía por Mark. Pero un corazón no tiene un botón de encendido y apagado. Sus sentimientos no podían ser descartados a conveniencia, particularmente cuando tenía que vivir con la mujer que se había quedado con su "premio". Al verlos juntos y seguir siendo sus amigos, de golpe simulando no tener más esos sentimientos, era más de lo que podía soportar. La amargura estaba allí; el enojo estaba allí. Más que nada, los celos estaban a lo largo y a lo ancho.

Los antiguos griegos contaban la historia de un atleta veloz que entró segundo. Se paró en la línea final, resoplando y respirando ahogadamente mientras la multitud gritaba, no por él, sino por el ganador.

El ganador del segundo puesto tenía que quedarse allí mientras le entregaban la corona y los otros premios al primer ganador. Tenía que estar con los otros corredores mientras los discursos de felicitación se hacían en honor del victorioso. Y tuvo que atravesar la ciudad para llegar a su casa sin escuchar ninguna otra cosa que el nombre del ganador en los labios de todos los que veía.

Al ganador le hicieron una estatua en su honor, justo en el medio de la ciudad. El que llegó segundo tenía que verla cada día de su vida, y comenzó a pensar de sí mismo como de un perdedor. La envidia y los celos comenzaron a hacerse cargo de su alma, hasta que casi no podía hacer nada día tras día ¿Por qué el ganador no había sido él? ¿Por qué él no había podido encontrar dentro de sí aquellas dos o tres zancadas que separaban a un ganador de un tronco? Cada noche, cuando el sueño lo evitaba, salía de su cama hacia la oscuridad y llegaba hasta la estatua del vencedor. Allí raspaba un poco de la piedra de la base. Cada noche, la gran figura de mármol era más débil.

Pero una noche fue más lejos. Raspó mucho más que un poco de piedra, y la figura maciza del atleta se derrumbó con estrépito y cayó hacia adelante. El gran campeón de mármol cayó sobre el pequeño hombre que tenía el cincel... y la muerte vino instantáneamente. El atleta había sido aplastado por la misma imagen del hombre que despreciaba.[1]

Alguien dirá que el hombre con el cincel no murió en ese instante en que fue aplastado, sino poco a poco. Era el peso de los celos que finalmente lo destruyeron, día a día, pensamiento tras pensamiento. Transformó su alma de campeón orgulloso en un cincelador barato, alguien que raspa la buena fortuna de otro.

Ese es el veneno mortal que conocemos como celos.

## NO ES FÁCIL SER VERDE

Demos color verde a este gigante –el color de la envidia–. Cuando uno compra un auto su amigo puede sonreír y decir: "Estoy verde de envidia", pero en el concepto griego de la palabra no hay sonrisas. El significado literal es "hervir por dentro". Y todos podemos comprobar la verdad de eso. Aún si sonreímos por afuera, la verdadera envidia calienta una caldera en nuestro interior. Enojo, celos y codicia ardiente hierven en el interior de nuestros corazones.

Pablo trató el problema entre los inmaduros cristianos de Corinto:

> *"Porque aún sois carnales; pues habiendo entre vosotros celos, contiendas y disensiones, ¿no sois carnales, y andáis como hombres?"* (1 Corintios 3:3).

La iglesia se había dividido en pequeños grupos: los que querían a Pablo y los que sostenían a Apolos, y ponían toda su energía en los celos unos contra otros. Finalmente la iglesia no pudo hacer nada productivo, y Pablo tuvo que tomar parte y reconvenirlos.

Las palabras celos y envidia con frecuencia se usan indistintamente, aún en Las Escrituras. Pero existe una significativa diferencia entre las dos. Examinémoslas.

*Envidia* parece benigna y sutil. Es lo que esconde aquel que no tiene, la persona que está resentida con todos los que tienen. Es quieta y siniestra, lista para regocijarse con lo malo que les suceda a los demás.

*Los celos*, sin embargo, tienden a referirse a aquel que tiene algo y vive con temor de perderlo. Siempre mira que no aparezca un nuevo rival. Lejos de ser benigna y sutil, los celos son groseros y crueles. Shakespeare los llama "la enfermedad verde", y sir Francis Bacon dijo que no se toma vacaciones.

La Biblia nos dice que nos gocemos con los que se gozan y lloremos con los que lloran. Pero la persona consumida de envidias hace exactamente lo opuesto: se regocija cuando los demás lloran y lloran cuando otros danzan de gozo. En ese aspecto, la envidia es el más solitario de los vicios, nos aísla porque todos se transforman en enemigos potenciales.

Proverbios 14:30 nos dice que *"El corazón apacible es vida de la carne; mas la envidia es carcoma de los huesos"*. La envidia sin dudas es una forma de descomposición. Se abre camino desde adentro, estropea toda inocencia, confianza y virtud. El corazón apacible, por otro lado es vida al cuerpo. Con una vida libre de envidia, usted será sano, feliz, estará yendo hacia algún lado en la vida. Pero cuando da lugar a los celos, como vemos, uno se mueve en círculos interminables de desesperanza.

## LOS CELOS SE MUEVEN EN CÍRCULOS

¿Exactamente cuáles son los círculos de los celos? Podemos encontrar celos en actividad en varios círculos prominentes alrededor de nosotros. Vamos a investigarlos.

### Los celos andan en los círculos de propietarios

El primer lugar para buscar los celos es entre los círculos de aquellos impregnados de materialismo. Aquellos que han edificado su mundo en el ámbito del materialismo son blancos fáciles de la envidia y los celos:

Observe, por ejemplo, esta referencia a Isaac, el hijo de Abraham:

> *"El varón se enriqueció, y fue prosperado y se engrandeció hasta hacerse muy poderoso. Y tuvo hato de ovejas, y hato de vacas, y mucha labranza; y los filisteos le tuvieron envidia"* (Génesis 26:13-14).

Es difícil que no veamos la idea de prosperidad en ese pasaje ¿no es cierto? El escritor la utiliza en tres oportunidades, luego habla de posesiones dos veces. Isaac tenía cosas, y muchas. Los filisteos no podían soportar la cantidad de cosas que tenía, y comenzaron a codiciar. Aún cuando los codiciosos tengan todo lo que necesitan, nunca logran estar satisfechos. Su ojo no está en el tesoro que poseen, sino en el que otra persona posee. Natán le contó a David la historia de un hombre con el más grande rebaño de la Tierra, que codiciaba la única oveja que otro tenía. Así opera.

Necesitamos ser cuidadosos para no condenar la riqueza por sí misma. Muchas familias son las dos cosas, ricas y piadosas. Todos conocemos creyentes que han disfrutado de gran abundancia de bienes materiales, y que han usado cada centavo con perspectiva espiritual. Pero en un sentido general, no podemos dejar de observar con cuánta frecuencia el materialista habla sobre lo que otros tienen. Otro tiene una casa más grande. Alguien más tiene un auto más rápido o una casa de veraneo más espaciosa.

## Los celos andan en los círculos de poder

Lea a través del Antiguo Testamento y lo descubrirá. Hay una historia sobre un hombre llamado Coré, que envidiaba la posición de poder de Moisés entre los israelitas. Dirigió una facción rebelde que le dijo a Moisés y Aarón: "Ustedes se toman demasiado poder" (Números 16:3). Es otra manera de decir: "Nos gustaría tener algo de ese poder para nosotros". El Salmo 106:16 dice que *"tuvieron envidia de Moisés en el campamento"*.

Entonces, a medida que avanza la historia de los reyes de Israel, verá los temas simultáneos de celos y envidia una y otra vez. Reyes que se apoderan del trono a través de actos de traición, solamente para sufrir después el mismo destino. Es un círculo que se perpetua solamente de la envidia, y siempre lo encontraremos a las puertas del poder.

En el Nuevo Testamento dé una mirada atenta al Sanedrín. En el libro de Hechos, el consejo gobernante hebreo estaba enojado con los nuevos creyentes cristianos que estaban forjando un nuevo código para vivir. Se nos relata que el Sumo Sacerdote y los saduceos se resintieron y comenzaron a encarcelar a los cristianos. Pero ¿por qué? Porque los apóstoles cada día se volvían más populares. El equilibrio del poder estaba cambiando, y el Sanedrín no podía siquiera soportar la idea.

Hubo partidos en las iglesias primitivas y, como hemos visto, Pedro y Pablo pasaron tiempo valioso tratando de manejar las controversias; aún entre los discípulos hubo disputas sobre quién se sentaría a la derecha de Jesús en los cielos.

Mire en el negocio en que usted trabaja. Encontrará que si sigue al poder, va a descubrir una senda de envidia y resentimiento, política de oficina, luchas de poder, tomas de poder.

Esta división envidia a aquella, y este vicepresidente codicia el poder de aquel otro. Tan pronto como un trabajador talentoso se consume de envidia, esta se extiende en los que lo rodean, y en cualquier momento una compañía entera puede envenenarse. Es un círculo vicioso de celos.

## Los celos andan en los círculos de los logros

Este es uno de los círculos más peligrosos de la envidia. Mirémoslo en forma detenida, luego busque en su alma para ver si se aplica a usted.

Estudie la saga de Saúl y David para tener una visión de cómo opera el círculo de logros. Todo comenzó con el joven David, un pastorcito que vino a las líneas de batalla y se ofreció para enfrentar al gigante Goliat. Desde el momento en que derribó al gigante, uno mucho más poderoso comenzó a andar por el palacio del rey: el gigante no tan gracioso de los celos.

Saúl no podía estar en la ventana y escuchar a las mujeres cantar: *"Saul mató a sus miles, y David a sus diez miles"* (1 Samuel 18:7). Podía sentir la llegada de un nuevo héroe, y el resentimiento se extendió rápidamente por su corazón. Y luego de que se extendió, el efecto lo atravesó tanto, tan poderoso fue que Saúl dedicó el resto de su vida para cazar a David con el propósito de asesinarlo. No cinceló al anochecer este héroe de segundo puesto, sino que fue contra el nuevo campeón con ejércitos, flechas y arrogancia. Luego de que David asesinó al primer gigante, el segundo gigante asesinó a Saúl, nunca volvería a vivir a la altura de la promesa de su primitivo reinado, ungido. Los celos ocuparon un lugar tan grande en su corazón que el Espíritu de Dios —se nos relata— salió. Ese es el poder de los celos.

Pero todo eso ocurrió hace miles de años, y se trataba de temas entre reyes y contiendas. ¿Cómo nos afecta hoy? Miremos la iglesia tipo, tal vez la suya. En el coro Juana consiguió el solo que Ana quería. Alfredo enseña en la clase de la escuela dominical en la que Javier tenía puesto el corazón. El pastor considera la mayor popularidad de un anciano o diácono. Cuando el diablo va a la iglesia, sabe cuáles botones apretar. Sabe cómo controlar su mente mientras usted está sentado en un banco en la casa de Dios; manipula su envidia.

Elva MacAllaster capturó este inquietante pensamiento en este verso un poco libre titulado: *"La envidia fue a la iglesia"*:

Esta mañana la envidia fue a la iglesia.
Como es legión, se sentó en todos los bancos.
En cada tejido hecho a mano y cada seda,
colgó etiquetas de precios
en trajes y corbatas.
Se paseó por el estacionamiento,
revisando cromo y pintura.
Marchó por el altar con el coro.
Durante el culto
la envidia aguijoneó a cada esposa sencilla
y a esposas brillantes casadas con esposos dóciles.
Y hombres amables casados con fierecillas de lengua filosa.
La envidia golpeó a viudas y viudos.
Hirió y les pegó a jóvenes universitarias solas y
encendió fuegos invisibles en camperas marrones.
La envidia tuvo conferencia esta mañana
con todos sus hermanos.
Le agradaron los logros de este domingo.
Pero no demasiado;
algunos de los clientes buscados
habían tomado un antídoto llamado gracia,
y llevaban una flor de nombre amor.

Se pavonea por las puertas y bancos de las congregaciones más piadosas. Desgarra el cuerpo de Cristo. Y los únicos antídotos son montones de amor y gracia.

## Los celos andan en los círculos profesionales

Siempre he estado intrigado por una línea en el primer capítulo de la carta de Pablo a los filipenses. Escribe desde la oscura celda de una prisión romana e introduce la epístola que sigue. Pero da una advertencia preliminar:

> *"Algunos a la verdad, predican a Cristo por envidia y contienda; pero otros de buena voluntad. Los unos anuncian a Cristo por contención, no sinceramente, pensando añadir aflicción a mis prisiones"* (Filipenses 1:15-16).

Pablo dice: "Miren lo que estas personas hacen. Saben que estoy detrás de los barrotes y rápidamente han puesto sus propios púlpitos no para extender el evangelio, sino para dañar mi ministerio con ustedes". Pablo nos dice que experimentó envidia en los círculos profesionales.

¿Qué pasa con ese compañero que trabaja dos oficinas más allá? ¿Hay envidia o celos entre ustedes, por el salario o por el puesto, o hasta por tener una oficina con ventana? Es asombroso lo insignificantes que podemos ser cuando damos lugar al gigante verde.

## Los celos viajan en círculos personales

Dejamos el círculo más común para lo último. Es con este que La Biblia trata más frecuentemente.

Los celos comienzan en casa, y antes que ninguna otra institución, busca destruir a la familia. Comienzan en el amanecer de la historia con la envidia de Caín y el asesinato de Abel. Vemos los celos terribles entre Jacob y Esaú, un caso perfecto para estudiar cómo destruir una familia. Y en el Nuevo Testamento siempre está el hermano mayor en la historia del hijo pródigo. Con frecuencia nos concentramos, por supuesto, en el hijo que se fue y regresó. Es fácil señalar al hermano mayor, que veía las preparaciones de la fiesta y ardía en su interior. Su pregunta es: "¿Por qué no mataron un becerro gordo para mí? ¿Por qué no puedo tener una fiesta? ¿Por qué no puedo tener una túnica, un anillo y un festejo? Puede verlo en Lucas 15:29.

Vemos por la historia que los celos son horribles y, sin embargo, nos vemos a nosotros mismos. Probablemente es verdad que cuando leemos esta parábola nos identificamos con el hermano más grande, envidioso, antes que con el joven, rebelde.

Tal vez los celos más dramáticos de todos fueron entre los hijos de Jacob, que heredaron su envidia de primogénito. Jacob tenía un favorito, y llenó de regalos al joven José. Pero en vez de un hermano mayor en esta historia tenemos once, y no hicieron fiesta, sino que lo tiraron en un pozo. Era una envidia tan rabiosa que muchos estaban listos para asesinarlo. Los celos entran por la puerta de adelante de una familia y sacan al amor por la puerta de atrás. No dejan lugar a ninguna otra emoción.

Los celos entonces, van en círculos. Sea en su círculo familiar o de compañeros, es posible caer en esto. Atraviesa todos los senderos de la vida. Necesitamos estar vigilantes y atentos en cada círculo que habitamos.

Una vieja leyenda sobre el diablo nos dice que cruzaba el desierto de Libia cuando llegó hasta uno de sus círculos, un círculo de demonios. Este pequeño grupo trabajaba para tentar a un santo, y sacaron cada una de sus armas del arsenal. Habían intentado las seducciones de la carne, primero, pero el santo se había mantenido. Luego vinieron con dudas y temores, le decían que estaba perdiendo su vida al aspirar santidad. Eso tampoco resultó. Intentaron todo lo que pudieron pensar, pero el santo era fuerte en la fe.

Satanás escuchó atentamente el relato, luego les pidió que se pusieran a un lado y vieran cómo trabajaba su amo. Entonces susurró dos oraciones en el oído del hombre: "¿Sabías las noticias? Tu hermano fue nombrado obispo de Alejandría".

Con simplemente eso, al santo se le arrugó la boca. Se le hizo una profunda arruga en su ceja, y el diablo sabía que había ganado. Siempre resulta.

## CARACTERÍSTICAS DE LOS CELOS

¿Cómo trabajan los celos? Veremos dos características claves.

### Los celos destruyen a otros

Ya hemos visto ejemplos de esto, comenzando con el asesinato de Abel. Personas que pierden sus vidas porque otro tiene resentimiento. Otros pierden trabajos y reputaciones. Se destruyen vidas con celos y envidia, que son tan ponzoñosas que pueden llevarnos a hacer lo impensable e irracional. Estudie el resentimiento de Adolf Hitler que lo llevó de oscuro soldado alemán a dictador, y podrá ver hasta qué punto puede ser irracional y demoníaca la fuerza que consideramos.

¿Por qué las madres de las chicas que alentaban a un equipo de Texas llegaron a tales extremos? Quizás recuerden los titulares hace unos años. Dos adolescentes competían por un lugar en un grupo de chicas, y la madre de una de ellas asesinó a la rival de su hija. Nos preguntamos ¿cómo puede suceder algo así? Pero el monstruo verde no tiene una lógica, solamente lo domina un pensamiento.

## Los celos nos destruyen a nosotros

Aquí está la víctima más profunda de la envidia: la persona envidiosa. Caín destruyó a Abel, pero se destruyó a sí mismo en el proceso. Los celos de Jacob lo sentenciaron a años de peregrinaje y dificultades. José se estableció en Egipto, pero sus hermanos sufrieron bajo la terrible carga de la culpa durante años. Saúl cazaba a David, pero la única vida que destruyó fue la suya. Y sí, la multitud que estaba tan celosa de Daniel lo tiró al foso de los leones, pero cuando salió sin ninguna cicatriz, ellos fueron arrojados y devorados instantáneamente. Los celos finalmente se devoran a quienquiera darles lugar.

Se ha dicho que la envidia tira contra los demás, pero se lastima ella. Los celos corren en círculos, y siempre pareciera que regresan por detrás.

## ENFRENTE AL GIGANTE DE LOS CELOS

Llega el momento que tenemos que pararnos y enfrentar al gigante, y la estrategia puede ser dolorosa: debemos renunciar a nuestros celos como pecado.

Por favor, no trate a los celos como un desorden de la personalidad. Evite pensar que es un problema genético que nunca eligió. No culpe al medio ambiente social o a la forma en que fue criado. La Biblia jamás señala ninguno de esos factores cuando considera los celos. Las Escrituras, sin embargo, lo tratan como pecado de desobediencia. En Gálatas 5:20 los incluye en un grupo *"idolatría, hechicerías, enemistades, celos, iras, contiendas, disensiones, herejías"*. Esa es una pandilla mortal, y los celos pueden producir todos los otros pecados incluidos allí.

Pablo incluye a la envidia como una señal de una "mente reprobada" cuando describe a aquellos que están "llenos de *envidia*, homicidios, contiendas, engaños y malignidades" (Romanos 1:29). Nuevamente, una desagradable lista de temas personales.

Queda claro en la Palabra de Dios, entonces, que necesitamos enfrentar el pecado de celos con seriedad extrema. Pedro dice que debemos ponerlo a un lado, abandonarlo y huir rápidamente (1 Pedro 2:1). Santiago dice que encontraremos la envidia y la búsqueda de lo propio en los lugares donde hay confusión y toda obra perversa (Santiago 3:16).

Pablo le escribió a los romanos sobre los celos, y dijo: *"Andemos como de día, honestamente; no en glotonerías y borracheras, no en lujurias y lascivias, no en contiendas y envidia"* (Romanos 13:13). De acuerdo a Mateo, fue la envidia la que llevó a Jesucristo a la cruz: *"Porque sabía que por envidia le habían entregado"* (27:18). Es el as en la manga del diablo, el arma que nunca falla.

Los celos y la envidia, de acuerdo a los versículos que hemos visto, están allí junto con la lujuria, sensualidad, borracheras, asesinato y mentes reprobadas. No podemos considerar estos como problemas de personalidad. En vez de eso, necesitamos hacer cuatro cosas.

## Renuncie a los celos como pecado

Antes mencionamos solamente un ejemplo de las muchas denuncias hechas en Las Escrituras de este terrible pecado. Pero es suficiente para que busquemos en nuestros corazones, quitemos cualquier raíz de celos, y veamos qué pecado grueso es. Si esto es algo con lo que usted lucha, le recomiendo que copie algunos de estos versículos y los guarde en tarjetas cerca de su cama, en su escritorio, en su Biblia, y en todas partes que pueda recordarle el pecado que necesita confesar y eliminar.

Lo menos que harán la envidia y los celos es causarle un profundo dolor en su alma y daño en sus relaciones. En el peor de los casos, lo consumirá y también a aquellos que lo rodean. Comience a llamarlo pecado. Luego puede seguir al segundo paso.

## Recuerde en oración a su rival

Ahora se pone interesante. ¿Tendrá la disciplina para hacer esto? Jesús nos ordenó más de una vez orar por nuestros enemigos, porque sabía que si podíamos sinceramente hacer eso, la batalla estaría ganada. En el mismo instante que tomamos del brazo a nuestro rival y caminamos delante del trono de Dios juntos, las pequeñas cosas vergonzosas rápidamente se disuelven ante la radiante luz de la gracia del Señor. No puede aferrarse a la queja celosa si tiene los ojos del cielo sobre usted.

Al final del siglo XIX había gigantes sobre la Tierra, no los que estudiamos en este libro, sino gigantes de fe y del púlpito. La ciudad de Londres tenía a dos: F. B. Meyer y Charles Haddon Spurgeon, dos leyendas vivientes. Londres era apenas suficiente para los dos. Pero luego, en 1904, el gran predicador G. Campbell Morgan llegó a la ciudad. Morgan era un expositor bíblico a nivel mundial, y toda Londres estaba alborotada por su llegada.

"Fue fácil –dijo Meyer– orar por el éxito de G. Campbell Morgan cuando estaba en América. Pero cuando regresó a Inglaterra y se ubicó en una iglesia cercana a la mía, fue algo diferente. El viejo Adán en mí se inclinó a los celos, pero lo pisoteé, y de cualquier forma que sintiera me determiné a actuar bien." Meyer comenzó a orar por su rival del púlpito, día y noche, aún mientras se preocupaba por la posibilidad de perder miembros con el nuevo predicador ardiente de la ciudad.

F. B. Meyer explicó después: "Mi iglesia le dio una recepción –a Morgan– y reconocí que si no era necesario que yo predicara los domingos por la tarde, me encantaría ir yo mismo a escucharlo. Eso me hizo sentir bien hacia él. Pero vean cómo el querido Señor me ayudó en mi dificultad. Estaba Charles Spurgeon predicando maravillosamente por el otro lado. Él y el Sr. Morgan eran muy populares, y atraían tantas multitudes, que nuestra iglesia recibió a las multitudes que rebosaban, y teníamos tanta asistencia como podíamos acomodar".[5]

Dios no solamente nos recompensa cuando oramos por nuestros enemigos y –como hizo Meyer– actuamos sobre los sentimientos que *tenemos la intención* de tener. Con frecuencia envía milagros a nuestras vidas. La raíz de celos es profunda y está firmemente arraigada, pero si quiere sacarla rápidamente, simplemente haga lo siguiente: ore por la persona que envidia. Ore por ella diariamente. Ore por ella aún con sus dientes y puños cerrados. Vea si Dios no honra su fe y cambia su corazón.

## Confirme la bondad de Dios con usted

Creo que aprendí una importante verdad sobre la envidia y los celos. Nuestro resentimiento implica asumir que Dios no nos ha cubierto las necesidades. Si anduviéramos por la vida con la seguridad de que Él lo ha hecho, ¿cómo podríamos ser celosos? ¿A quién o qué podríamos envidiar?

Cuando detecta sentimientos de celos, esos sentimientos requieren un inventario de bendiciones. ¿Cuánto hace que no realiza uno? Cuéntelas, nómbrelas una por una. ¿Qué le falta realmente que Dios no le ha dado? Y viceversa, ¿cuántas bendiciones Dios le ha dado en abundancia que en realidad no se merece? Si examina el libro muy cuidadosa y francamente, creo que descubrirá que se inclina favorablemente hacia usted. Dios lo ha bendecido mucho más que cualquier reclamo realista que pueda hacer. Se ha dicho que si realmente entendiéramos lo que requiere la justicia, no estaríamos tan deseosos de tenerla. Si solamente pudiéramos ver hasta dónde somos beneficiarios de las maravillosas de Dios y sus ricas bendiciones, y la gracia de la paciencia de Dios con nuestras incontables imperfecciones, ni se nos ocurriría *tener la idea* de aparecer con un poquito de envidia.

Un tiempo de acción de gracias –en *cualquier* momento del año– es un antídoto maravilloso para el veneno de los celos. Puede encontrar exactamente cómo funciona en el centro de su Biblia. Muchos salmos comienzan con el escritor consumido de autocompasión, de enojo y resentimiento hacia sus enemigos.

Pero cuando repasa las bendiciones dadas por Dios, su bondad hoy y sus promesas para mañana, el salmista cierra su canción con una nota totalmente diferente; lo que comenzó como una endecha termina como una danza.

¿Por qué no lo intenta? Escriba un salmo suyo, basado en su envidia y resentimiento. ¡Diga cómo se siente! Pero aquí está el giro: después de derramar sus sentimientos con honestidad, aquí se le ordena revisar la bondad de Dios en su vida, pasado, presente y promesas. Luego de algunas páginas pienso que encontrará su corazón cambiado, y la primera sección de su salmo terminará en el cesto de los residuos junto con las emociones sin valor que las inspiraron.

La gratitud transforma la actitud.

## Encienda el amor de Dios en su corazón

*El amor no tiene envidia.* Eso es lo que Pablo nos dice en 1 Corintios 13:4. Esto vale la pena pensarlo. Pablo nos dice que la envidia y el amor no pueden estar uno en presencia del otro, porque son casi lo opuesto y funcionan como polos magnéticos opuestos. La carga magnética de la envidia repele la fuerza del amor, aunque atrae muchas otras emociones no válidas, tales como leemos en Gálatas 5. El amor, por otro lado, expulsa a la envidia del mismo modo. El amor y la envidia son los dos fuegos que deben ser atendidos. Uno quema agradablemente, el otro humea y se agita.

Así que el amor es la respuesta, pero ¿qué sucede si se vuelve cenizas? ¿Cómo volvemos a encenderlo? La respuesta es muy simple. A través de la oración y La Escritura. Solamente si experimenta la transformadora presencia de Dios, puede cambiar su corazón. Su Espíritu le dará la mente de Dios, su perspectiva, su actitud de siervo amante hacia las personas que de otro modo envidiaría. El amor perfecto echa el temor, pero también echa muchas otras cosas también. Expulsa los celos, el enojo, el resentimiento y el desaliento. El amor es la fuerza que hace que todos los gigantes se den vuelta y huyan.

Conozco una instancia en la cual el amor y la envidia ocuparon el mismo cuarto. Visitémoslo y descubramos qué sucedió.

## El hospital de la mente

La escena es en una pequeña sala de un gran hospital. Las cuatro paredes son lo suficientemente espaciosas para dos pacientes y dos armarios. Hay una puerta hacia afuera y una ventana que se abre al mundo.

Los dos hombres necesitan, más que nada, paz y quietud para su sanidad; a ninguno se le permite leer, escuchar radio, ver televisión ni aceptar visitas. Pero uno de ellos se endereza diariamente durante una hora, se sienta y mira por la ventana mientras los fluidos lentamente se secan en sus pulmones. El otro está de espaldas en su cama, cada hora de cada día, mira el techo. Conoce cada imperfección, cada borde.

En general los dos hombres no están animados para hablar, nada de emociones, esa es la regla. Pero cuando las salas están quietas y las enfermeras no los controlan, los hombres conversan suavemente. Hablan de esposas e hijos, hogares y ocupaciones. Hablan de guerra, viajes y aspiraciones. Pero ambos esperan esa hora en particular cuando el que está del lado de la ventana será ubicado en la posición para mirar hacia afuera. Finalmente, cuando llega el momento, tiene la palabra. El hombre al lado de la ventana pinta un retrato en palabras, del mundo detrás de las cortinas. Cuenta de un parque con flores, un hermoso lago con cisnes que se deslizan sobre la superficie espejada. Le cuenta de niños que llegan cada día para esta hora, que tiran pan, hacen barquitos de papel de diario y vuelan por el cielo con sus hamacas. De jóvenes novios que caminan de la mano. El hombre al lado de la ventana describe con elegancia los cambios de estación, como se van reflejando en los árboles. Cuenta el progreso de los partidos de fútbol, o los que juegan a las escondidas, y del novio que empujan al lago. Relata de los vibrantes colores cuando el Sol se pone en su gloria final, pinta los entornos de las líneas del cielo.

Su amigo postrado mira el techo, pero tiene los ojos llenos del mundo que menciona diariamente con elegancia el observador. Puede ver los jugadores de fútbol y las hermosas jóvenes en sus vestidos de verano. Puede ver al muchacho y su nueva mascota que salta alrededor del banco del parque. Ve y acaricia cada imagen una sobre la otra, porque no hay nada más en su mundo. Nada más que paredes y un techo gris.

Un día particularmente notable pasa un desfile por el parque y entonces, por primera vez, un pensamiento extraño atraviesa la mente del hombre postrado. ¿Por qué no puede él tener el lugar al lado de la ventana? ¿Por qué no puede ser él que vea –verdaderamente con ojos reales– en vez de imaginación? ¿Por qué siempre tenía que ser el otro hombre?

Sabe que la idea no es buena, pero está allí. Una vez que entra en la mente no puede ser tan fácilmente expulsada. Así que el pensamiento se queda, y va ganando fuerza. ¿Por qué yo no? ¿Por qué tiene que ser él quien está del lado de la ventana?

Poco después le cuesta dormir y la sangre le fluye. Los diagramas muestran una repentina desmejoría en su estado clínico. Los doctores y enfermeras están confundidos por este inesperado bajón. Y una noche, mientras el hombre está despierto enredado en su resentimiento, su compañero de pronto se despierta tosiendo violentamente. El hombre al lado de la ventana se asfixia, lucha para poder respirar. Sus manos desesperadamente buscan el botón para llamar a la enfermera, pero no llega.

Su amigo se queda quieto, observa la situación. Solamente espera. Los sonidos de la tos duran tal vez unos pocos minutos, luego la otra cama queda silenciosa. Quieto también está el hombre postrado que mira al techo.

Llega la mañana, y el personal descubre que el hombre de al lado de la ventana está muerto. Eficiente, profesionalmente, mueven el cuerpo y limpian el área.

Tan pronto como pasa un intervalo decente de tiempo, el hombre sobreviviente pide si pueden ponerlo del lado de la ventana. Es un pedido razonable, uno que es respondido rápidamente. Las enfermeras lo ubican, mueven su armario y finalmente lo dejan solo. Sin perder un instante, el sobreviviente lucha para incorporarse sobre un codo. Es doloroso y difícil, pero está animado por el pensamiento de que finalmente verá el parque, el viento que ondula el lago, el olmo con el barrilete[4] atrapado en sus ramas, los cisnes perezosos. Verá todas las cosas que su amigo le contaba con detalles exquisitos. Pero cuando su rostro se levanta y mira afuera, se encuentra de frente con... una pared horrible de ladrillos amarillos. Nada más.

En un instante la verdad fluye terriblemente. Nunca hubo parque. Nunca hubo lago, ni cisnes ni hamacas; nadie jamás jugó al fútbol. El desfile, los cachorros y las jóvenes en verano eran el trabajo de una obra de ficción elaborada por un hombre, un trabajo hecho completamente a *su* favor.

Todo era para él. Y al final, él lo apagó.

En aquel hospital el veneno de la envidia reclamó dos víctimas más. Una, un campeón de amor, estaba muerto y enterrado; y el otro tendido, se odiaba a sí mismo, miraba fijo el techo, pero ya sin ver demasiado."[5]

Elisa se preguntaba si alguna vez sus sentimientos iban a terminar. Era doloroso amar al hombre que amaba a su mejor amiga. Durante meses y meses, *persistencia* había sido la palabra; ahora quería más que nada que esos sentimientos dejaran de persistir y se fueran para siempre.

Con frecuencia volvía a los salmos, y pensaba en la necedad de confiar en los afectos de los hombres antes que en Dios, cuyo amor nunca falla y siempre es suficiente. Ella y su compañera de cuarto pasaban tiempo juntas en oración, y Elisa confesó su amargura, su envidia y sus emociones obstinadas. Y día tras día, oración por oración, esas emociones comenzaron a dejarla.

Luego, finalmente llegó el momento crucial. Una salida hacia algo nuevo. Ella y su compañera oraron juntas una noche, y se sintió revitalizada cuando terminaron. Camino al trabajo y de regreso a su hogar al día siguiente, hubo tres diferentes programas de radio cristiana que trataban con los propósitos de Dios en la adversidad. Uno de ellos era sobre José, que atravesó tanta persecución y, sin embargo, Dios tenía el propósito de que fuera para bien. José nunca dio lugar a la amargura, sino que honró a Dios y, en su momento, Dios recompensó su fe.

Ahora Elisa podía ver qué eran sus sentimientos de envidia y celos: *mentiras*. Solo servían para que confiara en Dios. Dios tenía sus estaciones y tiempos; tenía sus planes, aún para Elisa. Si Mark no era para ella, entonces había algo mejor; aún si no hubiera ningún hombre, había esperanza y un propósito con su nombre grabado, y nada podía ser mejor. Confiaba en Dios.

Sin duda que fue una salida a algo nuevo. Elisa sintió el fin de las emociones turbulentas que caían y se esparcían hacia los cuatro vientos, como sucede con el polvo. ¡Era libre! No tenía que vivir como una esclava de sus sentimientos, o de nada que no fuera el señorío de Cristo, el único amo que puede hacernos completos. No hay pareja humana que pueda hacer eso. Ningún trabajo soñado puede hacerlo, y no hay cantidad de dinero en el mundo que pueda comprarlo jamás.

Las mejores cosas de la vida son gratis. ¿De qué hay que estar celoso?

# Índice de temas

# Referencias

## Capítulo 1

1 Jerry Adler et.al., "The Fight to Conquer Fear", *Newsweek* , 23 de abril de 1984, vol. 103, pp. 17, 69.

2 Craig Massey, "When Fear Threatens", *Moody Monthly*, setiembre de 1970, pp. 22-23, 69-70.

3 Joe B. Brown, "Caught in the Grip of Fear" *Moody Monthly*, setiembre de 1970, pp. 22-23, 69-70.

## Capítulo 2

1 John Maxwell, *Failing Forward,* 153-54, citando "Luck Rivals Worst of Sick Joke: "There's Hope' New Yorker Says" *Los Angeles Times,* 19 de marzo de 1995, ©,Reuters Ltd., 1995.

2 Andy Andrews, ed. "Ema Bombeck", in *Storms of Perfection 2* (Nashville, Lightning Crown Publishers, 1994), 51, Citado en el libro de John Maxwell *Failing Forward: Turning Mistakes into Stepping Stones for Success* (Nashville, Thomas Nelson, 2000) pp. 24-25.

3 Leith Anderson, *Leadership that Works:Hope and Direction for Church and Parachurch Leaders in Today's Complex World* (Minneapolis. Bethany Publishing House, 1999), pp. 166-67.

4 Ibid.

5 Fred Smith, "The Gift of Greeting" en *Christianity Today,* 13 de diciembre 1985, vol.29, pp. 18, 70.

## Capítulo 3

1 Philip Zimbardo, "The Age of Indifference", *Psychology Today,* 30 de agosto de 1980.

2 Max Lucado, *Las seis horas de un viernes.* (Pórtland, Oregon.Multnomah, 1989) pp. 36-38.

3 Morris L. West, *El Abogado del Diablo* (New York, Dell, 1959) pp. 334-335.

4 Ann Kiemel, *I love the word Impossible* (Wheaton, Ill.; Tyndale House, 1976), pp. 136-38.

5 James I., Johnson, *Loneliness Is Not Forever* (Chicago, Moody, 1979), p. 151.

6 A. W. Tozer, "Of Loneliness and Saintliness" *Moody Monthly,* septiembre de 1979, vol. 80, no.1, pp. 52-54.

[7] Otto H. Frank and Mirjam Pressler, ed., *The Diary of a Young Girl,* transl. Susan Massotty (New York : Bantam Books, 1997), pp. 194-195.

## Capítulo 4

[1] *Daily Bread,* 11 de diciembre de 1999.

[2] Thomas Tewell, "The Weight of the World (1995), *Preaching Today,* tape 147.

[3] Daniel R. Mitchum, "The Needless Burden of Worry". *Discipleship Journal,* 1 de marzo de 1987, pp. 44-46.

## Capítulo 5

[1] Cornelius Plantinga, "Natural Born Sinners ", *Christianity Today,* 14 de noviembre de 1994, vol.38, no.13, p. 26.

[2] Lynell Mickelsen, "Robert's Deadly Secret", HIS, abril/mayo de 1986, pp. 24-27.

## Capítulo 6

[1] Tom Eisenman, "Fighting to Win." *Discipleship Journal,* noviembre-diciembre de 1992, pp. 36-38.

[2] Mark Littleton, "Looking for the Escape from Sin," *Charisma,* octubre de 1991, p. 82.

## Capítulo 7

[1] Eugene Peterson, *The Message,* Nav Press, 1993). p. 17.

[2] Mark Porter, "Just How Righteous I Our Anger", *Moody Monthly,* diciembre de 1983, vol. 84 No. 4, pp. 79-80. Publicado primeramente en Carol Travis, *Anger the Misunderstood Emotion* (New York, Simon and Schuster, 1982).

[3] James S. Hirsch, *Hurricane: The Miraculous Journey of Rubin Carter* (Boston/New York :Houghtoon Mifllin, 2000), p. 310.

## Capítulo 8

[1] Adaptado de Charles R. Swindoll, *Killing Giants, Pulling Thorns,* (Portland, Oreg. Multinomah, 1978), p. 34.

[2] Lewis B. Smedes, *Forgive and Forget* (New York Pocket Books, 1984), pp. 40-41.

[3] Gary Inrig. *The Parables* (Grand Rapids: Discovery House, 1991), p. 63.

[4] Helen Grace Lesheid, "Breaking Free from Bitterness" , *Discipleship Journal,* vol 14, no. 6, noviembre/diciembre de 1994, p. 29

[5] Dick Innes, *Forgiveness. The Power That Heals* (Clairmont, Calif.:ACTS Communications), p. 3.

[6] Smedes, *Forgive and Forget*, pp. 42-44.

[7] Gary Preston. "Resisting the Urge to Hit Back", *Leadership*, vol.19, no.2, p. 64.

[8] Inrig, *The Parables*, p. 78.


## Capítulo 9

[1] Mark Littleton, "Doubt Can Be Good," HIS, marzo de 1979, p. 9


## Capítulo 10

[1] Tom Carter, ed., 2.200 *Quotations from the Writings of Charles H. Spurgeon* (Grand Rapids Baker Books, 1988), p. 167.

[2] From Charles Swindoll, *The Tale of the Tardy Oxcart and 1.501 Other Sotries* (Nashville, Word, 1998), p. 470.

[3] Citado en Glenn Van Ekeren, ed., *Speaker's Sourcebook II* (Englewood Cliffs, N.J. Prentice –Hall Inc., 1994) p. 359.

[4] Entrevistas Personales por Rob Suggs.

[5] Adaptado de Paul Lee Tan, *Enciclopedia de las 7.000 ilustraciones* (Garland, Tex.: Bible Communications, Inc., 1996).

[6] Ibid.

[7] Van Ekeren, *Speaker's Sourcebook II*, p. 358

[8] El estudio fue publicado por A.E. Winship como *Juke Edwards, A Study in Education and Heredity* (R.L. Myers & Col. 1900). La base del estudio es una comparación del prolífico y productivo de los descendientes de Edwards, comparados con los de"Max Jukes", el nombre de ficción de una persona real. Jukes fue un contemporáneo no cristiano que se casó con una esposa no creyente, y su progenie incluyó 130 criminales convictos, 7 asesinos, 100 alcohólicos, y 100 prostitutas públicas. Se estimó que el legado degenerado y sórdido de Jukes le costó al estado $ 1.5 millones sin hacer ninguna contribución positiva a la sociedad. En el momento del estudio, los descendientes de Jukes fueron encontrados en múltiples edificios de prisión de Nueva York, y se observó que uno de los descendientes de Jonathan Edwards presidía en ese momento la Comisión del Estado de Nueva York. Fue una gran ironía.


## Capítulo 11

[1] Charles Swindoll, *Come Before Winter* (Portland, Oreg.: Multnomah Press, 1985). pp. 251-252.

[2] Jim Dethmer, "The Gift of Mercy" *Preaching Today* , serie de casetes. Christianit Today, Inc., casete No. 112.

## Capítulo 12

[1] Lloyd Ogilvie, "Life on the Fast Track,", *Moody Monthly*, Noviembre 1985, pp. 19-20.

[2] Elva McAllaster, "Envy went to Church", *Christian life*, enero de 1970.

[3] Tan, *Enciclopedia de 7.700 Ilustraciones*.

[4] En algunas partes, cometa, volatín, pandorga, papelote...

[5] Adaptado de C.W.Target, "The Window", en *The Window and Other Essays* (Nampa:Pacific Press Publishing Association, Inc.)

# Reconocimientos

Con cada año que pasa me doy cuenta de mi total dependencia del Señor. Estoy agradecido por lo que Él ha determinado hacer a través de mí.

Al salir este libro Donna y yo celebraremos nuestro treinta y ocho aniversario de bodas. Desde el comienzo hemos sido un equipo y hemos luchado más que contra algunos gigantes, los dos juntos. En todo lo que hago, ella es mi admiradora número uno, y su aliento es una de las razones que me mantienen escribiendo libros.

Carrie Mann trabajó directamente con el editor en la finalización de este proyecto. Helen Barnhart, Dianne Stark y Leeana Miller leyeron y releyeron el manuscrito, y sus sugerencias son invalorables. Hellen también trabajó con los oyentes que pasaron momentos cruciales y que enviaron sus historias para este libro.

Paul Joiner se unió a W. Publishing Gorup en la realización y diseño de la tapa. Sealy Yates es mi agente literario, y me representa maravillosamente ante nuestros editores y fielmente los representa conmigo también. ¡Gracias, Sealy!

Rob Suggs trabajó incansablemente para estar seguro de que el producto final representara mi corazón. Es una bendición tan grande tener a Rob como escritor, editor y amigo. Los proyectos que hacemos juntos nos traen a ambos gran gozo.

Finalmente, desearía reconocer a todas las personas que me escuchan predicar en Shadow Mountain y a través de la cadena Momento Crucial. Me bendicen con sus palabras de aliento y afirmación. Es mi oración que este libro pueda, en alguna pequeña medida, ayudarles a enfrentar los gigantes en su vida.

# Acerca del autor

David Jeremiah es el Pastor principal de
Shadow Mountain Community en El Cajón,
California, EE.UU., y Presidente de
Christian Heritage College. Su programa
"Momento Crucial" se transmite en más de
950 estaciones de radio a lo largo de la
nación. El Dr. Jeremiah es el autor de *A
Bend in the Road, Escape The Coming Night* y
*The Handwriting on the Wall,* escrita en
colaboración con C. C. Carlson (Una curva
del camino, Escapa: la noche que viene y
La escritura en la pared). El Dr. Jeremiah
y su esposa, Donna, viven en El Cajón,
California.

# NOTAS

.......................................................................................

.......................................................................................

.......................................................................................

.......................................................................................

.......................................................................................

.......................................................................................

.......................................................................................

.......................................................................................

.......................................................................................

.......................................................................................

.......................................................................................

.......................................................................................

.......................................................................................

.......................................................................................

.......................................................................................

.......................................................................................

.......................................................................................

.......................................................................................

.......................................................................................

.......................................................................................

.......................................................................................

.......................................................................................

.......................................................................................

.......................................................................................

# NOTAS

.............................................................................

.............................................................................

.............................................................................

.............................................................................

.............................................................................

.............................................................................

.............................................................................

.............................................................................

.............................................................................

.............................................................................

.............................................................................

.............................................................................

.............................................................................

.............................................................................

.............................................................................

.............................................................................

.............................................................................

.............................................................................

.............................................................................

# NOTAS

..............................................................................

..............................................................................

..............................................................................

..............................................................................

..............................................................................

..............................................................................

..............................................................................

..............................................................................

..............................................................................

..............................................................................

..............................................................................

..............................................................................

..............................................................................

..............................................................................

..............................................................................

..............................................................................

..............................................................................

..............................................................................

..............................................................................

..............................................................................

# NOTAS

..............................................................................................

..............................................................................................

..............................................................................................

..............................................................................................

..............................................................................................

..............................................................................................

..............................................................................................

..............................................................................................

..............................................................................................

..............................................................................................

..............................................................................................

..............................................................................................

..............................................................................................

..............................................................................................

..............................................................................................

..............................................................................................

..............................................................................................

..............................................................................................

..............................................................................................

..............................................................................................

..............................................................................................

# NOTAS

......................................................................................

......................................................................................

......................................................................................

......................................................................................

......................................................................................

......................................................................................

......................................................................................

......................................................................................

......................................................................................

......................................................................................

......................................................................................

......................................................................................

......................................................................................

......................................................................................

......................................................................................

......................................................................................

......................................................................................

......................................................................................

......................................................................................

......................................................................................

# NOTAS

..........................................................................................
..........................................................................................
..........................................................................................
..........................................................................................
..........................................................................................
..........................................................................................
..........................................................................................
..........................................................................................
..........................................................................................
..........................................................................................
..........................................................................................
..........................................................................................
..........................................................................................
..........................................................................................
..........................................................................................
..........................................................................................
..........................................................................................
..........................................................................................
..........................................................................................
..........................................................................................

# NOTAS

......................................................................................

......................................................................................

......................................................................................

......................................................................................

......................................................................................

......................................................................................

......................................................................................

......................................................................................

......................................................................................

......................................................................................

......................................................................................

......................................................................................

......................................................................................

......................................................................................

......................................................................................

......................................................................................

......................................................................................

......................................................................................

......................................................................................

......................................................................................

......................................................................................

# NOTAS

..............................................................................................

..............................................................................................

..............................................................................................

..............................................................................................

..............................................................................................

..............................................................................................

..............................................................................................

..............................................................................................

..............................................................................................

..............................................................................................

..............................................................................................

..............................................................................................

..............................................................................................

..............................................................................................

..............................................................................................

..............................................................................................

..............................................................................................

..............................................................................................

..............................................................................................

..............................................................................................

# NOTAS

# NOTAS

......................................................................................................

......................................................................................................

......................................................................................................

......................................................................................................

......................................................................................................

......................................................................................................

......................................................................................................

......................................................................................................

......................................................................................................

......................................................................................................

......................................................................................................

......................................................................................................

......................................................................................................

......................................................................................................

......................................................................................................

......................................................................................................

......................................................................................................

......................................................................................................

......................................................................................................

# NOTAS

..............................................................................................
..............................................................................................
..............................................................................................
..............................................................................................
..............................................................................................
..............................................................................................
..............................................................................................
..............................................................................................
..............................................................................................
..............................................................................................
..............................................................................................
..............................................................................................
..............................................................................................
..............................................................................................
..............................................................................................
..............................................................................................
..............................................................................................
..............................................................................................
..............................................................................................
..............................................................................................
..............................................................................................